口絵1　聖フランシスコ・ザビエル像（神戸市立博物館蔵）　本文 145 頁参照

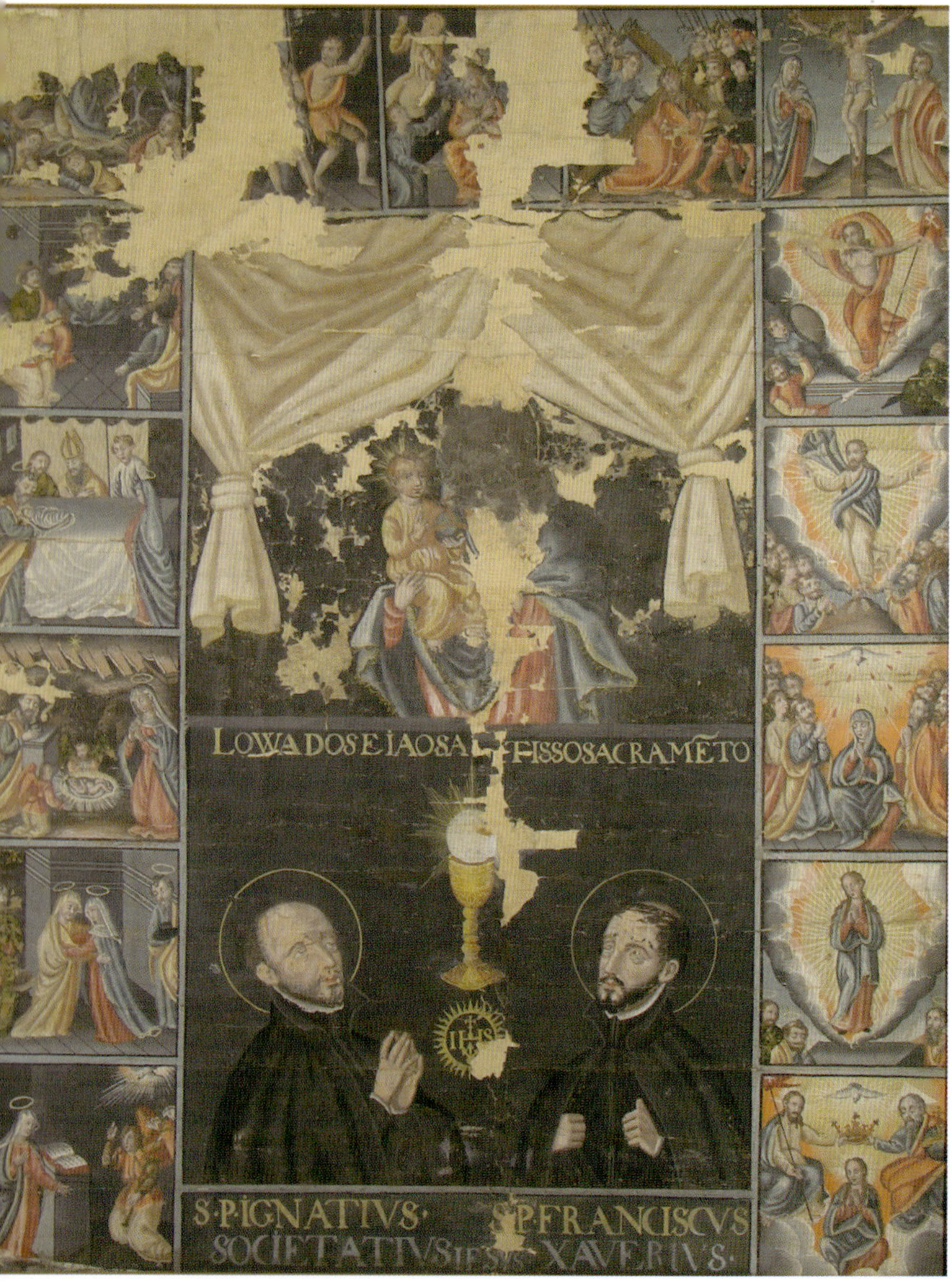

口絵2　マリア十五玄義図（個人蔵・茨木市寄託）　本文 146 頁参照

関西の
隠れキリシタン発見
茨木山間部の信仰と遺物を追って

マルタン・ノゲラ・ラモス　平岡隆二　編

人文書院

目次

付　録

はじめに

本書の目的

本書は、二〇二三年七月一七日に京都大学人文科学研究所で開催した人文研アカデミーシンポジウム「もう一つの〈キリシタン信徒発見〉――一八七九年茨木・千提寺とフランス人宣教師」の内容を、大幅に加筆して書籍化したものである。

そのシンポジウムの実施を含め、本書を完成させるまでに行ったさまざまな活動は、パリに遣された一通の書簡との出会いから始まった。それはパリ外国宣教会（Missions étrangères de Paris, 以下MEP）の宣教師だったマラン・プレシ（Marin Plessis, 一八四四～一九〇八）が、一八七九年（明治一二）に現在の大阪府茨木市北部に位置する千提寺《せんだいじ》において、隠れキリシタン(1)の信徒を発見したことを克明に記録したものだった。「聖フランシスコ・ザビエル像」などを秘かに伝えていたことで有名な千提寺の隠れキリシタンの存在は、これまで一九二〇年（大正九）に地元の関係者によって発見されたと言われてきた。しかし実際には、その約四〇年前の一八七九年にプレシによって発見されていたことが、この書簡によって確かに裏付けられたのである。

本書の目的は、大きく二つある。

第一には、上述のプレシ書簡の存在とその背景を詳しく紹介することで、幕末・近代期におけるキリスト教の再布教と「信徒発見」について考えるための新たな視座を示すことである。後述するように、一九世紀後半にフランス人宣教師たちがキリシタンの子孫たちを発見した事例は、有名な長崎の大浦天主堂でのものだけでなく、久留米の今村や、長崎の善長谷《ぜんちょうだに》でも見られた出来事だった。しかし関西でもそうした発見があったことは、これまで知られてこなかった。しかも、茨木における明治期の「信徒発見」は、約四〇年後の大正期の「遺物発見」の時点で、すでに地元の人々やフランス人宣教師ですらほとんど忘却していたという事実を指摘し得る。本書では、こうした一連の出来事を、その裏付けとなる史料と共に広く発信することで、キリシタン史研究に新たな考察と比較の視座を提供したい。本書第二章のラモス論考はこのテーマを中心に取り上げているが、他の諸論考もそれと関連する問題を取り扱っており、互いに補完し合う関係にある。また本書の付録には、上述の書簡を含む計五通のプレシ書簡の日本語訳を収録することで、今後の検討の便に供することにした。

第二には、関西の隠れキリシタンとその歴史について、最新の情報から既知の研究成果までをバランスよく盛り込んだ案内書となるよう心がけたことである。近代までキリシタン信仰が継承されたことが確認される地域は、九州以外では、関西の茨木が唯一である。また千提寺とその近隣の下音羽《しもおとわ》で発見された遺物の多さと重要性は、キリシタン史を語るうえで欠くことのできない価値を持っている。その一方で、茨木キリシタンの全体像を、専門的な研究の成果を踏まえたうえで、一般の読者に向けて紹介した書物は、思いのほか少ない。近年は、世界遺産登録の影響もあってか、九州各地のキリシタンにまつわる書物の出版は盛んであるが、茨木を中心に取り上げたものはほとんど見られない。また、茨木市立文化財資料館の図録『茨木のキリシタン遺物——信仰を捧げた人びと』(2)は、関連遺物とその背景となる歴史をカラー図版で手際よく紹介した良書であるが、公立資料館の図録という性格上、一般の書店等には流通していない。そうした現状を踏まえ、本書では、茨木へのキリスト教の伝来から、禁教下の潜伏を経て、明治期の信徒発見、そして大正期の遺物発見へといたる大きな流れをつかむことができるよう、計四つの章を設定し、それぞれが対象とする時代・人物・遺物等について平易な文章で執筆することを旨とした。読者はこの一冊を読むことで、茨木キリシタンの全体像を、典拠となる文献等の情報とともに、バランスよく学ぶことができるだろう。

マラン・プレシ書簡の発見とその経緯

本書の編者の一人であるマルタン・ノゲラ・ラモス（以下、筆者）が、一八七九年（明治一二）の千提寺の信徒発見を伝えるマラン・プレシ書簡の存在を知ったのは、偶然のことだった。筆者が二〇二二年五月にＭＥＰの史料館で調査対象としていたのは、一八八〇年前後に長崎地方の村々に定住し始めたフランス人宣教師が、在地社会の慣習などについて最初に抱いた印象を記した書簡や報告だった。[3]また筆者は、カトリック信徒と非カトリック信徒の関係にまつわる史料の収集にも関心を持っていた。[3]つまり、関西については研究の対象外だったのである。

ただし、関西と長崎地方は同じ南日本代牧区（仏、vicariat du Japon méridional）に属していたため、この両地方からＭＥＰのパリ本部に送付された書簡と報告は、同じ史料群に収録されていた。一八八〇年前後の書簡は、*Japon méridional*（南日本）という五七〇号の史料群に収められている。[4]この史料群の目録の特徴は、各書簡の内容を簡潔に紹介することである。その時、筆者が名前すら知らなかっ

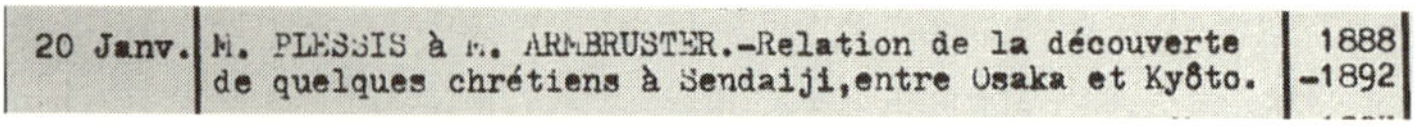

20 Janv.	M. PLESSIS à M. ARMBRUSTER.-Relation de la découverte de quelques chrétiens à Sendaiji,entre Osaka et Ky8to.	1888 -1892

図１　570号の史料群の目録（IRFA）

た、マラン・プレシという宣教師が書いた一八八〇年一月二〇日付の書簡が目を引いた。目録には、書簡の内容が次のように紹介されていた。「大阪と京都の間に位置する千提寺村の数人のキリスト教徒の発見についての報告」（仏、« Relation de la découverte de quelques chrétiens à Sendaiji, entre Osaka et Kyôto.»）。

千提寺という村名がはっきり記されたこの紹介文を読んだ時、筆者が最初に考えたのは、この書簡の存在はすでに知られているにちがいないということだった。しかし京都大学の高木博志氏や平岡隆二氏に意見を伺ったところ、この書簡は未発表の史料であり、さらに、ＭＥＰが一八七九年に茨木で隠れキリシタンを発見した事実もまったく知られていないことに気がついた。そこで、早速書簡の翻刻を行い、坂口周輔氏に日本語訳を依頼した。その後、短い解説を付して、京都大学人文科学研究所が刊行する学術誌『人文学報』に最初の論文を投稿することにした[5]。それは二〇二三年三月に『人文学報』一二〇号に掲載され、その内容が『毎日新聞』と『京都新聞』にも報道されたほか[6]、前述の同年七月のシンポジウムを通じて、一般にも広く周知することができたのである。

ＭＥＰの史料館には、宣教師の名前だけで分類されている文書が多くある。それらは書簡や報告、また覚書などからなるが、文書の内容を知るためには、一枚ずつ読んでいくよりほかに方法がない。その中には、近代日本のカトリック史に関する大変貴重な史料がたくさん残っているだろう。しかし、そうした文書の研究調査はほとんど行われていないのが現状である。九〇点前後の書簡からなるマラン・プレシの史料群は、情報がとても豊かであり、茨木地方のキリシタンに言及する書簡も少なくとも七点収録されている。

千提寺における隠れキリシタンとＭＥＰの伝道士との出会いを物語る書簡は、関西での隠れキリシタン発見に関する唯一の証言であるが、同様の出会いを詳細に伝える書簡が他にも現存している。千提寺以外に、少なくとも三つの出会いのエピソードが知られているが、それらはすべて九州におけるものだ。最も有名なのは、一八六五年（慶長元）三月一七日に起きたいわゆる「信徒発見」である。これは周知のように、十数人の浦上村の隠れキリシタンが、大浦天主堂においてＭＥＰの宣教師ベルナール・プティジャン（Bernard Petitjean, 一八二九～一八八四）に「サンタマリアの御像はどこ？」と質問してから、代々秘密に守ってきた先祖の信仰を表明した出来事である。プティジャンはこの最初の出会いについて複数の書簡で詳しく紹介している。[7] その二年後に、アンリ・アンブルステ（Henri Armbruster, 一八四二～一八九六）は、一八六七年三月一二日の書簡において、その前月に起きた久留米近郊の今村の隠れキリシタンとＭＥＰの伝道士と

図２「浦上信徒発見」、ビリオン閲・加古義一編『日本聖人鮮血遺書』明治 20 年

図３　今村天主堂（ラモス撮影）

図４　善長谷教会（ラモス撮影）

の交流について、詳しく報告した。[8] 今村の特徴は、この最初の交流に関して、フランス側だけでなく、『邪宗門一件口書帳』という久留米藩側の資料にもその詳細が記録されていることだ。[9] 最後に取り上げるのは、野母半島（長崎半島）にある善長谷という隠れキリシタンの村である。この村を発見したジョゼフ＝エドワール・ブレー（Joseph-Édouard Bœhrer, 一八五六〜一九一九）は、一八八三年六月二六日の書簡で、[10] 村民のカトリックへの復帰をめぐるこの村の元村長との交渉を詳細に伝えている。善長谷の村民は最終的に、浦上村や今村の隠れキリシタンのように、カトリックになることにした。(11)千提寺を含むこれら四つの村についての書簡は、隠れキリシタンの信仰や慣習に関して大変貴重な情報を提供するものである。

千提寺の特徴は二つある。一つ目は、前述のように、これだけが関西で見つかった隠れキリシタンの村だったことである。二つ目は、千提寺の村民はカトリック信徒にならなかったことである。ラモス論考が明らかにするように、マラン・プレシの発見が忘却された理由はこの事実に起因するだろう。

本書の構成――各章の概要と位置づけ

第一章「茨木へのキリスト教伝来――その由来と展開」(平岡隆二)

本章では、キリシタン時代(一五四九〜一六五〇頃)の茨木に、キリスト教がどのようにして伝来し、またその信仰がどのような人々や時代背景のもとで継承されて、明治期に発見されたかの歴史を、史料に即して描き出している。遺物が発見された千提寺・下音羽地区にキリスト教が広まったのは、イエズス会が天正一一年(一五八三)から実施した集中伝道によるもので、その布教には高山飛騨守(?〜一五九五、図書頭、洗礼名ダリオ)・高山右近(一五五二?〜一六一五、洗礼名ジュスト)父子が深く関与していた。「山間部のキリシタン」などと呼ばれたこの地域の信徒らは、高山右近が天正一三年(一五八五)に明石に転封された後も、安威了佐《あいりょうさ》(生没年未詳、洗礼名シメアン)や清水寺のロケ(生没年未詳)などの有力信徒による支援や、宣教師の巡回司牧によって信仰を維持した。そして禁教下の長い潜伏期間を経て、明治一二年(一八七九)にプレシによって信徒らの存在が発見され、さらに大正九年（一九二〇）には彼らの守り伝えたキリシタン遺物の発見へといたるのである。

現在の茨木市や高槻市を含む摂津国東部へのキリスト教伝来については、これまで大きく二つのアプローチから研究が進められてきた。第一は、おもに欧語史料に依拠した、高山右近のキリシタンとしての活動に焦点を当てた研究で、ヨハネス・ラウレスらによる先駆的な研究があるほか、松田毅一らによるフロイス『日本史』やイエズス会日本報告集の翻訳書にも多くの重要な情報が含まれている。(12) しかし、茨木との関連では、フーベルト・チースリクが一九七六年に発表した論文「高山右近領の山間部におけるキリシタン——布教・司牧上の一考察」がとりわけ重要である。(13) この論文によって、千提寺・下音羽を含む地域が、天正六年（一五七八）に高山右近の領地となり、天正一一年（一五八三）から本格的なキリスト教伝道がはじまったことや、禁教令の発布後も巡回による司牧活動が継続されていたことなどが明らかにされた。

第二には、三好政権および織豊政権下における高山父子の動向とその背景にまつわる研究である。とくに中西裕樹や天野忠幸による、日本側の史料に基づく一連の研究は、高山父子の領主・武将・文化人としての活動を理解するうえで欠くことができない。(14) また井藤暁子は、茨木地方の信徒のリーダー的存在だった清水寺のロケにはじめて着目し、また未刊行の在地文書にも新たな光を当てている。(15) 大石一久は全国のキリシタン墓碑の悉皆調査に基づいて、茨木の墓碑とその特徴について分析した。(16) また近年の発掘調査では、千提寺地区の三つの遺跡でキリシタン墓が見つかっており、その成立年代や墓地の展開についての分析も行われている。(17)

平岡論考は、以上の研究成果を踏まえつつ、キリスト教が茨木に伝来してから明治期の信徒発見に至るまでの、現時点での見取り図を示すことで、他の論考が扱う諸問題の歴史的背景の理解に資することも企図している。

第二章「パリ外国宣教会の「古キリシタン」探索――マラン・プレシ神父の千提寺村発見を中心に」（マルタン・ノゲラ・ラモス）

マラン・プレシ神父の一八八〇年一月の書簡は、明治期における、MEPによる千提寺の「古キリシタン」（仏、anciens chrétiens）の発見を証拠付けるだけでなく、従来の研究ではほとんど言及されてこなかった、異彩を放つ宣教師の性格や活動も示すものである。

ラモス論考の目的は二つある。一つ目は、千提寺村の発見の経緯を明らかにするとともに、三年間続いた古キリシタンと宣教師・伝道士との交流を、マラン・プレシに焦点を当てて検討することである。二つ目は、プレシが九州、関西、北海道、四国などの地域で任務を転々とし、二〇年以上も日本に滞在した際に残した数多くの書簡や、彼にまつわる日本側・フランス側の資料などを用いて、明治初中期のMEPの布教戦略について考察することである。プレシの活動に目を向けることで、日本人に対するMEPの布教活動や、宣教師たちの人間味あふれる関係、そして国家による監視や抑圧を中心としたものではない近代初期日本における「カトリック史」の可能性が浮き彫りになるだろう。

従来の近代日本キリスト教史研究は、プロテスタントを中心に行われてきた。プロテスタントは日本の近代化・西洋化の媒体とされ、旧佐幕派の青年士族の関心を集めていた(18)。改宗者の数はさほど多くなかったが、社会的地位の高い信徒が影響力を持っていたことは紛れもない事実である。対照的に、近代日本のカトリック史に関する先行研究は限られている。西欧・北米出身のプロテスタント系宣教師が上層階級の青年を対象としていたのに対し、明治期の日本で活躍したフランス出身のカトリック系宣教師は、社会的周縁に置かれていた貧困者や孤児、ハンセン病患者、また漁業や農業で生計を立てていた西北九州の隠れキリシタンの間で布教活動を行ったとよく指摘されてきた。

下層社会の宗教というイメージは必ずしも誤りではないが、近年の研究ではこの見解が少しずつ見直されつつある。これまでフランス人宣教師の活動に焦点を当てていた研究は、次第に日本人の側や社会史へ目を向けるようになってきた。代表的な研究として、二〇二一年に刊行された三好千春による近現代日本カトリック史の概説書が特筆される。[19] これは幕末から現代にかけての日本カトリック史を対象とした初の入門書である。

また、ＭＥＰの布教戦略を再検討することにより、都市社会の上層部を対象とした布教活動の試みがあったことも明らかにされている。具体的な事例として次の三氏の研究が挙げられる。金子江美は博士論文において、一八八〇年代のカトリック系逐次刊行物の記事内容を分析した。[20] 山梨淳はフランス人宣教師だけでなく、日本人の司祭や伝道士の活動に光を当てることで、明治後期の日本カトリック教会内の対立や矛盾を明らかにし、布教戦略の変化を精緻に分析した。[21] カトリックへの改宗過程に関するケーススタディはまだ少ないが、明治初期の沼津地方におけるカトリック信仰の普及に貢献した日本人に着目した樋口雄彦の研究は注目される。[22] その人物は、幕末期にフランス語を学習し、フランス軍事顧問団の訓練を受けた旧幕臣で、伝道士として活躍した。

このラモス論考も、明治初中期における下層社会や隠れキリシタンを中心とした布教策略をめぐる

ＭＥＰ内部の対立を明るみに出すものである。カトリック信仰をエリート層に広めるべきだと主張するマラン・プレシのような宣教師も存在したのである。

第三章「茨木キリシタン遺物からみる「発見」とその後」（桑野梓）

本章では、千提寺・下音羽地区で大正九年（一九二〇）以降につぎつぎと発見されたキリシタン遺物を紹介しつつ、所有家ごとの発見の経緯や後の動向、またその背景について考察する。茨木のキリシタン遺物には、発見後に修理が加えられていた。第二節では、絵画作品の修理の痕跡をみていくことで、京都帝国大学の関与があったことを指摘している。第三節では、もう一人の遺物発見者であった奥野慶治《よしはる》（一九〇一〜一九四九）をとくに取り上げる。早逝したこともあり、最初の発見者として知られる藤波大超《ふじなみだいちょう》（一八九四〜一九九三）ほどには知られていないが、奥野の残した研究成果の重要性と、彼らが郷土史家として果たした役割の違いが説明される。最後に第四節では、近代の再布教について触れる。とくにジョゼフ・ビロー（Joseph Birraux, 一八六七〜一九五〇）神父と、それ以前に地元に接触していたマラン・プレシ神父について、主に奥野の『綜合清溪村史』（一九三五年）の記載に基づいて考察している。

茨木のキリシタン遺物には、「聖フランシスコ・ザビエル像」や「マリア十五玄義図」など、キリシタン史を代表する優品が含まれるが、それらにまつわる研究も一〇〇年以上の長い歴史を持つ。千提寺・東《ひがし》家の遺物は、大正九年の発見後まもなく、京都帝国大学の関係者を中心に本格的な研究が着手された。その成果である『吉利支丹遺物の研究』（京都帝国大学文学部考古学研究報告第七冊、一九二三年）は、今なお基礎研究としての価値を失っておらず、発見時のコンディションや、さらには現所在不明の遺物について知るうえでの根本資料ともなっている。近年においても、神庭信幸・小島道裕らによる「マリア十五玄義図」原田家・東家本の研究や、浅野ひとみらによる関連遺物の共同研究、また蛯川順子による銅版画「天使讃仰図」シリーズの研究などの成果が発表されている[23]。また『新修茨木市史』や前掲の図録『茨木のキリシタン遺物――信仰を捧げた人びと』などの自治体刊行物も、遺物の全体像とその背景について知る上で重要である[24]。また二〇二一年には、海外・日本のキリシタン遺物を幅広く収録し、カラー図版と日英併記の詳しい解説付きで紹介した『潜伏キリシタン図譜 *Hidden Kirishitan of Japan Illustrated*』[25]が刊行された。茨木の関連遺物は第三章近畿地区で詳しく紹介されるが、京都、高槻、河内などの周辺諸地域や九州の遺物と横断的に比較する観点が提示されている。

桑野論考は、それらの研究成果を十分に咀嚼したうえで、茨木のキリシタン遺物とその背景をバランスよく紹介しており、その全体像をつかむうえで格好の導きとなるだろう。また遺物に施された修理の情報や、奥野慶治の再評価、また明治期の信徒発見を踏まえた近代再布教の再検討など、今後の研究にとって重要な論点が示されていることも指摘しておきたい。

第四章「大正期の文化・学術と茨木キリシタン遺物の発見」（高木博志）

本章では、大正期の遺物発見にまつわる史料を検討しつつ、この頃社会的に大きな高まりを見た「キリシタン」や「南蛮」への強い関心を、当時の時代的・文化的背景から考察している。大正時代には、歴史的な過去や異郷へと時空を越えて憧憬するロマン主義が時代思潮となった。大航海時代や南蛮文化などへの関心・顕彰が、美術・文学・映画・学術の諸分野で奔流となって沸き起こった。

大正九年（一九二〇）の茨木キリシタン遺物（上野マリヤ墓碑・ザビエル画像など）の発見は、京都帝国大学を中心とする「基督教考古学」や「安土桃山時代」への歴史学・美術史的な関心など、時代潮流のなせるものであった。茨木の千提寺においてキリシタン美術の優品が見つかり、キリシタン信仰がメディアを通じて報道されたことは、南蛮美術のさらなる発見を促し、学術の進展を促す大きな契機となった。

南蛮ブームは二〇世紀帝国日本の「海外雄飛」の現実を、大航海時代・安土桃山時代の過去に投影する物語でもあった。一方では、豊臣秀吉を偉人として植民地支配を正当化しつつ、他方ではマイナーな宗教だったキリスト教を大衆社会の市民にとって身近な文化であるとの感覚をもたらすなど、多様な影響を与えることとなったのである。

一九二〇年代以前は、キリシタン時代に関する論文や書籍はまだ非常に少なかった[26]。特筆すべきものには、明治一一年（一八七八）に太政官局により日本語訳されたジャン・クラッセ（Jean Crasset, 一六一八～一六九二）の『日本西教史』（*Histoire de l'Église du Japon*, 一六八九年）や、MEPが出版した一連の書籍がある。後者の中で特に人気を集めたのは、フランス人宣教師エメ・ヴィリヨン（Aimé Villion, 一八四三～一九三二）と日本人伝道士の加古義一（一八五三～一九二四）が上梓した『日本聖人鮮血遺書』（一八八七年）で、これは長崎の二六聖人についての書籍である。キリシタン時代を研究課題として取り上げた日本の歴史学者には岡田正之（一八六四～一九二七）などがいるが、後の歴史学

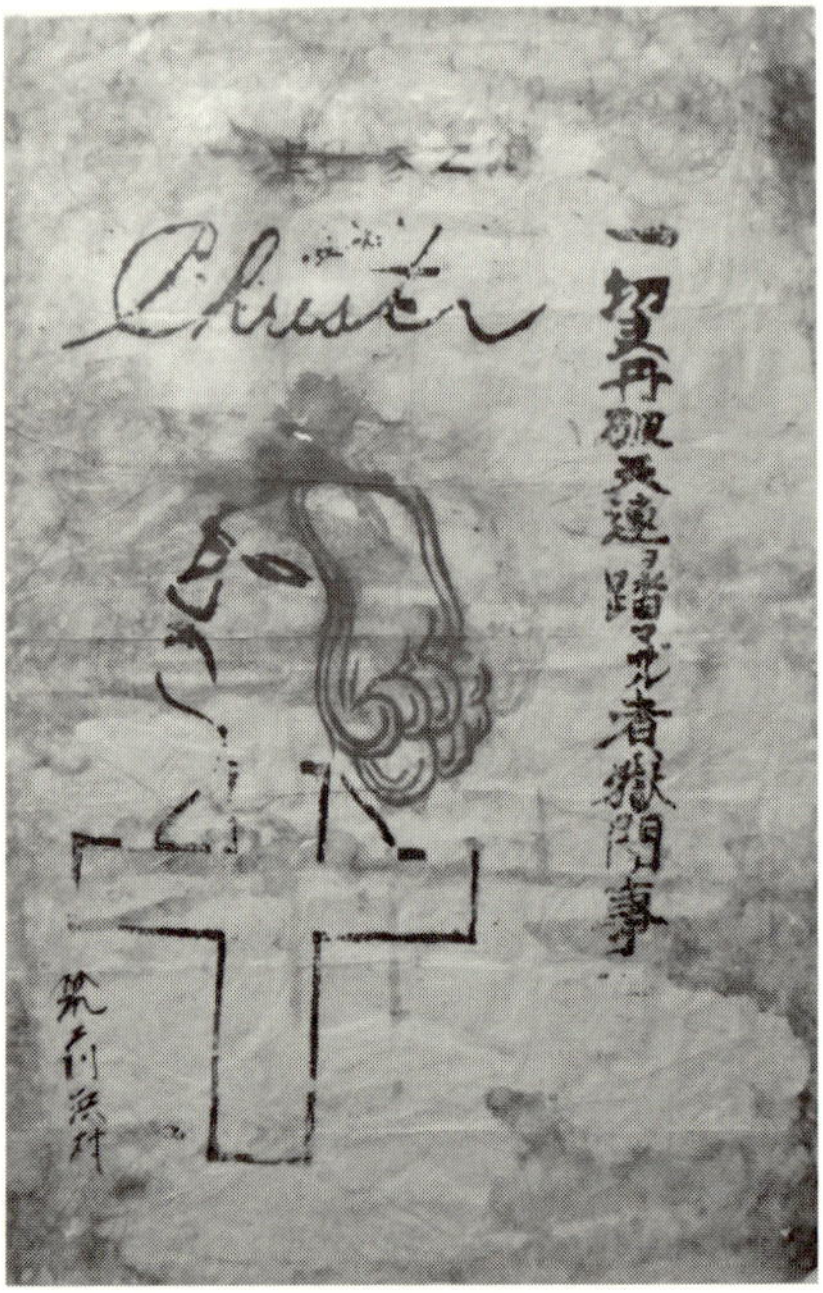

図５　紙踏絵（個人蔵）

に幅広い影響を与えたのは、一九〇〇年前後に数年間ヨーロッパに留学し、ポルトガル語、スペイン語、イタリア語、オランダ語といった西欧諸語の一次史料を収集した村上直次郎（一八六八〜一九六六）であろう。村上は、二〇世紀の初頭から半ごろにかけて多くの研究書や史料集を刊行することで、日欧交流史の研究を大いに発展させた。

　実際二〇世紀初頭は、「キリシタン」や「南蛮人」に対する一般大衆の興味と意識が高まった時期でもあった。[27] 一九〇六年（明治三九）には東京帝室博物館で「嘉永以前西洋輸入品及参考品」という展示会が開催され、その際江戸時代に長崎奉行所が没収した「耶蘇教遺物」がはじめて出品された。同じ時期に、文学者たちもこのテーマを作品の題材とした。当時の文壇に「南蛮趣味」の流行をもたらしたのは、与謝野鉄幹（一八七三〜一九三五）等が発表した『五足の靴』（一九〇七年）という紀行文だった。この作品が芥川龍之介（一八九二〜一九二七）に刺激を与え、のちの「切支丹物」の執筆につながったことはよく知られている。さらに「キリシタンブーム」を裏付けるものとして、明治後期以降、偽物のキリシタン信仰具や紙踏絵のような道具が創られ、九州の土産物として販売されはじめた現象が注目される。中園成生は、これらの「虚構系資料」を研究課題として取り上げている。(28)二〇二四年八月〜一〇月には、西南学院大学博物館でこのテーマに関する展示会「創られたキリシタン像《イメージ》——排耶書《はいやしょ》・実録・虚構系資料」が開催された。(29)

茨木のキリシタン遺物発見の背景を検討する高木論考は、こうした「キリシタンブーム」が大正期の日本においてどのように展開してきたのかを明らかにしている。特筆すべきは、その発見以降の一九二〇年代を通して、宗教学者の姉崎正治（一八七三〜一九四九）や、言語学者の新村出《しんむらいずる》（一八七六〜一九六七）、また考古学者の浜田耕作（一八八一〜一九三八）らの研究により、キリシタン学が急激に発展したことである。(30)そして、一九三〇年代に入ると、キリシタン学がさらに国際化し、ドイツ人、フランス人、イタリア人の学者なども次々と論文や書籍を発表するようになるのである。(31)

付録「マラン・プレシの五通の書簡（一八八〇年一月〜一八八二年一〇月）」（マルタン・ノゲラ・ラモス解題・注、坂口周輔訳）

最後に付録として、マラン・プレシが一八八〇年一月から一八八二年一〇月にかけて著した五通の書簡の日本語訳を収録した。この三年間は、プレシと彼の日本人伝道士が、千提寺の隠れキリシタンと交流している時期だった。このうち三通の書簡は千提寺村に関するものであるが、他の二通はプレシの上司との摩擦や高知への転属の原因などに光を当てるものである。プレシの高知への転属を機に、茨木山間部での布教活動は中止された。

最後になるが、ＭＥＰ史料を管轄するInstitut de recherche France-Asie（IRFA）、および茨木市立文化財資料館の関係各位には、史料調査等で多大なご協力を頂いた。本書に関する研究の一部は、ＪＳＰＳ科研費JP22H00698の助成を受けた。毎日新聞社の花澤茂人氏には、本書のタイトルの着想になった優れた記事を書いて頂いた。また人文書院の井上裕美さんには、本書の企画から刊行まで多大なご尽力を頂いた。記して感謝申し上げたい。

二〇二四年一〇月

編　者

註

（1）徳川幕府による禁教以降も信仰を維持したキリシタンについての学術上の名称は、研究者ごとの定義や時期の違いにより「隠れキリシタン」「潜伏キリシタン」「かくれ（カクレ）キリシタン」などさまざまに呼ばれてきた。詳しくは、中園成生『かくれキリシタンの起源――信仰と信者の実相』弦書房、二〇一八年、三〇～四一および五〇～五二頁を参照。本書では、ひとまず「隠れキリシタン」と呼ぶことで統一した。ただし第二章ラモス論考では、当時のカトリック宣教師の感覚を伝えるため「古キリシタン」という造語を採用している。

（2）茨木市立文化財資料館編『茨木のキリシタン遺物――信仰を捧げた人びと』茨木市教育委員会、二〇一八年。

（3）この調査結果をまとめた論文は、勉誠社から刊行された。マルタン・ノゲラ・ラモス「長崎地方におけるカトリック信徒・非カトリック信徒関係の諸相――『日本習俗に関するロケーニュ師の手記』（一八八〇年頃）を中心に」、大橋幸泰編『近世日本のキリシタンと異文化交流』勉誠社、二〇二三年、二二八～二五一頁。

（4）ＭＥＰの史料館については、中島昭子「パリ外国宣教会所蔵日本関係史料の研究」『研究キリシタン学』四号、二〇〇一年、一〜六三頁を参照。現在、ＭＥＰの史料館は、Institut de recherche France-Asie（ＩＲＦＡ）という研究機関により管轄されている。
（5）マルタン・ノゲラ・ラモス（書簡の邦訳　坂口周輔）「茨木・千提寺の隠れキリシタン初発見――一八八〇年のマラン・プレシ神父の書簡（翻刻・邦訳・解題）」『人文学報』一二〇号、二〇二三年、二〇五〜二二三頁。
（6）「オラショ暗唱「アーメン サンタマリア様」大阪、明治の「信徒発見」宣教師の書簡」『毎日新聞』、二〇二三年五月九日（夕刊）。「「隠れキリシタンの里」大阪・千提寺村　フランス人宣教師が明治に訪問」『京都新聞』、二〇二三年七月一三日（朝刊）。
（7）長崎純心大学長崎学研究所編『一八六五年プティジャン書簡――原文・翻刻・翻訳――「エリア写本」より――「信徒発見150周年」記念』長崎純心大学博物館、二〇一五年には「信徒発見」についてのプティジャンの書簡の翻刻（四二〜四四頁）と日本語訳（一一三〜一一五頁）が収録される。
（8）Archives des Missions étrangères de Paris（以下 AMEP), vol. 569, fol. 2033-2045（一八六七年三月一二日付の書簡）。
（9）大刀洗町教育委員会編『邪宗門一件口書帳』大刀洗町文化財調査報告書第五九集、大刀洗町教育委員会、二〇一五年。
（10）AMEP, vol. 570, fol. 2755-2766（一八八三年六月二六日付の書簡）。
（11）この村の改宗に関しては、AMEP, vol. 570, fol. 2837-2855（一八八三年八月一五日付の書簡）および fol. 3167-3174（一八八四年八月一五日付の書簡）。
（12）ヨハネス・ラウレス（松田毅一訳）『高山右近の生涯――日本初期基督教史』エンデルレ書店、一九四八年。ルイス・フロイス（松田毅一・川崎桃太訳）『日本史』全一二巻、中央公論社、一九七七〜一九八〇年。松田毅一監訳『十六・七世紀イエズス会日本報告集』第Ⅰ〜Ⅲ期全一五巻、同朋舎、一九八七〜一九九四年。
（13）Hubert Cieslik（フーベルト・チースリク）「高山右近領の山間部におけるキリシタン――布教・司牧上の一考察」

『キリシタン研究』一六輯、一九七六年、五七～一一三頁。

(14) 中西裕樹編『高山右近――キリシタン大名への新視点』宮帯出版社、二〇一四年、六～三〇頁。天野忠幸「三好長慶・松永久秀と高山氏」、前掲中西編著、三一～四五頁。

(15) 井藤暁子「千提寺・下音羽のキリシタン信仰」「中世の忍頂寺五ケ庄の名主層」「車作の清水寺縁起」、大阪府文化財調査研究センター編『彩都（国際文化公園都市）周辺地域の歴史・文化総合調査報告書』大阪府文化財調査研究センター、一九九九年、二六一～三四一頁。

(16) 大石一久編『日本キリシタン墓碑総覧』南島原市教育委員会、二〇一二年。同「キリシタン墓碑研究のこれから――九州と畿内のキリシタン墓碑」、神田宏大ほか編『戦国河内キリシタンの世界』批評社、二〇一六年、二九七～三二二頁。

(17) 大阪府文化財センター編『千提寺西遺跡・日奈戸遺跡・千提寺市阪遺跡・千提寺クルス山遺跡』大阪府文化財センター、二〇一五年。

(18) 代表的な研究として、隅谷三喜男『日本社会とキリスト教』東京大学出版会、一九五四年を参照。

(19) 三好千春『時の階段を下りながら――近現代日本カトリック教会史序説』オリエンス宗教研究所、二〇二一年。

(20) 金子江美『明治日本へのカトリック護教書の展望――明治一八～二〇年におけるリギョール神父と日本人共働者による多角的な試み、日本の教学設立からプロテスタント及び仏教への反駁そして結婚観の教導について』上智大学博士学位論文、二〇一六年。

(21) 山梨淳「二〇世紀初頭における転換期の日本カトリック教会――パリ外国宣教会と日本人カトリック者の関係を通して」『日本研究』四四号、二〇一一年、二二一～三〇四頁。

(22) 樋口雄彦「旧幕臣のカトリック受容と迫害への抵抗――静岡藩沼津郡方鈴木孫四郎とその一家」、同『明治の旧幕臣とその信仰』思文閣出版、二〇二三年、一八八～二五〇頁。

(23) 神庭信幸・小島道裕・横島文夫・坂本満「京都大学所蔵「マリア十五玄義図」の調査」『国立歴史民俗博物

館研究報告』第七六集、一九九八年、一七五～二一〇頁。神庭信幸・小島道裕「東家所蔵『マリア十五玄義図』の調査――付、京都大学所蔵『マリア十五玄義図』旧蔵家屋の調査」『国立歴史民俗博物館研究報告』第九三集、二〇〇二年、一〇三～一一六頁。浅野ひとみ編『千提寺・下音羽のキリシタン遺物研究』長崎純心大学、二〇一四年。蜷川順子『祈りの形にみる西洋近世――茨木の銅版画シリーズ〈七秘跡と七美徳がある主の祈りの七請願〉』関西大学出版部、二〇二三年。

（24）茨木市史編さん委員会編『新修茨木市史』第九巻史料編美術工芸、茨木市、二〇〇八年。前掲注（2）茨木市立文化財資料館編図録。

（25）五野井隆史監修『潜伏キリシタン図譜 *Hidden Kirishitan of Japan Illustrated*』潜伏キリシタン図譜プロジェクト実行委員会、二〇二一年。

（26）大正期以前のキリシタン史の研究動向については、三輪地塩『殉教の記憶・記録・伝承：津和野キリシタン史記述再考』晃洋書房、二〇二〇年、一六～二二頁を参照。

（27）高木博志「一九二〇年、茨木キリシタン遺物の発見」、松沢裕作編『近代日本のヒストリオグラフィー』山川出版社、二〇一五年、一八三～二〇九頁。

（28）「虚構系資料」については前掲注（1）中園著書、四〇三～四二四頁を参照。

（29）同展の図録、鬼束芽依編『創られたキリシタン像（イメージ）――排耶書・実録・虚構系資料』西南学院大学博物館、二〇二四年を参照。

（30）H・チースリク監修、太田淑子編『日本史小百科・キリシタン』東京堂出版、一九九九年、九～一二頁。

（31）その一例として、戦前・戦後のフランス語圏におけるキリシタン史学については、Christophe Marquet (ed.), *Présences occidentales au Japon : du "siècle chrétien" à la réouverture du XIXe siècle*, Cerf, 2011 の序論を参照。

第一章　茨木へのキリスト教伝来——その由来と展開

平岡隆二

一　本章の目的と先行研究の整理

本章では、「聖フランシスコ・ザビエル像」や「マリア十五玄義図」（第三章・図3、4、42参照）などを秘かに伝えていたことで有名な千提寺《せんだいじ》と下音羽《しもおとわ》（現・大阪府茨木市）のキリシタンたちが、いったいどのようにしてキリスト教と出会い、またどんな人々や時代背景のもとでその信仰が維持・継承されて、明治一二年（一八七九）のマラン・プレシ（Marin Plessis, 一八四四〜一九〇八）による発見にまで至るのかという歴史を、でき得る限り史料に即して描くことを目的とする。

茨木のキリシタンにまつわる研究は、すでに一〇〇年以上の歴史を持つが、それらは大きく以下の三つの分野に分類することができる。

第一が、この地域で発見されたキリシタン遺物に関する研究である。それらは大正九年（一九二〇）の発見後まもなく、京都帝国大学の関係者を中心に本格的な研究が開始された。その成果である『吉利支丹遺物の研究』（京都帝国大学文学部考古学研究報告第七冊、一九二三年）は、今なおこの分野の基礎研究として参照され続けている。また個々の遺物についても、とくに美術史家らによって着実な研究が積み重ねられ、現在ももっとも盛んに研究が進められている分野と言える。[1] また近年では、キリシタン墓や墓碑に関する研究も大きく進展し、[2] 伝世遺物のみならず考古遺物・遺構や石造物まで含めた総合的な比較研究が可能となりつつある。

第二が、現在の茨木市域を含む、当時の摂津国東部へのキリスト教の伝道とその背景にまつわる歴史研究である。その地域的広がりは、千提寺・下音羽を含む忍頂寺《にんちょうじ》五ケ庄《ごかのしょう》（現・茨木市）のみならず、その近隣の高山荘、東能勢《ひがしのせ》（大阪府豊能町）などの山間地域や、さらには高槻城下（大阪府高槻市）まで含めて考察する必要がある。後述するように、高山飛騨守（?～一五九五、図書頭、洗礼名ダリオ）とその子・高山右近（一五五二?～一六一五、洗礼名ジュスト。図1）が、一六世紀後半に段階的にこれらの地域の領主となったことが、この地域にキリスト教が広まる契機になったからだ。現在の茨木市にキリシタン史を代表する遺物の優品が多数残されたことも、こうした歴史的経緯と無関係であったとは考えられない。したがってこの第二の研究分野は、前述の第一の分野と互いに補完し合う関係にあると言える。

図1　高山右近銅像（高槻城公園）

この分野の研究は、（1）キリシタン研究者によるものと、

（2）日本史・考古学研究者によるもの、の大きく二つに分類できる。

（1）は、とくに欧語文書を駆使した高山右近の事績研究が中心で、ヨハネス・ラウレスや海老沢有道による先駆的な研究があるほか、松田毅一らによるフロイス『日本史』とイエズス会日本報告集の邦訳にも多くの重要な関連記事が見いだされる。(3) しかし茨木との関連の観点から言うと、フーベルト・チースリクが一九七六年に発表した論文「高山右近領の山間部におけるキリシタン——布教・司牧上の一考察」がとりわけ重要である。(4) この論文でチースリクは、多くの欧語文書を新たに発掘・紹介しつつ、中世までは仁和寺の荘園だった忍頂寺五ケ庄が天正六年（一五七八）に高山右近の領地となり、天正一一年（一五八三）から本格的なキリスト教伝道が行われたこと、またこの地域の信徒は宣教師から高槻もしくは摂津国の「山間部のキリシタン」などと呼ばれ、禁教後にも巡回・司牧が続けられていたことなどを、史料によって裏付けた。本章の以下の論述も、このチースリク論文から多大な学恩を受けたことを明記しておかねばならない。

（2）については、中西裕樹と天野忠幸による三好政権および織豊政権下における高山父子の動向とその政治的・社会的背景にまつわる研究が注目される。(5) 書状や発給文書など日本側の一次史料に基づく分析は、欧文資料には描かれなかった彼らの活動の諸側面を理解するうえで重要な知見を提供するものである。また井藤暁子は一連の論考において、千提寺・下音羽の集落構成や、各遺物所蔵家の出自について分析している。(6) その考察はあくまで可能性をさぐったもので、今後のさらなる検討を要するとされるが、(7) 未刊行の在地文書に新たな光を当て、その研究の可能性を示したことは特筆に値する。これ以外にも、地方自治体や博物館が刊行した報告書や図録などには、他では得られない重要な情報や史料が収録されることも指摘しておきたい(8)。

第三は、茨木のキリシタンとその遺物が、近代日本のどのような歴史的文脈のもとで発見・探究されたかについての研究である。近年のマルタン・ノゲラ・ラモスによる研究は、これまで大正九年（一九二〇）に遺物とともに発見されたと考えられてきた茨木の隠れキリシタンの存在が、それより約四〇年さかのぼる明治一二年（一八七九）にパリ外国宣教会のマラン・プレシによって発見されていたことを明らかにした(9)。また高木博志は、「キリシタン」や「南蛮」をめぐる研究や認識の枠組みには、近代日本のアイデンティティが色濃く投影されていたことを明らかにしている(10)。

以上の研究史を踏まえて、本章では、茨木へのキリスト教伝来から明治期の発見に至るまでの史的展開について、以下の時代区分に沿って論述を進める。続く第二節では、高山父子が洗礼を受けた永禄六年（一五六三）から、忍頂寺五ケ庄への集中伝道が始まる天正一一年（一五八三）までの経緯を概観する。また第三節では、当時「山間部のキリシタン」と呼ばれたこの地域のキリシタン宗団の成立と展開を追跡する。そして第四節では、天正十五年（一五八七）の伴天連追放令から徳川幕府による禁教へと進む過程で、彼らの信仰がどのように維持・継承されたかを検討する。最後の第五節では、禁教下の断片的な史料を検討しつつ、近世・近代移行期のキリシタンをめぐる状況の推移についても考察する。

また本章の論述では、次の三つの文献を頻繁に参照するため、以下の例のような略称を用いて巻数・頁数などを示した。

・Hubert Cieslik（フーベルト・チースリク）「高山右近領の山間部におけるキリシタン――布教・司牧上の一考察」『キリシタン研究』一六輯、一九七六年、五七～一一三頁。（例）チースリク一九七六論文、五九頁。
・ルイス・フロイス（松田毅一・川崎桃太訳）『日本史』全一二巻、中央公論社、一九七七～一九八〇年。（例）『日本史』第一部一〇三章、巻四、三一九～三二二頁。
・松田毅一監訳『十六・七世紀イエズス会日本報告集』第Ⅰ～Ⅲ期・全一五巻、同朋舎、一九八七～一九九四年。（例）『報告集』Ⅲ－六、一〇九頁。

二　高山飛騨守・右近父子とキリスト教

高山飛騨守は、忍頂寺五ケ庄にほど近い勝尾寺高山荘（現・大阪府豊能町）を本拠とする在地領主だった。やがて彼は、織田信長の上洛以前に五畿内を支配した三好長慶（一五二二～一五六四）の家臣団のなかで頭角をあらわす。彼は長慶の重臣・松永久秀（一五〇八～一五七七）の与力だったようだが、永禄三年（一五六〇）に長慶・久秀が大和国を平定した後に、同国宇陀郡の沢城（現・奈良県宇陀市）の城主に抜擢されるなど、この時すでに三好政権下での信頼が厚かったことがうかがえる。(11)

当時、久秀の周りには、畿内でも有数の学者や商人が頻繁に訪れる一種の文化的サロンが形成されており、その中にはキリシタンに入信した者が少なからずいた。たとえば当代随一の儒者・清原枝賢《きよはらのえだかた》（一五二〇～一五九〇）や、天文学や剣術に秀でた結城忠正（山城守。生没年未詳）、また医師の曲直瀬道三《まなせどうさん》（一五〇七～一五九四）などがそれにあたる。三好長慶はキリシタンを保護したが、それは当時活況を呈していた東アジア貿易に新たに参画しようとしていた彼の政治的意図と結びついていたとも指摘されている。(12)当時キリスト教を受け入れた人々の間には、新しい宗教としてだけでなく、海外からの最新の知識や文物への興味、また新たな交易ルートの開拓など、多様な関心や文脈があった。飛騨守もそのような文化的・政治的環境の中でキリシタンとなり、また若き右近もそうした環境下で育ったであろうことは注目される。

イエズス会宣教師ルイス・フロイス（Luís Fróis, 一五三二～一五九七）の『日本史』によると、飛騨守がキリスト教に入信したのは永禄六年（一五六三）で、さらに翌永禄七年（一五六四）には、彼の妻子やその他身分ある人たちなど一五〇名を入信させている。その中には、当然長子・右近も含まれたはずである。また自らが城主だった大和国沢城では、城内に教会を造り、職人に命じて模写させた祭壇画「キリスト復活の画像」を飾った。(13)本貫地の高山荘でも、母と男女の召使たちを入信させている。(14)高山荘は、後に右近の領地となる忍頂寺五ケ庄や東能勢とあわせて「山間部のキリシタン」などと称される北摂山間部の信仰圏を形成した。大正・昭和初期に奥野慶治《よしはる》（一九〇一～一九四九）が行った調査によると、千提寺の七戸だけでなく、高山荘にも二戸の隠れキリシタンが存在していたという。(15)

永禄一一年（一五六八）に織田信長が足利義昭を奉じて入洛したことは、飛騨守・右近父子の人生にも大きな影響をおよぼした。飛騨守は、その頃には松永久秀のもとを離れ、義昭の重臣だった和田惟政《これまさ》（?～一五七一）に仕官していた。その惟政が、入洛後の義昭から摂津守護の一人に任命され、摂津国東部（現在の茨木市、高槻市など）の支配を推し進めたことにより、高山父子もこの地域の統治に深く関わっていく[16]。

惟政は、もとは近江国甲賀郡の土豪だったが、義昭の有力被官としてその入洛と将軍任官に重要な役割を果たした。彼は入洛後に義昭から芥川城（現・高槻市）を与えられ、また永禄一二年（一五六九）には高槻城主となっている。そして飛騨守は、惟政から芥川城の「城の守将」をまかされていた[17]。

惟政はまた、キリシタンのよき理解者、庇護者としても知られる。フロイス『日本史』などによると、彼は当時堺にいたフロイスを京都に呼び戻そうとする飛騨守の請願を受け入れ、信長や義昭への執り成しに尽力するなど、キリシタンと宣教師に対してきわめて好意的に接した[18]。しかし彼自身は禅宗徒で、キリシタンに入信することはなかった。中西裕樹は、こうした惟政の態度の背景には、新興の支配者だった彼の在地基盤はなお脆弱で、飛騨守のように摂津を本貫とするキリシタン在地領主らの意向を無視できなかったからだろうと推測している[19]。

しかし惟政はまもなく元亀二年（一五七一）の白井河原の合戦で戦死する。そしてその没後に起こった和田家中の権力争いを制したのは、「［高槻］城内においてもっとも多数の兵を有し、城主の用務において顧問をつとめた[20]」飛騨守とその子右近だった。こうして元亀四年（一五七三）に飛騨守が高槻城主となり、さらに同じ頃に家督を受けた右近が城主を引き継いだことにより、この地域のキリスト教化が進められてゆくのである[21]。

その後の領内におけるキリスト教化には、飛騨守が主要な役割を果たした。彼は「毎年、四名の組頭を定め、これらの人々は異教徒の改宗を促進することや貧者への訪問、死者の埋葬、祝祭に必要な物の準備、各地から来訪する信者の歓待の役目を担う」ものとし、さらに彼自身が「常に第一の組頭」であったという。[22] また飛騨守は天正二年（一五七四）、城内に自費で大きな木造の教会を建設した。[23] それは宣教師が宿泊するための住居や、池のある美しい庭園を備えたもので、現在の野見神社（高槻市野見町）付近にあったと考えられている。その隣接地からは、平成一〇年（一九九八）の発掘調査によってキリシタン墓地が発見され、二支《にし》十字（罪標十字架。干《かん》十字とも）を墨書した棺の蓋板や、木製のロザリオ珠（図2）など、当時の信仰を伝える遺物も出土している。[24] ロザリオについては、高槻布教の初期の状況を述べたフロイス『日本史』の記述に、

> また彼［ダリオ飛騨守］はキリシタンたちのためにコンタツ［ロザリオ］を作製させようとして、わざわざ都から一人の立派な異教徒の細工師を呼ばせたが、その人は（ダリオから）多くの教えを説かれ、ついにその後、妻子ともどもキリシタンとなるに至った。[25]

と見えるように、当時の高槻でも作製されていた。また同じ頃飛騨守は、彼にとって「一番の慰めとなることの一つ」として、

> （日本を）出立し、ローマにおいて教皇様の足もとにひれ伏し、数々の聖なる場所を敬って（歴訪し）、（教皇聖下）から多くの祝別されたコンタツや遺物を乞い奉り、それらをキリシタンたちの間に分ち与えたい。（さらに）また、（教皇様に）教会用の祭壇の画像を、そして（キリシタンたち）のため、その救いに役立つ品々を（乞い求めたい）。[26]

図3　狩野宗秀筆「都の南蛮寺図」（部分）（神戸市立博物館蔵、Photo: Kobe City Museum/DNPartcom）

図2　ロザリオ（高槻城キリシタン墓地 N8 号墓出土）（高槻市蔵）

と宣教師に語っていた。一五八一年のイエズス会日本年報によると、高槻城とその周囲の町村の人口二五〇〇〇人のうち一八〇〇〇人がキリシタンだったという[27]。この数字は吟味の余地があるものの、こうした大規模な改宗が実現した背景に、飛騨守・右近父子による強力な働きかけがあったことは疑いえない。

飛騨守は、京都の被昇天の聖母マリア教会（いわゆる都の南蛮寺。図3）の完成にも重要な役割を果たした[28]。天正五年（一五七七）に京都・姥柳《うばやなぎ》町に建設されたこの三階建ての教会は、同年七月頃にほぼ完成を見たが、その建設に要した膨大な費用の大半は京畿の有力キリシタンらの支援によるものだった。そのなかでもフロイスは「工事が行われた間、彼［飛騨守］の援助は少しも絶えることがなく、いかなる類のことにおいてもそれは主要な援助の一つであった[29]」と、飛騨守の貢献を強調している。その献堂式のミサには、飛騨守が妻子、親族、および二〇〇名以上の一団を伴って駆けつけた[30]。なお、この教会は、一〇年後の天正一五年（一五八七）に豊臣秀吉の伴天連追放令によって破壊されるが、その外観を描いたものに狩野宗秀筆「都の南蛮寺図」（神戸市立博物館蔵）があり、またこの南蛮寺で使用されたと伝わる「銅鐘（南蛮寺の鐘）」（一五七七年銘、妙心寺塔頭春光院蔵）が現存している。

千提寺・下音羽を含む忍頂寺五ケ庄（以下、五ケ庄と略称する）が高山右近の領地となったのは、天正六年（一五七八）のことだった。当時茨木城主だった中川家伝来の天正七年（一五七九）五月三日付けの文書に、

一、同時、高山右近長房と堺目出入ノ節ノ書附
其方と高山右近方、去年已来出入済口之事
一、五ケ庄之儀、従去年相究、如筋目高山方可為知行之事(31)

と見えており、その「去年」にあたる天正六年（一五七八）から「五ケ庄」は右近の知行地となったと判断できる。この山間部での布教活動が天正一一年（一五八三）に本格化したことについては、次節で詳しく述べることにしよう。

また、この時期の右近領内での特筆すべき出来事に、天正九年（一五八一）春の巡察使ヴァリニャーノ（Alessandro Valignano, 一五三九～一六〇六）の来訪があった。イエズス会総長の名代として派遣され、布教地での指導監督に強い権限を有していたヴァリニャーノは、この第一回日本巡察時に、日本教会の組織改革や財源確保、また教育制度の整備や天正遣欧使節の派遣など、多方面にわたる取り組みを

実施した。[32] 右近をはじめとする京畿の有力キリシタンたちは、視察のため高槻に立ち寄ったこの日本布教のリーダーを熱狂的に歓迎し、彼を祭主とする復活祭の祭礼を大規模かつ荘厳に執り行った。そのさまは、ヴァリニャーノが「高槻にいるというよりもローマにいるかのように思ったほど」[33] だったという。巡察使はその後安土を訪問したが、右近らの願いによって五月にも高槻を再訪して聖体の祝日の祭儀を執り行い、また「領内にある他の二十余の教会」を数日かけて訪ね歩いている。[34]

この巡察の最大の成果としてチースリクが挙げるのが、高槻城下へのレジデンシアの設置である。[35] レジデンシア（葡、residência. 司祭館、住院なども訳される）は、イエズス会が布教地の各所に設けた司祭やイルマン（修道士）らが定住できる施設のことで、より大規模なカザ（葡、casa. 修道院などと訳される）に比して、一人から数人程度の居所の意味で使用されることが多かった。[36] 高槻城下にはすでに飛騨守により教会と住居が建造されていたものの、その時までは都から高槻への巡回が行われていただけだった。しかしこれ以降は、宣教師らがレジデンシアに定住するようになり、そこを拠点に周辺領地の組織的な伝道・司牧が可能となった。次節で詳しく見る、フォルラネッティらによる山間部への集中伝道も、このレジデンシアの存在と飛騨守・右近父子による支援があってこそ実現できたと思われる。

さらに天正一〇年（一五八二）の本能寺の変の後、京都に一時避難していた安土セミナリオの司祭や生徒たちも、まもなく高槻城下に移ってきた。[37] これも高山父子の支援に頼ったもので、一五八五年の書簡でフロイスは、右近がそのセミナリオの中に大きな教会を建設していたことを伝えている。[38] 彼らが高槻の領主になってから約一〇年を経て、領内のキリスト教化はまさに最盛期を迎えたかのように見える。次節では、こうした高槻城下での旺盛な教化活動を基盤に行われた、山間部への集中伝道について、詳しく見てゆくことにしよう。

三 「山間部のキリシタン」――その成立と展開

天正六年（一五七八）に高山右近の領地となった忍頂寺五ケ庄は、現在の大阪府茨木市北部の銭原、泉原《いずはら》、佐保《さほ》、千提寺、上音羽、下音羽、忍頂寺などにおよぶ山間地域である。これまでキリシタン遺物が発見されたのは千提寺と下音羽のみだが、既知のキリシタン墓碑に「佐保」「せにはら（銭原）」などの地名に由来する姓が見られることから、(39)かつてはこの地域に広くキリシタンが存在していた可能性が十分考えられる。

イエズス会史料では、この五ケ庄のキリシタン宗団のことを、右近が領する高槻あるいは摂津国の「山間部のキリシタン」あるいは「山のキリシタン」などと呼んでいる。そしてその中には、五ケ庄の周辺の諸地域、たとえば高山氏の本貫地である高山荘や、右近が秀吉から天正一〇年（一五八二）に与えられた東能勢なども含まれた。チースリクに従って、高山氏の所領とその加増年をまとめると、以下のとおりである。

名称	加増年（石高）
1．高山荘	天文一三・一五四四年頃か（不明）

2. 高槻（城下等）　元亀四・一五七三年　（約一万石）
3. 忍頂寺五ケ庄　天正六・一五七八年　（不明）
4. 東能勢　天正一〇・一五八二年　（三千石）(40)

五ケ庄への本格的な布教は、天正一一年（一五八三）にはじまったと考えられる。というのも、山間部への一か月間におよぶ集中伝道について記した一五八三年度のイエズス会日本年報には、「忍頂寺」の名が明示され、かつその地域の教化はそれまでほとんど進んでいなかったと記されるからである。チースリクは、飛騨守・右近がこのときまで五ケ庄への布教を本格化しなかったのは、忍頂寺に安堵状を出していた信長に対して遠慮していたからで、それが一五八二年の本能寺の変の後に解禁されたからだろうと推定している(41)。

> 過ぐる（一五）八三年に一司祭［フォルラネッティ］がヴィセンテ［洞院］修道士を伴って、ジュスト［右近］の支配下の山のキリシタンたちを訪ね、同所におよそ一か月滞在した。彼らは（従前）あまり教化に与ることができなかったので、デウスのことについてはまったく白紙のような状態であったが、修道士の適切かつ明瞭なる説教によって彼らは十分に理解して喜びと悟りを新たにした。この訪問において二百三十余名が新たに洗礼を受けた。ジュストの領内にいた仏僧たちは信長が生きていた頃、決して我らの教えを聴くこともキリシタンとなることも望まなかったが、ジュストは彼らの許に人を遣わし、（説教を）随意に聴くこと、ならびに（これによっても）理解せぬ者は（他に）生活を求めること（を命じて）彼

らの希望を奪ったので、全員が決心して百人乃至それ以上の数の仏僧がキリシタンとなった。領内にあった神と仏の寺院はことごとく、役に立たぬものは焼き、また破壊し、適当なものについてはこれを用いて教会を建立した。その中に津の国の忍頂寺と称するはなはだ有名な寺院があったが、今では同地方で最良の教会の一つとなっている。[42]（強調の傍線は筆者。以下同じ）

この「一司祭」は、イエズス会宣教師ジュゼッペ・フォルラネッティ（Giuseppe Forlanetti, 一五四九？〜一五九三）に比定されている。[43] 彼はイタリアのヴェネツィア出身で、一五六九か一五七〇年にイエズス会に入会した後、一五七六年にインドに向けて出発、一五七八年に来日した。長崎の大村で日本語を学んだあと、一五八一年末までには摂津に送られ、一五八二年二月には高槻レジデンシアの主任司祭をつとめている。後述するように、彼はその後も高槻に滞在し、東能勢への布教や、セミナリオでのラテン語教育などにたずさわった。右近が天正一三年（一五八五）に明石に転封された後には、彼も明石のレジデンシアに移っている。[44]

ヴィセンテ洞院（一五四〇〜一六〇九）は、日本の文学や宗教の知識に秀で、すぐれた説教者としても知られる日本人修道士である。一五八〇年に父パウロ養方（？〜一五九六）とともにイエズス会に入会後、一五八二年から一五八七年にかけて都周辺で布教や教育に従事し、高槻セミナリオでは日本の宗教について教授した。[45] また一五九一年には父とともにローマ字本『サントスの御作業の内抜書』の作成に関わるなど、キリシタン版の刊行にも深く関わった。

続いて、東能勢での布教について記したフォルラネッティの書簡が、一五八五年八月二七日付フロイス書簡に引用されている。そのフォルラネッティ書簡の正確な日付は分からないが、東能勢のことを指す新領地が「昨年」与えられたと記すことなどから、一五八三年頃のものと推定されている。(46)

私は神学校［高槻セミナリオ］のことで引き続き忙しく、しかも一人のために、改宗のことにかかわる時間が殆どない。よって、このような仕事が好きな二、三の司祭を早急に助けに派遣されることが極めて必要とされている。というのも（派遣されれば）他のことをする暇がないのは確かである。現在私は、この二、三日間に二千六十五名に洗礼を授けに新しい土地に行った。そこは昨年羽柴筑前殿［秀吉］が（高山）ジュスト右近殿に与えた土地である。また千名以上が洗礼を待っている別の幾つかの場所があるが、彼らを教化する人がいないので、私には助けに行けない痛みと悲しみが残る。私は、そこにいるジュストの父のダリオ［飛騨守］がそれらの土地の各所に、いかにして十字架や教会を建てるかの指図を出すのを、そのままにして置くだけで、聖なる洗礼を受ける前に、そこにあった悪魔の寺院がつぶされた。これらの者は、ずっと前から、彼ら自身の動機で我らの教えを聴くことを望んでおり、理解してからキリシタンになろうとする者で、間違いなく、門より入るであろう。(47)

またこの頃フォルラネッティは、高槻セミナリオのラテン語教師もつとめた。それはラテン語教師のシメアン・アルメイダ修道士（Simeão Almeida, ?～一五八五）が肺病になり、一五八五年に死亡したことで、代わりの教師が必要になったからだった。フロイスによると、彼の日本語能力はその時まだ十分ではなく、そのためラテン語教育に障害を生じたという。(48)山間部への布教においても、洗礼前の教理説明などは、ヴィセンテが主たる役割を担ったと思われる。ヴィセンテが優れた説教師として知られていたことは、フロイスによる一五八二年度年報の記述からもうかがい知られる。

> 高槻の司祭館にはジョゼフ（・フォルラネッティ）師が駐在し、同所において一万二千乃至一万五千名以上を託されているが、今は巡察師［ヴァリニャーノ］が豊後から派遣した日本人修道士ヴィセンテが彼と共にいる。この修道士は同所のキリシタン宗団のためはなはだ巧妙にして機智に富む説教をするので、キリシタンたちはその教えにより今初めてデウスを識るべく目覚めた思いを懐いたほどである。(49)

しかしこうした山間部への伝道は、秀吉が天正一三年閏八月二二日（一五八五年一〇月一五日）に行った領地替により、右近が明石に転封(50)されたことで、継続が困難となった。宣教師グレゴリオ・デ・セスペデス（Gregorio de Céspedes, 一五五一～一六一一）は、その直後の一五八五年一〇月三〇日に大坂から発した以下の書簡において、右近の移封はイエズス会にとって「大打撃」で、「山の百姓たち」の信仰の維持のために引き続きフォルラネッティが高槻にとどまることになったこと、さらに「かの山間部のキリシタン」の大部分が、秀吉の右筆でキリシタンの安威了佐《あいりょうさ》（生没年未詳、洗礼名シメアン）の支配下となったことへの期待、などを記している。

> 彼［右近］は播磨へ移された。我々としては、彼の領国の二万五千ないし三万以上の住民がその卓越した頭をうばわれたのを見て、実に大打撃を受けた。［中略］特に山の百姓たち（os fiacuxos especialmente da

yama）は、神父たちが彼らのもとに留まらぬであろうとたいへん心配していたが、彼らは信仰の堅固さを証拠だて、また後日、背教するようなことがないという期待を抱かせたので、オルガンティノ神父［Organtino Gnecchi-Soldo, 一五三三〜一六〇九］は今までどおり、ヨゼフ［フォルラネッティ］神父を高槻に残すことに決めた。そして今、彼はヴィセンテ［洞院］修道士および数人の同宿と共に同地に居る。［中略］筑前殿は右近殿の旧領地の大部分の代官すなわち管理人として右筆安威［了佐］殿という善いキリシタンを任じた。彼の管理の許におかれた地域には、かの山間部のキリシタンの大部分が含まれている。そして我々は神の恩寵をもって容易に彼らを保持することができるだろうと希望を抱いている。(51)

安威了佐は、すでに一五八三年の年報で、秀吉がもっとも信頼するキリシタンの側近五名のうちの第二位に挙げられるなど（第一位は高山右近）、宣教師と秀吉とを結ぶ重要な存在とみなされていた。(52)またフロイス『日本史』でも、

（その地［高槻領］の支配が）異教徒の奉行の掌中に帰しておれば、（農民）は、少なくとも表向きは、決して信仰を守り得なかったであろう。だが安威殿の庇護の許に置かれたために信仰を保つことができるのである。(53)

と述べ、了佐の存在を強調している。ポルトガルに伝わる屏風下張り文書中に、この時期の了佐に関係する文書が多く含まれることも、彼とイエズス会との親密な関係を裏付けるものである。(54)

また了佐は、山間部のキリシタンの世話と維持のために、神父の派遣を依頼することもしていた。フロイス『日本史』第二部一〇〇章によると、その願いをうけて派遣されたのはイエズス会宣教師ダミアン・マリン（Damián Marín, 一五四七〜一五九八）で、それは後述の伴天連追放令が発せられる一五八七年頃だったとされる。その頃には、山間部の「ほとんど全領地が、異教徒の主君や管理人に支配されるようになった」とされ、とくにかつて一向宗徒だったキリシタンたちの間に信仰への動揺がみられたが、それはマリンの到着と定住により落ち着きをみたという。

ちょうどその頃［一五八七年頃］、関白の秘書であり、かつては（高山）ジュスト右近殿の領地であったが、今は関白の直轄領となっている高槻領の大部分の管理人でもあるシモン［安威了佐］と称せられるキリシタンの願いによって、オルガンティーノ師は、ダミアン・マリン師に対し、（高槻の）山間部のキリシタンの許で働き、その地のキリシタンたちの世話をするようにと命じた。そこのキリシタンたちは、右近殿が去った後、そこのほとんど全領地が、異教徒の主君や管理人に支配されるようになったので、甚大な損害を被るに至った。そうした障害のために、当然のことながら、（司祭たちは）キリシタンたちの世話ができなかったから、（彼らの間では）信仰の弱い者が続出し始めた。（とりわけ）かつて一向宗（の信徒）であった人々が（キリシタン）信仰に動揺をきたしたのであるが、（ダミアン・マリン）師が到着したことによって彼らは強い信仰を取り戻し、ふたたびキリシタンの数は増加し、彼らが久しく待望していたように司祭がそこに定住することになって、一同は大いに喜び、かつ満足した。(55)

続けてフロイスが、山間部におけるキリシタン宗団の維持にとくに貢献したと強調するのが、ここで仮に清水寺のロケ（生没年未詳）と呼ぶ日本人キリシタンである。この人物については、上引の『日本史』第二部一〇〇章だけでなく、同書第三部九章においても高槻領のキリシタン宗団のリーダー的存在として言及されている。その両方を以下に引用する。

『日本史』第二部一〇〇章（一五八七年頃）

だが誰にも増してその［マリンの山間部定住に］喜びを深く感じたのは、ロケ［Roque］と呼ばれ、すでに年老い、かつ非常に善良なキリシタンであった。彼はかつては仏僧で、清水［Quiomizu］と称せられる一寺院の長を務めていた。その寺院は今では教会に用いられている。（ところで）この（ロケ）はキリシタンになると、デウスのことに深い知識と喜びを持つに至り、五畿内のかのキリシタン宗団の父として、また牧者として奉仕した。彼は自らの模範ならびに不断の助言とをもって、そのキリシタン宗団を実に立派に守護したので、同地方に司祭がいなくて、周辺や近郊の多くの人々が（信仰に）弱くなっていった時にも、彼（がいる）土地の信徒たちは、つねに堅固に信仰を保っていた。［中略］彼は、教会の傍に司祭を住まわせるために、四十年来住み馴れた自分の土地を（司祭たちに）明け渡し、自らはずっと遠いところへと移って行った。そして彼は万事につけて主（なるデウス）への聖なる奉仕（をするため）に真先に馳せ参じ、真心をもってそれを果した。(56)

『日本史』第三部九章（一五九〇年頃）

（高槻領のキリシタン）のうちには、当初は重立った仏僧であったが右近殿の時代にキリシタンとなったロケと称する人がいる。彼は我らの教えについて優れた理解を示し、（キリシタン）の中にあって大いなる権威を保っていたので、司祭たちは彼を起用し、同地（高槻領）の教会とキリシタン宗団の世話をいつも彼に委ねていた。彼は立派にその役目を果した。[57]

以上から清水寺のロケの人物像をまとめると、彼は一五八七年頃にはすでに老人で、かつては「清《きよ》水《みず》」という寺院（当時すでに教会に転用されていた）の住職だった。キリスト教の教理に通じ、山間部のみならず五畿内全体のキリシタン宗団の守護に大きく貢献し、四〇年近く住んだ土地を司祭らにゆずって遠方に移住した、となろう。

このロケに着目した井藤暁子は、彼が住職を務めたという寺院を、五ケ庄の車作《くるまつくり》にかつて存在した清水廃寺《きよみずはいじ》[58]に比定したうえで、彼とキリシタン遺物保存家とのつながりの可能性についても検討した[59]。後者についてはさらなる検討を要するものの、前者、すなわち清水廃寺への比定については、「清水《きよみず》」という名前の一致のみならず、フロイスが彼を高槻の山間部と関連付けて紹介することや、さらには次に引用するフロイス書簡の内容からも、十分あり得ることと思われ、ここでもその説に従っておく。ただし清水廃寺は、その所在地や廃寺となった時期・経緯が史料によって確定できない謎多き寺であり、キリシタンとの関連を含むその詳細の解明が、今後の研究課題として残されている。

この清水寺のロケは、前掲『日本史』第三部九章の記述では右近の時代にキリシタンになったとされるが、彼はすでに飛騨守の時代に入信していたかもしれない。というのも、一五七六（七七）年八月二〇日付フロイス書簡には、京都の南蛮寺で説教を聞いて入信した人の代表として「ロケ」の名が見え、彼が飛騨守によって遣わされた元仏僧であることや、当時すでに五〇歳近くであること、またキリスト教の教理に習熟しようとするさまは、清水寺のロケの人物像とまったく一致するからだ。

〔南蛮寺で入信した人としては〕たとえばダリオ・高山殿が我らを援助するため、わざわざ遣わした一仏僧がそうであり、同人は修道院に親しみ、(イエズス)会の秩序ある所作を見た後、キリシタンになったのみならず、己れを(イエズス会に)迎え入れることを切に請うた。彼の親戚は皆たちどころに彼の敵となったが、彼は主の恩寵を賜って修道院に留まり良き模範を示している。彼はすでに五十歳近い人でロケと称し、ミサの後は夜まで働き、それから蝋燭のもとで学び、書き留めた祈祷文を暗記している。(60)

またフロイスが一五九一・一五九二年頃のこととして、堺の病院でハンセン病患者の看護にあたっていたと伝える「ロケ」も、彼その人であった可能性がある。この推測が正しければ、彼が四〇年間住んだ土地(車作の清水寺か)を離れたあとに向かったのは、堺だったということになろう。

司祭たちは、かつて(高山)右近殿に属した高槻領内でも、すべて農民から成る幾つかのキリシタンの集落では、何びとも我らの聖なる教えを棄てる決心をせぬばかりか、自分たちの間にただの一人も異教徒が来て住むことを断じて許さぬようにして団結している有様に接した。〔中略〕また彼らの頭となっている二人のキリシタンに次のことが生じた。その一人はジョウチン(61)と言い、彼らの教師でも説教師でもあり、（他の）一人はロケと言い、今は（小西）立佐[62]の命令に基づき堺の病院の世話をしている人であった。［中略］もう（一人の）ロケと称する者は、堺奉行（小西）立佐が、その慈悲心を実践して癩《ママ》病者たちのために同地に設けた一病院の世話（人）として、（立佐から、そこへ）来るように望まれた[63]。

最後に、一六〇三・四年度年報に見えている、病気になった堺の少年に祈りをささげた「ロケ」も同一人物だったかもしれない。もしそうであったならば、この頃八〇歳近くだったロケは、なお堺でキリシタンの医療事業に関わっていたことになろう。

キリシタンになって間もなく少年［かつて高位神職者だった堺の夫妻の子］は病気になった。彼の両親は、少年のために祈りを捧げるため、ロケという敬虔なキリシタン［その市でキリシタンを助ける世話をしている］をさっそく呼ばせた。善良なロケが祈りを捧げ（ると）、すぐに少年は快癒した。そのため両親は、キリシタンのことに対し抱いていた信仰や信頼を堅くした[64]。

以上が「ロケ」について管見に入った史料であるが、彼の実像を探究することは、茨木のみならず、京畿全体のキリシタンの動向を理解する上でも有益と思われ、今後のさらなる研究と史料発掘を期待したい。

天正一五年（一五八七）六月に秀吉が発したいわゆる伴天連追放令（図4）は、山間部を含む京畿のキリシタン教団全体に深刻な影響を及ぼした。高槻や京都のおもだった教会や施設はいずれも破壊

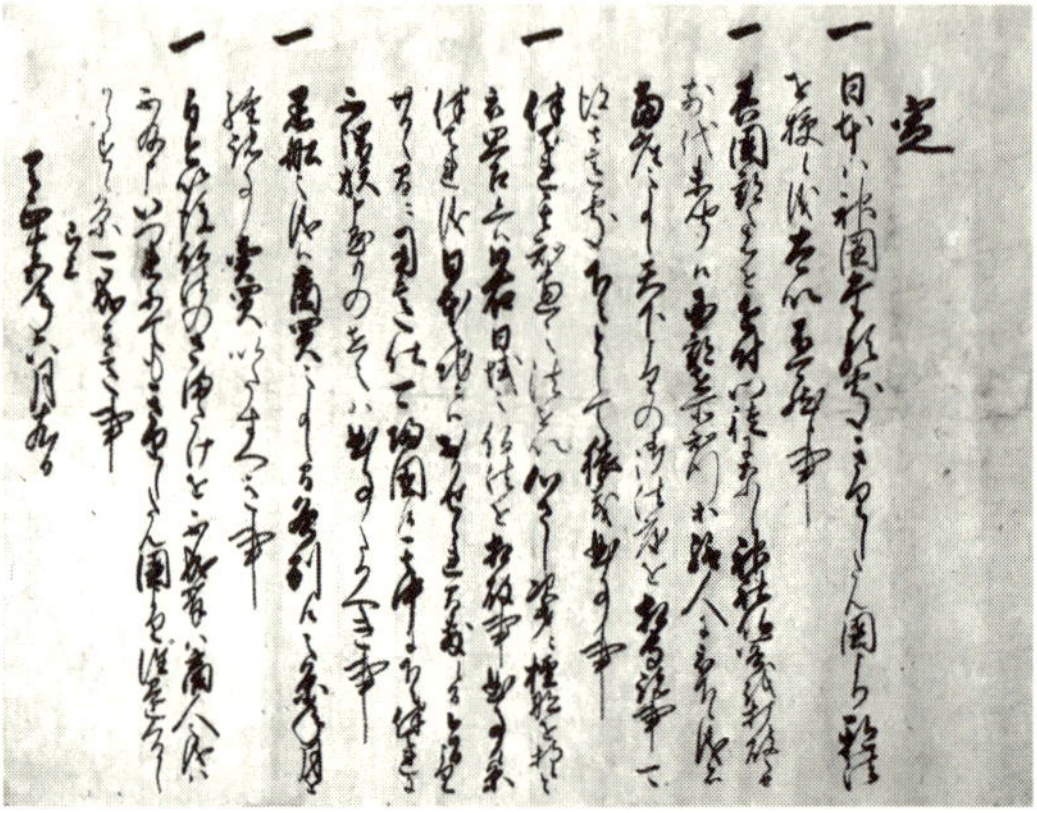

図4　伴天連追放令（松浦史料博物館（平戸市）所蔵）

もしくは閉鎖に追い込まれ、神父や修道士たちはみな肥前の平戸に集合することになった。しかし令の発布後も、京都布教区の上長だったオルガンティノだけは、小西行長領の小豆島に残り、京畿のキリシタン宗団と文通などで連絡を取り続けた。彼は、一五八七年一一月二五日の書簡において以下のように述べている。

> 私［オルガンティノ］は今この小屋に隠れているが［中略］、羊たちは私がいるのを見ないであろうが、私が彼らを守っていないのではないのを知って励まされ、この地獄の狼に身を委ねないよう元気づけられている。その証拠は、私が短期間に堺、都、大坂のキリシタンから受け取った五十乃至六十通以上の書状であり、また高槻とその山間部からのすばらしい報せもある。このことについて主イエズス・キリストに大いに感謝し、これによって我らが今までそれらの霊魂のために行なってきた努力が無駄ではなかったことを知り大いに励まされる。[65]

次節で見るように、これ以降も山間部のキリシタン宗団は存続しており、やや時間を置いて宣教師による巡回も再開された。その背景には、前引のフロイス『日本史』第三部九章の記述が示唆するように、清水寺のロケのようなリーダー的日本人信徒の存在が大きな役割を果たしていたかもしれない。しかし、高槻を拠点に宣教師が定期的にやってくるというかつての布教・司牧のあり方はもはや過去のものとなり、その教勢も徐々に衰退していったと思われる。

最後にふれておきたいのは、天正一三年（一五八五）の明石転封頃の右近領内には、先に述べた高槻城下のレジデンシアとは別に、山間部にも小さなレジデンシアがあったとする史料が存在することだ。それはイエズス会管区内の施設や人員等をまとめた一連のカタログの一つで、ヴァリニャーノが一五八六年に作成したものである(66)。その校訂テキストを刊行したヨゼフ・フランツ・シュッテによると、ヴァリニャーノはこの目録の日本部分を編纂するにあたり、一五八五年一月付の別の目録を手元に持っていたが、その現存は確認できないという(67)。以下がその該当部分の引用である。

［1］津の国の高槻と呼ばれるユスト右近殿の城下に別のカザがあり、われわれ［イエズス会］の四人が駐在し、十四か十五の教会を受け持ち、その支援のために三〇〇クルザド、すなわち十二万レアルが与えられる。

［中略］

［2］同じユストの領地の高槻の山（Hiama de Tacaçuque）と呼ばれる地域に別の小さなレジデンシアがあり、二人の会員が住み、その経費として一六〇クルザド、すなわち六万レアルが与えられる(68)。

このうち［1］高槻城下のカザは、前節で紹介した高槻城下のレジデンシアが、後に規模が拡大したためカザと呼ばれるようになったものと思われる(69)。しかし［2］の小レジデンシアは、それとは明らかに別の居住施設で、しかも「高槻の山と呼ばれる地域」にあったと明記されている。シュッテはこの山間部の小レジデンシアは、信徒の増加に伴って必要になった可能性はあるが、それが実在したかについて確かなことは言えない、という慎重な態度をとった。その理由としては、その存在が明記されるのはこのカタログだけで、他の史料によって裏付けられないことなどを挙げている(70)。

しかしすでに見たように、右近転封直後に書かれた前掲一五八五年一〇月三〇日付セスペデス書簡では、「山の百姓たちは、神父たちが彼らのもとに留まらぬであろうとたいへん心配して」いたし、また「彼［フォルラネッティ］はヴィセンテ［洞院］修道士および数人の同宿と共に同地に居る」と書かれていた。またフロイス『日本史』でも、マリンが一五八七年頃に高槻の「山間部のキリシタンの許」で再び働くことになったとき、その信徒たちは「彼らが久しく待望していたように司祭がそこに定住することになって、一同は大いに喜び、かつ満足した」とされていた。以上の証言は、この山間部の小レジデンシアの存在を指し示すものとして解釈できるかもしれない。

そもそも山間部への布教が本格的に始まった一五八三年の時点で、フォルラネッティとヴィセンテ洞院はその地に「およそ一カ月滞在」していた。こうした集中伝道を行うためには、生活の拠点となる住居が当然必要となるにちがいなく、高山父子がそのために小さなレジデンシアを用意したとしても決して不思議ではない。また清水寺のロケが「教会の傍に司祭を住まわせるために、四十年来住み馴れた自分の土地を（司祭たちに）明け渡し」ていたこともあわせて想起すべきである。もしこの小レジデンシアが実在したならば、山間部の信徒集団の形成や維持にも重要な役割を果たしていたにちがいなく、今後の史料発掘への期待も込めて、とくに記しておきたい。

四　巡回から禁教へ

その後、一五九五年頃から、司祭たちが都や大坂から山間部へ出向いて司牧したことの記述が見られるようになる。イエズス会はこの頃まだ積極的な布教に慎重な立場だったが、文禄三年（一五九四）一〇月に新たに都に進出してきたフランシスコ会が旺盛な活動を見せたことの影響があったかもしれない。(71)

［一五九五年二月一四日付オルガンティノ書簡］

今年になって私［オルガンティノ］は二度大坂、堺、高槻に居住しているキリシタンたちを訪問し、また山間地に住んでいる人々をも訪問した。しかし特に山間に住んでいる人たちは素朴で単純であるために悔悛（の秘蹟）の効果では目立たなかった。なぜなら彼らにあっては、デウスのすぐれた恩恵の効果が目に見えて表われ、皆は驚くほどの和合によって互いに結ばれており、謙遜、従順、敬虔で、日常の祈りの勤行を果たすために毎日二回は教会に詣でに来ているほどである。近隣の異教徒たちは、この模範によって大いに感動し、漸次同じ（キリシタンの）掟を抱くよう導かれている。(72)

［一五九六年度年報］

一司祭は、（高山）ジュスト右近殿が高槻に城をもっていた時、以前キリシタンになった人々を訪問するために大坂から出かけて行った。（司祭）はまた、他の諸地域に赴いたが、或る所は全員がキリシタンであり、或る所は異教徒たちと混っていた。しかし皆は非常に固く信仰を保ち、また信心の業を続けていたので彼らと話し合う人々を非常に感心させている。[73]

また一六〇〇年年報にも、宣教師らが大坂から山間部へ定期的に訪問したことを記すが、ここで言及される「高槻の山地のキリシタン」たちをかつて説得して改宗させた「（カトリック教会の）高位聖職者にあたる仏僧」とは、先述の清水寺のロケを指すのかもしれない。

ドン・アゴスチイノ［小西行長］はまた、大坂で行なっている修道院の普請の援助のため、オルガンティーノ師に三百クルザードを提供した。この市からキリシタンのいる各地、わけても高槻の山地のキリシタンを訪ねるのに、司祭が出向いて行く。そこのキリシタンは、先には（高山）ジュスト右近殿の（臣下）であった。そして今は、異教徒の領主たちの下にあり異教徒の間で過ごしているが、最大の苦難の時代においてさえも、初めにキリシタンにならなければ、自分たちの間で決して異教徒を認めようとしないで常に信仰を保っていた。そのキリシタンはいずれも質朴な人であり農民である。（かつて）彼らは、当初は（カトリック教会の）高位聖職者にあたる仏僧自身によって我らの（キリシタン）宗門を受け入れるように説得されたのであった。すなわち、これら仏僧は（高山）ジュスト右近殿の時代に（キリシタンに）改宗し、信仰のことどもに立派な印象を抱き、ただに（住民をも）説得するだけでなく、デウスの

（お計らい）に次ぎ自らの模範と権威によって彼らを（キリシタンに改宗させた）のであった。そのキリシタンたちを司祭たちは継続的に訪問し、彼らすべてのことで大いなる成果と慰めを受けた。[74]

一六〇四年度の年報では、山間部のキリシタンたちが「日本中で最良のキリシタン集団の一つ」とされ、その存在は「異教徒たちの茨にすっかり囲まれたこの上なく清らかな薔薇の花のよう」と称賛されている。

或る司祭は、キリシタン宗団を訪問し、告白を聞くために何度か摂津国の山地に赴いた。そのキリシタン宗団は、（高山）ジュスト右近殿がその地の領主であった時代からのきわめて古く、日本中で最良のキリシタン宗団の一つである。そして、これらのキリシタンはすこぶる素朴な人たちなので、純粋な心と確乎とした信仰を保って暮らしている折、それらの山林や山地にあってそこにいる異教徒たちの茨にすっかり囲まれたこの上なく清らかな薔薇の花のようである。[75]

慶長一九年（一六一四）には徳川幕府によるキリシタン禁教が本格化するが、その中でも山間部への司牧は継続されていた。日本管区長代理ジェロニモ・ロドリゲス（Jerónimo Rodrigues, 一五六八～一六二八）は、一六一六年三月三日付の書簡において、イエズス会宣教師クリストヴァン・フェレイラ（Cristóvão Ferreira, 一五八〇頃～一六五〇）がその任にあたったことを伝えている。[76] 後に棄教して沢野忠庵を名乗るフェレイラは、その時都のキリシタンの家に隠れ住んでおり、そこを拠点に畿内各地を巡回していた。

［マカオよりの］ナオ船の到着まで、上地区の上長であったクリストヴァン・フェレイラ神父は、ミヤコおよび伏見、また丹波、そして津ノ国の山間部（yamanouchi）に居る信者を世話していた。(77)

しかしこれ以降のイエズス会年報などの記録に、明らかに山間部のキリシタンを指すと分かる記述はほとんど見いだせなくなる。元和三年（一六一七）にイエズス会宣教師マテウス・デ・コーロス（Matheus de Couros, 一五六七～一六三二）が各地の指導的なキリシタンから収集したコーロス徴収文書には、「大坂」（摂津国）の信徒らによる連署状も含まれるが、その中には千提寺や下音羽など明らかに山間部と分かるキリシタンの存在は見いだせない。(78) 他方「都」の信徒らの連署状には、「音羽吉右衛門ふらん志すこ」(79)の名前が見られるものの、次に検討する、京都の山科から伏見への流域にあたる「音羽」の可能性も想定されるため、即断はできない。

先行研究では、寛永一〇年（一六三三）に下音羽に潜んでいた司祭らが、舟で淀川を下って大坂で捕縛されたという事件が注目されている。(80) その情報源をたどると、パジェスが『日本切支丹宗門史』で利用したドミニコ会宣教師ルカス・デル・エスピリトゥ・サント（Lucas del Espíritu Santo, 一五九四～一六三三）の獄中書簡（仏訳）(81)までさかのぼり、その中で彼が訪れたという京都近郊の「ボソワ（Bosowa）」を、姉崎正治やパジェスの訳者が五ケ庄の「音羽」に比定したことに始まっている。(82) 一方、その獄中書簡（スペイン語原本）を日本語訳したデルガード・ガルシーアらは、これを五ケ庄の音羽ではなく、伏見の舟着場（現・観月橋）小栗栖・醍醐・山科の音羽に比定する説を唱えている。[83] 現史料から最終的な結論を導くことは難しいが、司祭らは「ボソワ（スペイン語原本 Bosova）」の近くの町で小舟を入手して大坂に移動していることから山間部の音羽とは考えがたいというデルガード・ガルシーアらの主張には一定の説得力がある。

その後、島原・天草一揆（一六三七〜一六三八）を経て苛烈さを増す迫害のなかで、山間部のキリシタンたちがたどった顛末は明らかではない。しかし断片的ながらも注目すべき二つの史料が知られている。

その第一は、初代宗門改役の井上政重（一五八五〜一六六一）が、後任の北条氏長（一六〇九〜一六七〇）に引き継いだ資料を、江戸後期の漢学者・太田全斎がまとめた『契利斯督記』（一七九七年成立）である。その中に「吉利支丹出申国所之覚」と題する、奥州から薩摩までの誰の領地でどれほどのキリシタンが摘発されたかをまとめた一覧がある。そのうち旧右近領に着目すると、

永井日向守領分　高槻ヨリ宗門十人許モ出申候
［中略］
板倉周防守領分　下音羽村ヨリ宗門多出申候[84]

すなわち、高槻藩主・永井日向守直清（一五九一〜一六七一）の領する高槻では「十人許」、また京都所司代・板倉周防守重宗（一五八六〜一六五七）の知行地だった下音羽村では「多出」と見えている。

この一覧の末尾に付された明暦四年（万治元・一六五八）六月という年紀を摘発の年月と見る研究もあるが[85]、これは井上による摘発全体のとりまとめが完了した年紀と見なすべきであろう。下音羽村での摘発時期については、井上が着任した一六三九年から板倉が京都所司代を離任する一六五五年（承応三年十二月）までの間とするチースリクの考証がある[86]。

第二には、京都所司代の牧野親成（一六〇七～一六七七）が、前出の永井直清に送った年不詳の書簡である。牧野は、前出の板倉重宗の後任であるから、これは一六五五年以降の書簡と分かる。さらにその文中で、先年永井が銀山替地として下音羽村を拝領したとするのは、幕府による寛文二年（一六六二）の多田銀山（兵庫県川西市）御用地接収の替地を指すものと思われ[87]、したがってこの書簡の成立年も同年からさほど遠くない時期だっただろう。

然者摂州下音羽村、此以前板倉防州知行所之時節、右之村作兵衛与申百姓吉利支丹之由ニ而、防州被遂吟味候処、宗門不定ニ付而、所之庄屋并百姓ニ被預置候。然処ニ去廿五日彼作兵衛致病死候。右之下音羽村先年銀山替地ニ御手前御拝領之候付而、作兵衛相果候節、御家来衆并庄屋彼宅江被差遣、不審成儀も在之哉と御穿鑿之処ニ、替儀も無之候。近郷之浄土寺ニ而弔之申候。依之代官・庄屋被為差上候由、得其意存候。右之外宗門不定之者共、防州被記置候帳面、拙者方ニ在之付而、御断之由承届候。則帳面致吟味、作兵衛相果候段記置之候。寔以被入御念儀共御座候。委細御家来衆可為演説候、恐惶謹言。

八月二十八日

牧野佐渡守

親成（花押）

永井日向守様

御報(88)

この書簡の前半では、板倉時代の宗門吟味により「宗門不定」とされて村預けとなった下音羽村百姓の作兵衛が病死したため、永井の家来が出向いて吟味の上、近郷の寺に埋葬したことを述べる。「宗門不定」の意味ははっきりしないが、キリシタンの嫌疑が残るものだったに違いない。後半部では、そうした「宗門不定」の者たちを板倉が「記置候帳面」が存在し、それをこの時牧野が預かっていたこと、また作兵衛の死去も記入済みであることを伝えている。一七世紀後半の下音羽キリシタンの取り締まりの実態が垣間見えるとともに、後代に確立される宗門人別改の前段階を伝えるものとしても重要な史料である。

五　まとめにかえて——日本布教の近世と近代

その後、深く潜伏した茨木のキリシタンのことを伝えるまとまった史料はほとんど見いだすことができず、その生活や信仰について確たる像を描くことを困難なものにしている。

奥野慶治によると、高槻藩では毎年年始の宗旨改めで、村民を庄屋宅または寺に集めて禁教のことを申し渡しており、彼の調査した大正・昭和初期には、寺請け証文や人別送り状、宗旨改帳などが数多く残っていたという。なかでも奥野は、佐保村庄屋の免山家に伝わった文政一一年（一八二八）の宗旨人別御改諸入用帳の存在や、さらには「永久寺記録には文政十三庚寅年切支丹異法改御仕置六人別記とある」ことなど、文政期の史料に着目している。[89] これらの原文書は未確認であるが、その直前の文政一〇年（一八二七）には、京都や大坂の都市部で複数の「キリシタン」が摘発されたいわゆる京坂キリシタン一件が起こっており、大きな衝撃を与えていた。この時摘発された男女はキリシタンと自称していたが、その信仰はさまざまな要素からなり、隠れキリシタンとは関係のない人々だった。[90] これらの史料はその捜査の余波が五ケ庄にまで及んでいたことを示すものかもしれない。

図５　キリシタン墓（千提寺西遺跡５区４・５・６土壙）（大阪府文化財センター）

千提寺・下音羽のキリシタン家に伝わったさまざまな伝世遺物と彼らの信仰形態については、本書第三章の桑野論考に譲ることとし、ここでは近世期の信仰を伝えるもう一つの重要遺物と言うべきキリシタン墓および墓碑について触れておきたい。新名神高速道路の建設にともなう二〇一一〜二〇一三年の発掘調査では、千提寺地区の三つの遺跡でキリシタン墓（図5）が見つかった。[91] それらの遺跡では、キリシタン墓の重要指標とされる伸展葬（体を伸ばして土葬する葬法）の長方形墓が多数検出され、その数は千提寺西遺跡で一九基、千提寺クルス山遺跡で八基、千提寺市阪遺跡で二基を数える。

それらの墓遺構の分布と立地から、一五八三年の布教開始時には仏教徒の墓地の一隅にあったものが、やがてキリシタンの墓地として独立し、尾根沿いに展開していったという様相が読み取れると推測されている。[92]また、千提寺西遺跡で確認された、土壙上部に長方形の石組みを持つ墓は、下藤キリシタン墓地（大分県臼杵市）のものと類似すると言われ、千提寺市阪遺跡では、ロザリオの可能性があるガラス小玉も検出されている。

墓の地上標識としてのキリシタン墓碑については、千提寺地区で三基（いずれもクルス山）、下音羽地区で三基（高雲寺で二基、個人蔵が一基）の計六基が確認されている。[93]ただし墓碑の形式は両地区で大きく異なり、千提寺はいずれも立碑であるのに対し、下音羽ではいずれも半円柱形の伏碑である。また紀年銘によると、千提寺の方が古く、下音羽の方がそれより一〇年ほど新しい。これらの相違点が、両地域における信仰共同体の形成過程や、京都など他地域における展開とどのような関係にあるかの解明が期待される。

安政六年（一八五九）にはじまったパリ外国宣教会による日本本土の再布教は、やがて慶応元年（一八六五）三月に、長崎浦上村の隠れキリシタンたちが大浦天主堂を訪れて信仰を告白する、いわゆる「信徒発見」を迎えることになる。しかし二年後の慶応三年（一八六七）には、その浦上村の信徒らを江戸幕府が捕縛し、拷問・流罪などの刑に処する浦上四番崩れが起こるなど、再布教の道のりは決して平坦なものではなかった。時代が変わった明治六年（一八七三）、キリシタン禁制の高札撤去によって、日本におけるキリスト教はようやく事実上の黙認へといたる。

それまで沈黙を守り続けた茨木の隠れキリシタンの存在が、はじめて史料によって確認できるのが、近年その内容がはじめて明らかとなったパリ外国宣教会のマラン・プレシによる書簡群である。プレシの一八八〇年（明治一三）一月二〇日付書簡によると、その前年の一八七九年二月一四日、彼が派遣した二人の日本人伝道士が千提寺において隠れキリシタンの存在を確認することに成功した。その詳細は、第二章ラモス論考に譲るが、ここではその時伝道士らが千提寺の四〇歳ほどの女性から聞いたというオラショ「アヴェ・マリアの祈り」（天使祝詞）が、キリシタン版『どちりなきりしたん』や、さらには、後の大正期に千提寺の中谷《なかたに》イト・東《ひがし》イマの両氏から口述筆記したものと、ほとんど同一の内容であることを確認しておこう。比較の便のために、漢字・仮名を適宜変更した。

『どちりなきりしたん』（一六〇〇年長崎版）

ガラサみち〳〵給ふマリヤに御れいをなし奉る、御あるじは御みとともにまします、によにんの中にをひてわきて御くはほういみしきなり。又御たいないの御みにてましますJsはたつとくまします。Dの御は、サンタマリヤいまもわれらがさいごにも、われらあくにんのためにたのみたまへ。アメン。(94)

プレシ書簡（一八八〇）

ガラサみちみち給ふマリアさま御身に御礼をもちたてまつる。御あるじさま御身と共にまします、女人の中においてわけて御果報いみじきなり。またご胎内は尊きにてまします etc etc.(95)

中谷イト・東イマ、口述筆記（一九二二）

ガラサみちみちたんもにマルヤさま御礼をなしたてまつる。おんなるすさま御身とともに、女人の中においてましまして、ご果報よみしきなり。またおんたんたんねんの尊き御身にてまします。デウスさまのおんはサマタマリヲさま、いまもわれらがさいごに、われあくにんのためにデウスさまをたのみたまへ、アンミンジスマリヲさま。(96)

プレシによる茨木の信徒発見は、従来大正期の発見とされてきたものを約四〇年前にさかのぼらせるだけでなく、これまで大浦天主堂での「信徒発見」だけが強調される傾向にあった近代日本とキリスト教との再会についても、新たな歴史的視座を提供するものである。この視座から展望するもう一つの「信徒発見」の物語は、洋の東西や文化の差異を超えた人々の交流の歴史を掘り起こし、その多様なあり方への理解を深めていくためにも、今後重要な手がかりとなるにちがいない。

註

(1) これらの遺物の総合的な紹介は、本書第三章の桑野論考を参照のこと。また近年のまとまった研究成果に以下のものがある。浅野ひとみ編『千提寺・下音羽のキリシタン遺物研究』長崎純心大学、二〇一四年。茨木市立文化財資料館編『茨木のキリシタン遺物――信仰を捧げた人びと』茨木市教育委員会、二〇一八年。五野井隆史監修『潜伏キリシタン図譜 *Hidden Kirishitan of Japan Illustrated*』潜伏キリシタン図譜プロジェクト実行委員会、二〇二一年。

(2) 大石一久編『日本キリシタン墓碑総覧』南島原市教育委員会、二〇一二年。大阪府文化財センター編『千提寺西遺跡・日奈戸遺跡・千提寺市阪遺跡・千提寺クルス山遺跡』大阪府文化財センター、二〇一五年。

(3) ヨハネス・ラウレス(松田毅一訳)『高山右近の生涯――日本初期基督教史』エンデルレ書店、一九四八年。

同上『高山右近の研究と史料』六興出版社、一九四九年。海老沢有道『高山右近』吉川弘文館、一九五八年。ルイス・フロイス（松田毅一・川崎桃太訳）『日本史』全一二巻、中央公論社、一九七七～一九八〇年。松田毅一監訳『十六・七世紀イエズス会日本報告集』第Ⅰ～Ⅲ期全一五巻、同朋舎、一九八七～一九九四年。また近年の伝記的研究に、川村信三『キリシタン大名 高山右近とその時代』教文館、二〇一六年がある。近世ヨーロッパにおいて高山右近を取り上げた演劇作品については、小俣ラポー日登美『殉教の日本――近世ヨーロッパにおける宣教のレトリック』名古屋大学出版会、二〇二三年、三三二～三三三および三六三頁参照。なお、初期畿内宣教に関する最新の研究については、清水有子『近世日本の形成とキリシタン』吉川弘文館、二〇二四年、八六～一一四頁を参照。

（4）Hubert Cieslik（フーベルト・チースリク）「高山右近領の山間部におけるキリシタン――布教・司牧上の一考察」『キリシタン研究』一六輯、一九七六年、五七～一一三頁。またフーベルト・チースリク『高山右近史話』聖母の騎士社、一九九五年も参照のこと。

（5）中西裕樹「高槻城主和田惟政の動向と白井河原の合戦」『しろあとだより（高槻市立しろあと歴史館）』七号、二〇一三年、一～八頁。中西裕樹「高山右近への視点――研究整理と基礎的考察」、同上編著『高山右近 キリシタン大名への新視点』宮帯出版社、二〇一四年、六～三〇頁。天野忠幸「三好長慶・松永久秀と高山氏」、前掲中西編著、三二一～四五頁。中西裕樹「高山飛騨守・右近」、五野井隆史監修『キリシタン大名――布教・政策・信仰の実相』宮帯出版社、二〇一七年、二一二～二二九頁。

（6）井藤暁子「千提寺・下音羽のキリシタン信仰」「中世の忍頂寺五ケ庄の名主層」「車作の清水寺縁起」、大阪府文化財調査研究センター編『彩都（国際文化公園都市）周辺地域の歴史・文化総合調査報告書』大阪府文化財調査研究センター、一九九九年、二六一～三四一頁。同上「茨木キリシタン遺跡発見九〇周年――茨木キリシタン遺跡の成立に関わる「フロイス日本史」清水寺ロケの実像」、坪井清足先生の卒寿をお祝いする会編『坪井清足先生卒寿記念論文集――埋文行政と研究のはざまで』坪井清足先生の卒寿をお祝いする会、二〇一〇年、一二九九～一三一二頁。同上「大阪府茨木市千提寺キリシタン、現在に残る集落構成と出自――茨木市教育委員会調査継続中の新規発見遺跡解明のために（その一・集落構成）」『キリシタン文化研究会会報』一四七号、二〇一六年、九～二八頁。

（7）前掲注（6）井藤一九九九論文、三三二頁。

（8）たとえば以下を参照。高槻市教育委員会編『高槻城キリシタン墓地――高槻城三ノ丸跡北郭地区発掘調査報告書』高槻市教育委員会社会教育部文化財課、二〇〇一年。大阪府文化財センター編『シンポジウム「発掘！検証！キリシタン墓――高山右近とキリシタン」』大阪府文化財センター、二〇一四年。高槻市立しろあと歴史館編『高山右近の生涯――発掘 戦国武将伝』高槻市立しろあと歴史館、二〇一五年。前掲注（1）茨木市立文化財資料館編参照。

（9）詳しくは本書第二章のラモス論考を参照。既発表の論文に、マルタン・ノゲラ・ラモス（書簡の邦訳 坂口周輔）「茨木・千提寺の隠れキリシタン初発見――一八八〇年のマラン・プレシ神父の書簡（翻刻・邦訳・解題）」『人文学報』一一〇号、二〇一三年、一〇五～一一三頁がある。

（10）本書第四章の高木論考と、その元になった以下の諸論文を参照のこと。高木博志「茨木キリシタン遺物の発見」『新修茨木市史年報』四号、二〇〇五年、一～一九頁。同上「一九二〇年、茨木キリシタン遺物の発見」、松沢裕作編『近代日本のヒストリオグラフィー』山川出版社、二〇一五年、一八三～二〇九頁。

（11）前掲注（5）天野論文、同中西二〇一四論文、同中西二〇一七論文参照。

（12）前掲注（5）天野論文、四〇頁。

（13）五野井隆史『キリシタン信仰史の研究』吉川弘文館、二〇一七年、一四六頁。

（14）以上、『日本史』第一部三八および三九章、巻三、一七一、一八六、一八八頁参照。

（15）奥野慶治『綜合清渓村史』清渓尋常高等小学校、一九三五年（一九八八年刊影印本）、三二一～三三三頁。

（16）前掲注（5）中西二〇一三論文参照。

(17) 一五六九年六月一日付フロイス書簡。『報告集』Ⅲ - 三、二九〇頁。
(18)『日本史』第一部八五章、巻四、一三四頁以下。惟政がイエズス会による西洋式機械時計を用いた布教に果たした役割については、平岡隆二「キリシタンと時計伝来」、大橋幸泰編『近世日本のキリシタンと異文化交流』勉誠社、二〇二三年、一一～三一頁、とくに一三～一四頁参照。
(19) 前掲注(5) 中西二〇一三論文、七頁。
(20) 一五七三年四月二〇日付フロイス書簡、『報告集』Ⅲ - 四、一九八頁。
(21) 一五七六（七七）年八月二〇日付フロイス書簡、『報告集』Ⅲ - 四、三六八頁。『日本史』第一部九五章、巻四、二七八頁。
(22) 一五七六（七七）年八月二〇日付フロイス書簡、『報告集』Ⅲ - 四、三七〇頁。
(23) 同上、三六九頁。『日本史』第一部一〇三章、巻四、三二〇頁。
(24) 前掲注(8) 高槻市教育委員会編参照。
(25)『日本史』第一部一〇三章、巻四、三二二頁。
(26) 同上、三三一頁。
(27) 一五八一年度年報、『報告集』Ⅲ - 六、六四～六五頁。
(28)『日本史』第一部一〇五章、巻四、三三四頁以降。
(29) 一五七六（七七）年八月二十日付フロイス書簡、『報告集』Ⅲ - 四、三七二頁。
(30)『日本史』第一部一〇五章、巻四、三四一頁。
(31) 竹田市教育委員会編『中川氏御年譜――年譜』竹田市、二〇〇七年、五六頁。
(32) ヴァリニャーノ著（松田毅一他訳）『日本巡察記』平凡社、一九七三年所収の解題参照。
(33) 一五八一年度日本年報、『報告集』Ⅲ - 六、六六頁。
(34) 同上、六七頁。

(35) チースリク一九七六論文、六九頁。

(36) 高瀬弘一郎『キリシタン時代のコレジオ』八木書店、二〇一七年、九頁。

(37) H・チースリク「高槻のセミナリヨ」『キリシタン文化研究会会報』第一六年三・四号、一九七四年、三六三～三七二頁。

(38) 一五八五年八月二十七日付フロイス書簡、『報告集』Ⅲ-七、五八頁。

(39) 茨木市史編さん委員会編『新修茨木市史』第九巻史料編美術工芸、茨木市、二〇〇八年、二七五～二七六、二八三～二八四頁。

(40) チースリク一九七六論文、五八～六五頁。このうち高山荘と五ケ庄の石高は不明であるがチースリクは二つを合わせて一万二千石程度だったと推定する。

(41) チースリク一九七六論文、七一頁。

(42) 一五八三年度年報、『報告集』Ⅲ-六、二〇四～二〇五頁。これとほぼ同じ内容の記述が、『日本史』第二部四七章、巻一、一〇〇～一〇一頁にも見えている。なお、本史料に見えている、高山右近による寺社破壊については、以下の諸研究を参照のこと。山下洋輔「高山右近の寺社破壊に関する一考察」『早稲田大学大学院研究科紀要別冊』一五-二号、二〇〇八年、一～一三頁。高瀬弘一郎『キリシタンの世紀――ザビエル渡日から「鎖国」まで』岩波書店、二〇一三年、一五九～一六五頁、とくに一六一頁。前掲注(3)川村著書、一八八～一九二頁。

(43) チースリク一九七六論文、七一頁。

(44) フォルラネッティの伝記的事項についてはJosef Franz Schütte ed., *Textus catalogorum Japoniae aliaeque de personis domibusque S.J. in Japonia informationes et relationes, 1549-1654*, Romae: Apud Monumenta historica Soc. Jesu, 1975, p. 1175と、そこで参照される関連カタログ類、とくにp. 111, 125, 162, 210を参照。

(45) 同上, p. 1325、および前掲注(37)チースリク論文、三六六～三六七頁。

(46) チースリク一九七六論文、七五～七六頁。
(47) 一五八五年八月二七日付フロイス書簡、『報告集』Ⅲ‐七、五七頁。これとほぼ同様の記述が『日本史』第二部三九章、巻一〇、二五四頁にもある。そちらではこの新領地を「能勢郡」と明記し、日本人修道士(ヴィセンテか)を伴ったとも記す。ただし同領地を秀吉ではなく信長からの加増とするなどの誤りも見られる。
(48) 一五八五年八月二七日付フロイス書簡、『報告集』Ⅲ‐七、五六頁。
(49) 一五八二年度年報、『報告集』Ⅲ‐六、一〇九頁。
(50) 東京大学史料編纂所編『史料綜覧』巻一二、印刷局朝陽会、一九五三年、一〇五頁。
(51) チースリク一九七六論文、八三～八四頁所引。なおエヴォラ版からの翻訳である『報告集』Ⅲ‐七所収の同日付・同人の書簡に、引用箇所は含まれない。この書簡の原本(Jap.Sin., 10-I, ff. 61v-62)の検討は後考を俟ちたい。
(52) 『報告集』Ⅲ‐六、二〇七および二〇九頁。
(53) 『日本史』第三部九章、巻五、二七三頁参照。
(54) 了佐については、金子拓「安威了佐(重純)」、前掲注(5)五野井監修、四八六～四九三頁参照。
(55) 『日本史』第二部一〇〇章、巻五、一〇二～一〇三頁。
(56) 『日本史』第二部一〇〇章、巻五、一〇三～一〇四頁。
(57) 『日本史』第三部九章、巻五、二七三～二七四頁。
(58) 中世の清水寺については、茨木市史編さん委員会編『新修茨木市史』第一巻通史Ⅰ、茨木市、二〇一二年、六六七頁、および前掲注(39)『新修茨木市史』第九巻、三七頁参照。
(59) 前掲注(6)井藤一九九九論文、三三五～三四一頁、および同井藤二〇一〇論文、一三〇九～一三一〇頁参照。
(60) 一五七六(七七)年八月二十日付フロイス書簡、『報告集』Ⅲ‐四、三八七～三八八頁。
(61) この「ジョウチン」の素性は明らかではない。すぐ下に名前の見える小西立佐の教名「ジョウチン」と同名であるが、松田毅一は邦訳フロイス『日本史』の総索引では立佐とは別に「ジョウチン(高槻)」として立項していたため、別人と考えていたのだろう。

(62) 小西立佐（隆佐・立左とも。一五三三頃〜一五九二）は豊臣秀吉の重臣でキリシタン、堺奉行などをつとめた。教名「ジョウチン（常珍）」。小西行長の父。立佐の活動については、鳥津亮二『小西行長――「抹殺」されたキリシタン大名の実像』八木書店、二〇一〇年、第一章、および同上「小西立佐・如清の生涯と史料」『堺市博物館研究報告』三三号、二〇一四年、一三〜四四頁参照。

(63)『日本史』第三部一四章、巻二、八四〜八六頁。これとほぼ同じ記述が、同じくフロイスが執筆した一五九一・九二年度年報にも見られるが、そちらではこのロケがみずから堺にその病院を設け、また多くの者に洗礼を授けたと書かれている。『報告集』Ⅰ－一、二二九頁。堺におけるハンセン病療養所と小西一族との関係については、海老沢有道『切支丹の社会活動及南蛮医学』冨山房、一九四四年、一七九頁参照。

(64) 一六〇三・四年度年報、『報告集』Ⅰ－四、二八七頁。

(65) 一五八七年一一月二十五日付オルガンティノ書簡、『報告集』Ⅲ－七、二五八〜二五九頁。本書簡の執筆年が一五八八年でなく一五八七年であることについては、チースリク一九七六論文、一一〇頁、注五九参照。

(66) 前掲注(44) Schütte, pp. 181-200 所収の第二四号文書（DOC. 24)。

(67) 前掲注(44) Schütte, p. 182.

(68) 前掲注(44) Schütte, p. 195.

(69) キリシタン史料に見えるカザ、レジデンシアの定義については、前掲注(36)高瀬二〇一七著書、八〜九頁参照。

(70) 前掲注(44) Schütte, pp. 184-185, 195 (n. 27) 参照。

(71) 阿久根晋「五畿内地方と「キリシタンの世紀」――ザビエルの上洛から「ルビノ第二宣教団」の日本再布教計画まで」、前掲注(1) 五野井監修、四三〇〜四四六頁、とくに四三六〜四三七頁。

(72) 一五九五年二月十四日付オルガンティノ書簡、『報告集』Ⅰ－二、三七頁。

(73) 一五九六年度年報、『報告集』Ⅰ－二、二六八頁。

(74) 一五九九〜一六〇一年日本諸国記、『報告集』I-三、二二九頁。
(75) 一六〇三・一六〇四年日本年報、『報告集』I-四、三〇〇頁。
(76) Hubert Cieslik（フーベルト・チースリク）「クリストヴァン・フェレイラの研究」『キリシタン研究』二六輯、一九八六年、八一〜一六六頁、とくに八八頁。
(77) チースリク一九七六論文、八九頁所引。
(78) 松田毅一『近世初期日本関係南蛮史料の研究』風間書房、一九六七年、一〇三七〜一〇四〇頁。
(79) 同上、一〇三六頁。
(80) 西村貞『南蛮美術』大日本雄弁会講談社、一九五八年、一一頁。前掲注(6)井藤二〇一〇論文、一三〇一および一三一〇頁。
(81) Léon Pagés, *Histoire de la religion chrétienne au Japon depuis 1598 jusqu'à 1651, comprenant les faits relatifs aux deux cent cinq martyrs béatifiés le 7 juillet 1867*, Seconde partie: Annexes, Paris, 1870, pp. 366-368.
(82) 姉崎正治『切支丹迫害史中の人物事蹟』国書刊行会、一九三〇年（一九七六年再刊）、二七一頁。レオン・パジェス（クリセル神父校閲、吉田小五郎訳）『日本切支丹宗門史』下巻、岩波書店、一九四〇年、二五〇頁。なお姉崎は、昭和三年（一九二八）に下音羽の大神家を訪れたさい、同家所蔵の記念帖に以下のように記していたという。「高山右近殿の旧領地、丹波摂津の境なる山村、ボソワ（Bosowa）としてつたへらるるは、すなわちこの音羽村にして、精神（精霊）のルカス等、淀川にて捕へらるる前に一時この村に潜みしなり。昭和三年四月七日」。前掲注（80）西村著書、一一頁。
(83) ディエゴ・アドゥアルテ著（ホセ・デルガード・ガルシーア編・注、佐久間正・安藤弥生訳）『日本の聖ドミニコ——ロザリオの聖母管区の歴史』カトリック聖ドミニコ会ロザリオの聖母管区、一九九〇年、四一〇および四二〇頁（注三五）参照。
(84) 太田全斎「契利斯督記」、『続々群書類聚　第十二　宗教部』国書刊行会、一九〇七年、六四三頁。

(85) 茨木市史編纂委員会編『茨木市史』茨木市役所、一九六九年、三五一頁。
(86) チースリク一九七六論文、一〇一頁。
(87) 高槻市編さん委員会編『高槻市史』巻二、高槻市、一九八四年、三五頁。
(88) 牧野佐渡守親成書状(永井家文書)、前掲注(85)『茨木市史』、史料編四八~四九頁。
(89) 前掲注(15)奥野著書、三三~三五頁。なお前掲注(6)井藤一九九九論文、二七一頁も参照。
(90) 宮崎ふみ子編『京坂キリシタン一件と大塩平八郎――史料と考察』吉川弘文館、二〇二一年参照。
(91) 前掲注(2)大阪府文化財センター編参照。
(92) 合田幸美「千提寺のキリシタン墓」、神田宏大ほか編『戦国河内キリシタンの世界』批評社、二〇一六年、二〇〇~二一四頁参照。
(93) 本書第三章の桑野論考参照。また前掲注(2)大石編著、および大石一久「キリシタン墓碑研究のこれから――九州と畿内のキリシタン墓碑」、前掲注(92)神田ほか編著、二九七~三二二頁、とくに三〇一~三〇四頁参照。
(94) 新村出・柊源一校注『吉利支丹文学集2』平凡社、一九九三、八一頁。
(95) 本書付録の書簡①参照。
(96) 前掲注(39)『新修茨木市史』第九巻、二八五~二八六頁。

謝辞　本章の執筆にあたり、有益な指摘・コメントをいただいた以下の各位に感謝申し上げる(敬称略、五十音順)。
阿久根晋、岸本恵実、鳥津亮二。

追記　本書の校正中に、以下の学会報告に接した。阿久根晋・竹山瞬太「寛永前半期イエズス会畿内宣教の様相と潜伏キリシタン――『一六三二年度日本年報』および有力「宿主」の殉教を手がかりに」、二〇二四年度キリシタン文化研究会大会、二〇二四年一二月八日、上智大学。同報告では、寛永前半期の大坂および茨木山間部におけるイエズス会布教やキリシタン宗団に関わる多くの新知見が示された。その成果の早期の論文化が待ち望まれる。同報告について追記することを許された報告者の両氏に感謝申し上げる。

第二章　パリ外国宣教会の「古キリシタン」探索

――マラン・プレシ神父の千提寺村発見を中心に

マルタン・ノゲラ・ラモス

一九二〇年二月、藤波大超《ふじなみだいちょう》（一八九四〜一九九三）という名の小学校教師が大阪府茨木市・千提寺《せんだいじ》村の住民の案内を受けて一基のキリシタン墓を見つけた。そして、それをきっかけに、千提寺村とその近くにある下音羽《しもおとわ》村において、著名なザビエルの絵を初めとして七〇点以上のキリシタン遺物が発掘された。また驚くことに、千提寺村にはオラショ（祈り）をまだ記憶しているキリシタンの子孫がいることも判明した。周知のように、学問上大きなインパクトのある発見であった(1)。

本章の出発点はそれより四〇年以上前に遡る。すなわち、Institut de recherche France-Asie（以下ＩＲＦＡ）管下のパリ外国宣教会（Missions étrangères de Paris, 以下ＭＥＰ）の史料館にある千提寺村の「古参のキリスト教徒」（仏、anciens chrétiens）についての一八八〇年一月二〇日付の書簡である。筆者は図らずも二〇二二年五月にこの書簡を目にした（付録の書簡１）(2)。

現在の歴史家や人類学者の専門用語である「隠れキリシタン」（英、Hidden Christians; 仏、chrétiens cachés）は明治期の宣教師の書簡・報告には登場していない。宣教師は、いわゆる隠れキリシタンおよび隠れキリシタン系の日本人改宗者のことを言うのにしばしば「キリスト教徒」（仏、chrétien）に「古い・古参の」（仏、ancien）の形容詞を付した。本章では、「隠れキリシタン」という用語を避け、読者に宣教師の感覚を伝えるため、「古キリシタン」という造語を用いることにする。

ここで一つ指摘しておきたいことがある。便宜上、古キリシタンからカトリック教への移行は「改宗」という用語で表すが、実際、信徒自身は新しい宗教としてカトリック教を見ておらず、カトリック信徒になることで、代々伝わってきた信仰を正しくし、先祖の宗教に戻ると認識していた。(3)

上記の一八八〇年一月の書簡からわかるのは、千提寺村の古キリシタンが発見されたのが、現在よく知られている一九二〇年ではなく、一八七九年二月一四日であったことである。村の発見者は、二名のMEPの日本人伝道士とマラン・プレシ（Marin Plessis, 一八四四～一九〇八）というフランス人の宣教師であった。プレシの書簡群に従えば、MEPと千提寺村民の交流は一八七九年から一八八二年半ばにかけて約三年間続き、この発見は、日本から遠く隔たったフランスの雑誌などにおいて報道されたことがわかっている。とはいえ、この事実はすっかり忘れ去られてしまったのである。プレシについての言及は筆者の研究以前にはほとんどなかった。筆者の知る限り、彼の書簡・報告を扱っている論文もない。

プレシは一八四四年にラ・プエズ（La Pouëze）という所に生まれた。フランス西部に位置するアンジェの付近にある小さな町である。一八六四年MEPに入会し、三年後の一八六七年六月に司祭に叙

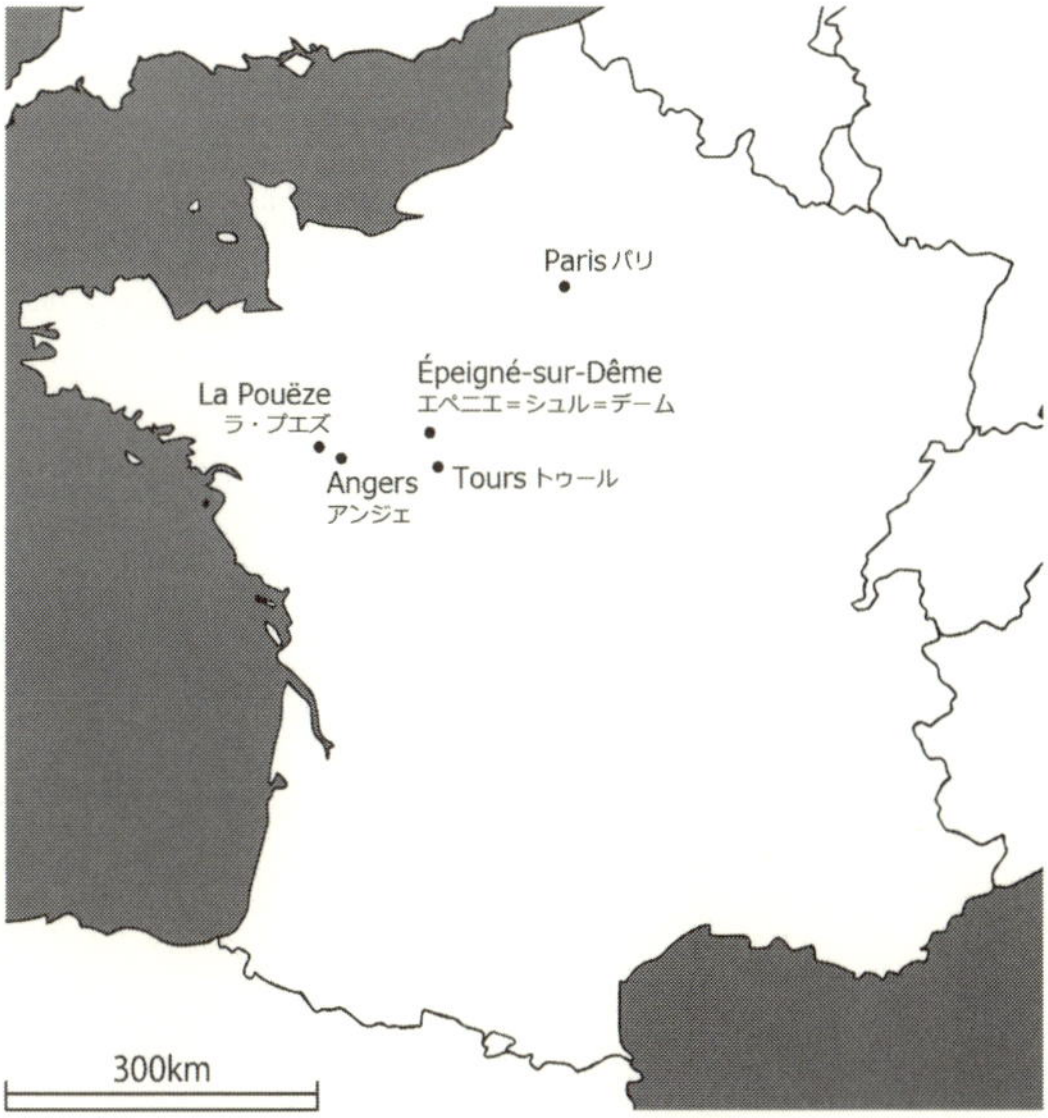

図1　プレシと関連のある地域

図2　1867年のプレシの肖像写真（IRFA）

階された。同年来日し、当初は長崎市で一年間日本語を勉強した。二〇年以上も日本にいた彼の任務先は九州・関西・北海道・四国といくども変わった。もっとも長く滞在したのは大阪と高知である。滞在期間は一〇年（一八六九〜一八七一、一八七五〜一八八二）と八年であった（一八八二〜一八九〇）。函館には四年いた（一八七一〜一八七五）。

　プレシは、一八七九年二月千提寺村を発見したときは北大阪の区域を担当しており、布教拠点は内淡路町の方にあった。一八八二年一〇月高知に転属されたが、ある理由によって一八九〇年にフランスに帰国することとなる。一八九四年にはMEPの脱会を強いられ、その後一八九七年、トゥールの近くにあるエペニエ＝シュル＝デーム村（Épeigné-sur-Dême）の主任司祭になり、一

図3　アジア派遣以前の宣教師集合写真、3列目左端にプレシ（IRFA）

九〇八年一二月その小村で死を迎えた。

プレシが所属したＭＥＰという宣教会と日本の関係について述べよう[4]。ローマ教皇庁は一八三〇年代にＭＥＰに朝鮮半島と日本列島の宣教を委任した。むろん、当時の日本はいまだ「鎖国」政策のもとにあったため、布教活動どころか滞在さえ不可能であった。宣教師は、琉球などを経由し、日本への入国を早めるため様々な方法を模索したが、結局開国まで待機しなければならなかった[5]。

一八五八年、日本と西欧列国との条約締結により、外国人の来日と開港地における定住が再び可能となった。それを機に、キリスト教系の各宣教団体は一斉に日本へ布教者を送り込むことになったが、その中にＭＥＰの宣教師もいたのである。ＭＥＰは一九〇四年までに日本におけるカトリック信仰の布教を独占することになる。主としてフランス人であった宣教師たちは、書物などを通してキリシタン時代の迫害や殉教者について学び[6]、一六～一七世紀のキ

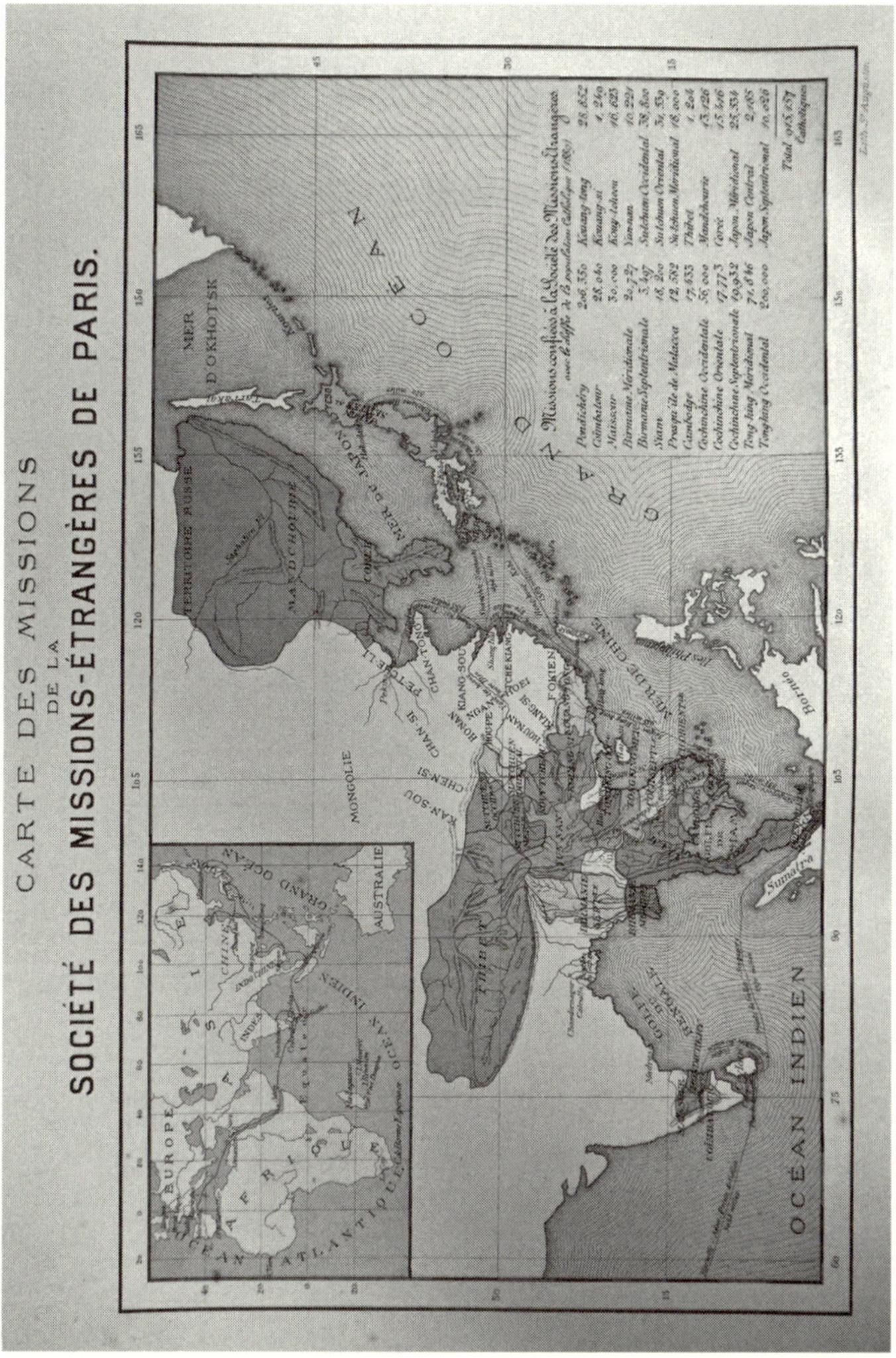

図4　アジアにおけるMEP担当の布教地域（Adrien Launay, *Atlas des missions de la Société des Missions-Étrangères*, 1890 年）

リシタンの子孫たちと接触することを密かに願っていた。「キリシタン信徒発見」と呼ばれているベルナール・プティジャン（Bernard Petitjean, 一八二九〜一八八四）と浦上山里村の古キリシタンの一八六五年三月一七日の出会いはよく知られているエピソードであるが、実は、次節で述べる今村や善長谷の事例のように、その後も似たような古キリシタンとカトリック系の宣教師や伝道士との出会いはいくつかあった。しかし、九州以外では関西の千提寺村の事例に限られるのである。

ＭＥＰの宣教師による大阪の布教は一八六九年に始まった(7)。同年、プレシとジュール・クザン（Jules Cousin, 一八四二〜一九一一）が大阪に住み着いた。日本代牧区が南と北に区分された一八七六年、プティジャン司教も長崎から大阪に移動し、一八八〇年までこの都市を南日本代牧区（仏、vicariat du Japon méridional）の布教拠点とした。南日本代牧区は琵琶湖から九州にまで及んでいた。代牧区もしくは代理区（使徒座代理区の略）とは、カトリック教会の司教区（羅、dioecesis）がまだ設置されていない宣教地域に仮に置かれた区画である。ＭＥＰは関西地方を日本の文化そして日本の宗教の中心部と見なしていたため、布教活動を拡大することにしたのである。一八七九年、フランス人の修道女が大阪での活動を開始し、最初の教会が建立された（川口天主堂）。そして同年、京都での布教が開始された。

一八八〇年一月の書簡は、これまで九州の古キリシタンの歴史に目を向けてきた筆者にとって、関西の古キリシタンの村落について学ぶきっかけとなった上に、異彩を放つプレシという人物の性格や活動、および彼が残した、あるいは彼にまつわる数多くの史料を検討する機会にもなった。日本で多種多様な体験をしたプレシは時おり、西南戦争や自由民権運動、フランス啓蒙思想の受容といった重要な出来事や事象について数十ページを超える書簡のなかで報告している。加えて、布教戦略に関して頻繁に自らの意見を述べ、上司や同僚の見解さえ強く批判した。したがって、これらの史料により、千提寺村発見の経緯と展開、および関係者の活動を明らかにするという当初の目的を超えて、明治中期までの日本におけるカトリック系の宣教師が行った布教活動に関して考察することになったのである。

筆者が利用した一次史料は次の通りである。まず、ＭＥＰの史料館に残されているプレシの書簡である。その数はプティジャンのような名高い宣教師に匹敵するほど多いかもしれない。史料館の古文書局（Archives anciennes）の史料群五六九号（日本通信、一八三九～一八七二）と五七〇号（日本通信、一八七三～一八八四）に収められているプレシ筆の書簡は二二点ある。また、プレシ関係の文書からなる九五一／〇一号の史料群にも、プレシ書簡が八九点含まれる。そのうち本章のため、部分的もしくは全体的に筆者が翻刻したのはおおよそ五

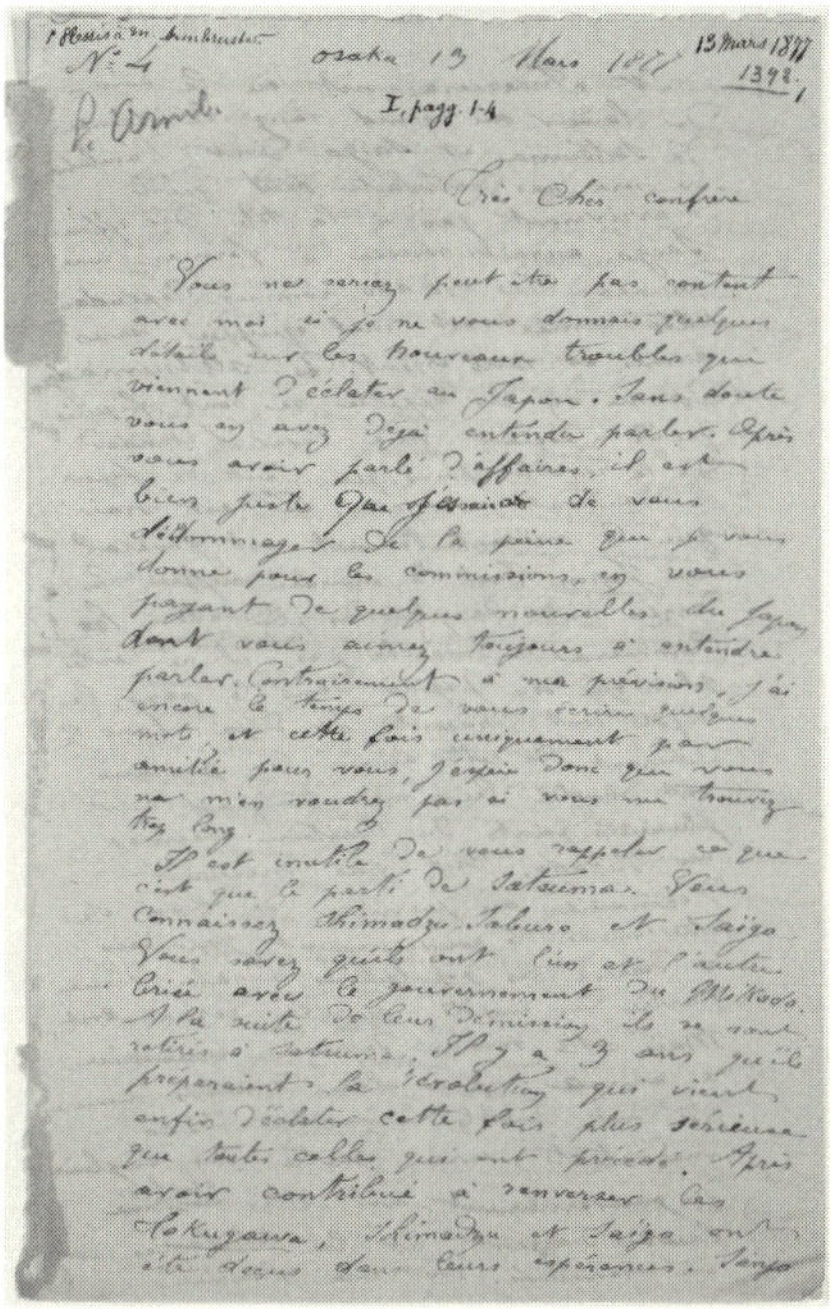
N° 4　Osaka 13 Mars 1877　13 Mars 1877

Très Cher confrère

Vous ne seriez peut être pas content avec moi si je ne vous donnais quelques détails sur les nouveaux troubles qui viennent d'éclater au Japon. Sans doute vous en avez déjà entendu parler.

図５　西南戦争に関するプレシの1877年3月13日の書簡（IRFA）

〇点である。プレシは頻繁に上司や同僚と言い争いをしていた上に、後述するように、自らの借金で一八八八年に設立された日本中部代牧区（仏、vicariat du Japon central）を窮地に追い込んだ宣教師でもあったためか、同僚の書簡や本部の評議会（仏、conseil）の議事録に彼の行動に関する言及が多く見つかる。さらに、特筆すべきことに、プレシは日本側の史料にも登場する。現在、筆者が確認できたのは高知の『土陽新聞』と谷干城（一八三七〜一九一一）の日記である。プレシの死後も、大正期・昭和初期の新聞や学術雑誌に彼の活動に関するいくつかの記述が確認される。

一　古キリシタンの「復帰」を目指す布教

浦上村の「信徒発見」以外に、ＭＥＰの宣教師が明治中期までどれほど古キリシタンの探索に力を注いでいたのかはあまり知られていない。本章第一節では、この探索を紹介してから、千提寺村の発見に至るまでの経緯に触れたい。

実際、二〇世紀に入る前は、日本人のカトリック信徒の大半は元は古キリシタンであったか、あるいはその子孫であった。それは、「純仏教」の日本人への布教は成果が出にくいため、改宗者の人数を増やすには古キリシタンを中心に布教活動を実施することが効率的であったからだと言える。古キリシタンの割合は改宗者の居住地に顕著に表れている。一八七七年、南日本代牧区では一五五八七人の信徒がいたのに対して、北日本代牧区（仏、vicariat du Japon septentrional）には一二三五人の信徒しかいなかったのである。前者は圧倒的に古キリシタンが多い長崎県に集中している。一八八九年にこの傾向に変化はあったが、九州の占める地位はなお大きかった。南から北にかけて、それぞれの代牧区に二六〇六〇人（南日本代牧区）、二一八五人（日本中部代牧区）、一一五二二人（北日本代牧区）の信徒がいた。(8)

南日本代牧区における改宗は多くの場合集団的であったため、信徒の人数が飛躍的に増えた時期があった。今村という久留米藩の村の事例を挙げよう。この古キリシタンの村は、一八六七年二月末、浦上出身の日本人の伝道士により発見された。一八六八年、藩による取調べや取締りのせいで村民と宣教師の交流は一〇年間断絶したが、一八七八年半ば、今村の代表者の一団が長崎に赴き、宣教師に改宗の決心を伝え、翌年から一八八〇年にかけては、おおよそ一五〇〇人の村民が集団で受洗した。次の、規模は今村より小さいが、長崎県野母半島に位置する善長谷《ぜんちょうだに》村の場合も似たような事例である。一五戸から構成されたこの古キリシタンの村は一八八三年にジョゼフ＝エドワール・ブレー（Joseph-Édouard Bœhrer, 一八五六～一九一九）という宣教師に発見された。元の村長がカトリック教会への「復帰」を決めてから、全村民もまもなく同じ選択をした。(9)

その上、もう一つ注目すべきことは、ＭＥＰの宣教師が速やかに現地人聖職者の養成を目指したことである。彼らは、早い段階から、これら古キリシタン系の改宗者の中に神学校への入学希望者がある程度多くいたことに気付き、有望な青年を選択することにしたのである。一八八二年、最初の三人の日本人が司祭に叙階された。三人とも長崎県出身の古キリシタン系の信徒であった。(10)

安政の条約により、日本在住の外国人が自由に行ける範囲は外国人居留地から一〇里（約四〇キロメートル）以内に限定されていたが、一八七五年以来この「遊歩規定」は徐々に緩和された。一八七

図６　日本人神学生とフランス人宣教師の写真、1882 年（IRFA）

九年から、日本政府により「内地旅行免除」が発給されることになり、外国人は、条件付きで、「遊歩区域外」でも民家に宿泊できるようになった。[11] そこでＭＥＰの宣教師は移動制限の緩和を活かし、布教方針として日本全国における古キリシタンの捜索に乗り出したのである。一八八二年、プティジャンは、テオドール・フレノー（Théodore Fraineau, 一八四七～一九一一）という宣教師に、残存する古キリシタンのコミュニティを九州の全地域をめぐって捜索するよう指示した。同時期、久留米と今村の布教を担当するミシェル・ソーレ（Michel Sauret, 一八四八?～一九一七）はザビエルにゆかりの深い豊後において積極的に古キリシタンを探したことがわかっている。[12]

一八七九～一八八〇年は日本人の信徒の数が急速に増加した時期であった。一年間でほぼ三〇〇〇人の日本人が信徒になり、一八八〇年のカトリック教会は二万人以上の改宗者を擁したのである。しかし九州と比して関西の改宗者は少なく、一八八〇年頃、大阪では毎年一〇〇人前後しか受洗者がいなかった。プレシは千提寺村の発見により、今村のように受洗者の数が飛躍的に増加するような成果を期待していたに違いない。

明治初期にプレシが書いた書簡では古キリシタン探索に対する彼の積極的態度が認められる。いまだに上司による任務地の知らせが届いておらずその頃長崎にいたプレシは、一八六八年七月六日の書簡において九州以外の地域での古キリシタン探索の希望を記している。(13) 数か月後、一八六九年一月五日の書簡において、神戸に送られたプレシはパリ本部の上司に関西の古キリシタンの噂について語っている。

今度のあなたのお手紙で、キリスト教徒［古キリシタン］を発見するためのちょっとした秘訣を教えてくださ い……神戸から二〇、三〇里離れた場所に住んでいるキリスト教徒の話を聞いたことがあるのです。我々［MEPの宣教師］に彼らと連絡が取れる手段が見つかりますように。(14)

まもなくしてプレシは大阪に移り住む。一八六九年、少なくとも四通の書簡でパリの本部に関西の古キリシタンに関する風聞を伝えているが、(15) 翌年と翌々年の大阪から送られた書簡には古キリシタンへの言及が見当たらなくなる。次に彼が書簡で古キリシタンの話をするのは函館の布教地に任命されてからである。日付はないが、一八七三年に書かれた可能性が高い。プレシは北日本（仏、le nord du Japon）にいまだ古キリシタンが残存する場所があるという風聞に触れ、その古キリシタンの一部

図７　大阪川口天主堂の献堂式五〇周年の葉書（IRFA）

がロシア系の正教会に近づいているため、そこに一人の日本人伝道士を派遣したと書いている[16]。筆者が知る限り、北日本の古キリシタンの存在を実証する他のカトリック系の宣教師の書簡や報告はない。ただし、念頭に置かないといけないのは、プレシが函館での任務以来、正教会の信徒及び宣教師に接触し、何らかの形でカトリック教会のライバルである彼らと情報交換を行っていたことである。

それ以降、プレシの書簡にはしばらく未知の古キリシタンへの言及は見つからない。とはいえ、フランス人宣教師たちがキリシタン時代の子孫を発見するのを断念したわけではない。大阪川口天主堂の建設が一八七八年三月一七日に開始されたのは偶然ではない。既述のように、浦上の「キリシタン信徒発見」は一三年前の同日、一八六五年三月一七日に起きたのである。川口天主堂の起工日には宣教師の思いが込められているのだろう[17]。その一一か月後プレシは千提寺村の古キリシタンと接触することになる。次に、この発見の経緯について考察してみたい。

プレシの伝道士と古キリシタンの出会いは一八七九年二月一四日のことだが、その詳しい報告として知られているのが、約一年後に書かれた一八八〇年一月二〇日付の書簡である。なお、プティジャン司教が一八七九年二月一七日付の二通の書簡でこの発見について手短に言及していることから、そのことはMEPの宣教師の間ではすでに知れ渡ってはいた。(18) これについては、プレシが南日本代牧区の上司であったプティジャン司教やジョゼフ・ロケーニュ（Joseph Laucaigne, 一八三八〜一八八五）補佐司教（仏、vicaire apostolique auxiliaire）などに千提寺村の古キリシタン発見を報告した可能性が考えられるが、それを証拠付けるものはいまだ見つかっていないか、現存していない。つまり、千提寺村の発見の経緯を辿るには、主に一八八〇年一月二〇日の書簡に頼る他ないのである。

プレシは書簡の始めに、発見のきっかけをはっきりと記している。北大阪に位置する山間部に古キリシタンが残存するという情報をロシア系の正教会の信徒から得たというのである。

一八七九年二月一四日金曜日、日本の殉教祭八日目の翌日、私たちは神の恩寵により、大阪から八里離れた北の山中にある村、千提寺で古参のキリスト教徒を発見しました。私は以前から、日本の偉大な教会が残したこれら素晴らしき者たちについての興味深い情報を集めていました。ロシア正教の神父から洗礼を受けたあるキリスト教徒が、最も正確な情報を教えてくれたのです。この良き男性は特に、大阪の北の山間部にある村々に古参のキリスト教徒が残っていることを教えてくれました。

ただし、この正教会の信徒が話したのは千提寺村でなく、その隣にある村のことであった。プレシはその村の名前を記していない。彼が派遣した二人の伝道士と村の一人の住民との会話の中で、千提寺村の話が出たのである。千提寺という村名が出た理由は、伝道士が北大阪の山間部にある村の異色の

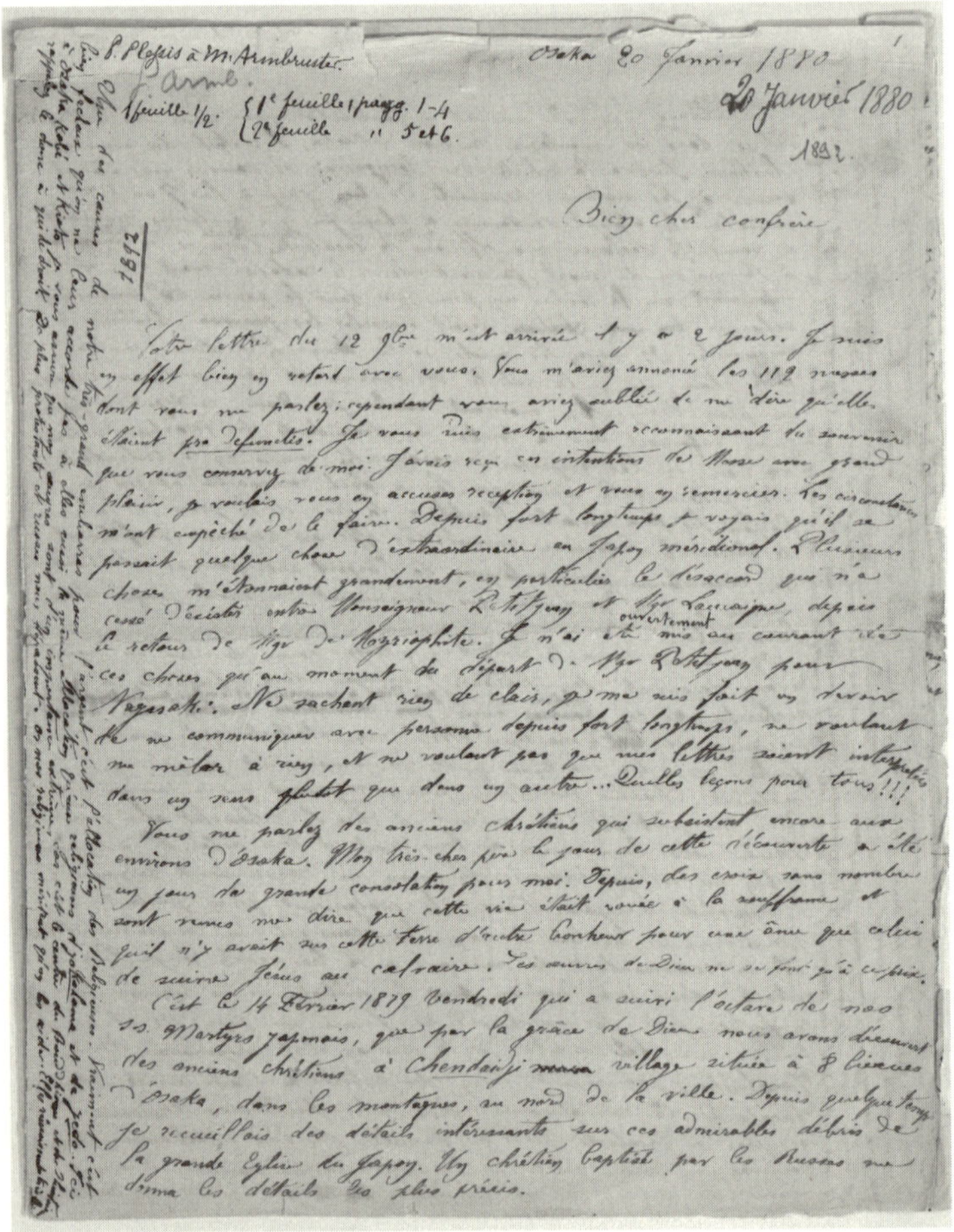

P. Plessis à M. Armbruster.

Osaka 20 Janvier 1880

1 feuille 1/2. {1e feuille, pagg. 1-4 / 2e feuille " 5 et 6.

20 Janvier 1880

1892.

1892

Bien cher confrère

Votre lettre du 12 9bre m'est arrivée il y a 2 jours. Je suis en effet bien en retard avec vous. Vous m'aviez annoncé les 119 messes dont vous me parlez; cependant vous avez oublié de me dire qu'elles étaient pro defunctis. Je vous suis extrêmement reconnaissant du souvenir que vous conservez de moi. J'avais reçu ces intentions de messe avec grand plaisir, je voulais vous en accuser réception et vous en remercier. Les circonstances m'ont empêché de le faire. Depuis fort longtemps je voyais qu'il se passait quelque chose d'extraordinaire au Japon méridional. Plusieurs choses m'étonnaient grandement, en particulier le désaccord qui n'a cessé d'éclater entre Monseigneur Petitjean et Mgr Laucaigne, depuis le retour de Mgr de Myriophite. Je n'ai été ouvertement mis au courant de ces choses qu'au moment du départ de Mgr Petitjean pour Nagasaki. Ne sachant rien de clair, je me suis fait un devoir de ne communiquer avec personne depuis fort longtemps, ne voulant me mêler à rien, et ne voulant pas que mes lettres soient interprétées dans un sens plutôt que dans un autre... Quelles leçons pour tous!!!

Vous me parlez des anciens chrétiens qui subsistent encore aux environs d'Osaka. Mon très cher père le jour de cette découverte a été un jour de grande consolation pour moi. Depuis, des croix sans nombre sont venues me dire que cette vie était vouée à la souffrance et qu'il n'y avait sur cette terre d'autre bonheur pour une âme que celui de suivre Jésus au calvaire. Les œuvres de Dieu ne se font qu'à ce prix.

C'est le 14 Février 1879 Vendredi qui a suivi l'octave de nos SS. Martyrs japonais, que par la grâce de Dieu nous avons découvert des anciens chrétiens à Chendaiji ~~mura~~ village situé à 8 lieues d'Osaka, dans les montagnes, au nord de la ville. Depuis quelque temps je recueillais des détails intéressants sur ces admirables débris de la grande Eglise du Japon. Un chrétien baptisé par les Russes me donna les détails les plus précis.

図８　千提寺村の発見を語るプレシの書簡、1880 年 1 月 20 日付（付録の書簡 1）（IRFA）

「死者の埋葬方法」に触れたからである。この「方法」は書簡に描かれている。

徳川が滅びるまで、この憐れな人々は絶え間ないアラタメ〔改め〕に服従させられていました。しかも七代目、八代目までは、人が死ぬたびに、大阪から京都に向かう道中の六里のところにある高槻のトノ〔殿〕の役人のもとに申告しに来させられていたのです。役人らは死者の出た家に赴き、遺体を目の前で埋めさせ、墓に杭を打つのですが、これは、この執拗な迫害者たちの考えでは、キリスト教徒が復活するのを阻止するためであったのでしょう。……過去の殉教者の子孫の墓に打たれたこの侮蔑の印は、主張されているように彼らの復活を妨げるのではなく、神が望むときに彼らをまさに認識させる印であったのです。……日本の役人たちはこの状況を利用して迫害を受ける憐れなキリスト教徒から金をゆすり取っていたのであり、この迫害は死者、そして墓にまで及んだのです。

この噂から窺えるのは、千提寺村が異彩を放つ村として周囲の住民に知られていたことである。一九二〇年の「再発見」以降、千提寺村の古キリシタンをめぐって多くの文章が、新聞、学術雑誌、書籍といった媒体上で書かれた。それらの中には、村の評判についての言及が散見される。一例として、昭和七年（一九三二）八月に、『大阪朝日新聞』が連載した千提寺・下音羽の古キリシタンについての座談会の記録が挙げられよう。この記録の中に、本章の冒頭で触れた藤波大超と藤波の中学校の教師であった天坊幸彦《てんぼうさちひこ》（一八七一～一九五五）の間の興味深いやりとりがある。

藤波氏—この千提寺がキリシタン村であるとの伝説は前から聞いてゐたが、妙なことに、この小さな村で宗旨が区々であることがますます好奇心をそゝつた。……

天坊氏—藤波君、君はどうして千提寺をキリシタン村と知つたのですか？

藤波氏—昔千提寺ではキリシタン信者が死ぬるとバテレンの法で蘇生するからとて検視の役人が出張して棺の蓋の上から太い釘を打つたとの話を聞いたこともあり、私の好奇心はます〳〵鋭くなつてゆきました。(19)

ある話を中心に

苔むす十字架

二百七十年前、異安心地が世に紹介されるまで

切支丹遺跡の夕 A 三島郡

キリスト十五玄義圖

図9 『大阪朝日新聞』掲載の座談会、昭和7年8月20日

千提寺村を周囲より目立たせる特徴は他にもあったと考えられる。四旬節の断食と族内婚である。実際に、書簡の中に前者についての記述がある。千提寺村に辿り着いた上述の二人の伝道士は村の古キリシタンの夫婦と次のようなやりとりをした。

確かに彼ら［千提寺の村人たち］は昔はキリスト教徒だったけれども、今やもうすべて忘れてしまったと。しかし、奥さんが言うには、村人たちは四〇日間の断食の習慣は今も守っていたのです。断食の時期がわからなかったので、彼らはそれを春に始めておりました。朝食べた後には一日中何も食べなかったのです。異教徒を欺くためにベントー［弁当］を畑に持って行ったのですが、それを食べることはしませんでした。

大阪司教区（旧日本中部代牧区）が刊行していた『公教家庭の友』という月報には、千提寺村が再発見されたとき、複数の記事が掲載された。大正一三年（一九二四）五月一日に発行された五三号には、天保生まれの中谷《なかたに》イトという古キリシタンによる四旬節の断食についての発言が記録されている。(20)

古しは此千提寺の人は、春になると、四十日の間畑に働きながら断食をしました、毎日荒い仕事をしながら断食をやつたのですから、身体が疲れて顔の色が悪くなりました。訳を知らぬ隣り村の人は妙なことじゃ、千提寺の人は春になると、蒼い顔をして元気がなくなると評判して居つた。四十日の業が済むと、今度は猪のしゝを料理するやら鶏を料理するやらして、ゴ馳走をして祝ひました。

つまり、往時の千提寺村において四旬節になると、断食が住民の外見にまで影響をもたらし、その身体的変化が周囲の村々の住民により気付かれるほどであったのである。

族内婚に関しては、プレシの書簡の中に記述はないが、大正一二年（一九二三）に藤波大超が著した論文の中に、「然しそれまで（厳禁《ママ》）は［千提寺の］縁組と云へば下音羽（大阪府三島郡見山村大字下音羽）とばかりとしたのでした」と書いてある。[21] 加えて、茨木郷土史の研究に励んだ奥野慶治《おくのよしはる》（一九〇一～一九四九）の著書にも、「信者側［古キリシタン］から云はせれば信者でないものを嫌つた」ということと「信者相互の結婚が盛に行はれて居た」[22]という記述がある。

九州の古キリシタンの村社会も族内婚で特徴づけられる。前述したように、一八六七年（慶応三）に、今村という古キリシタンの村がＭＥＰの伝道士により発見された。この村も周囲の村々の住民と「縁組」しないことでその存在が知られていたのである。久留米藩の取り調べの記録の写しである『邪宗門一件口書帳』（明治元年、一八六八）には今村の特徴についての記述がある。[23]

右四人之者共［浦上村の伝道士たち］弥宗法広メ之ため進メニ罷越居候体ニ見取候間、ゼゾウス・マリヤ之咒文［呪文］等相尋候処、古来ヨリ相伝居候唱方ニ上付合仕候間、当村之都合如何にて承知ニ相成居候哉之旨相尋候処、先年浦上村之者、御井郡西原村江染藍為商売罷越候砌、今村と申所、切支丹末流之村柄ニ而、外村と縁与等不致由及承罷在候仮説の域を出ないが、千提寺村も周囲から見て「切支丹末流之村柄」を呈したのであろう。要は、これら三つの特徴（埋葬の仕方・四旬節・族内婚）により、北大阪山間部の村社会において千提寺村が目立っていた可能性があったといえよう。それがプレシと彼の伝道士がこの村に辿り着けた理由だと考えられる。

この発見の経緯に関して最後に指摘したいことがある。それは、プレシの積極的態度である。初めて千提寺村の古キリシタンと接したのは伝道士であるが、発見の背後に、情報を収集しているプレシの姿が浮かび上がることも見逃してはならない。彼は、条約により移動が制限されたが、フランス人の学者が著したキリシタン時代を主題とする書物を読むことで古キリシタンが残っていそうな場所を特定しようとしたのである。一八八〇年一月の書簡には、ピエール＝フランソワ＝グザビエー・ド・シャルルボワ（Pierre-François-Xavier de Charlevoix, 一六八二〜一七六一）の『日本切支丹盛衰史』（*Histoire de l'établissement, des progrès et de la décadence du christianisme dans l'Empire du Japon*, 一七一五年）と明治一一年（一八七八）に太政官局により和訳されたジャン・クラッセ（Jean Crasset, 一六一八〜一六九二）の『日本西教史』（*Histoire de l'Église du Japon*, 一六八九年）への言及がある。プ

図10 『日本西教史』明治11年

レシはレオン・パジェス（Léon Pagès, 一八一四〜一八八六）というフランス人学者が上梓した『日本切支丹宗門史』（*Histoire de la religion chrétienne au Japon depuis 1598 jusqu'à 1651*, 一八六九年・一八七〇年）も利用した可能性が高い。プレシが千提寺村だけでなくキリシタン大名の高山右近（一五五二〜一六一五）との縁が深い高山村にも赴いたことが一八八〇年一月の書簡に記されている。おそらく今挙げたような書物を通して、プレシは高山村の存在を知ったのだろう。村には、キリシタンの子孫であることを認めている住民が複数人いたそうである。

二　失敗に終わった古キリシタンとプレシの交流──解明の試み

ここでは、カトリックの宣教師・伝道士と千提寺村の住民の間の交流を扱っていくが、そのための史料は残念ながらあまり多くない。千提寺村の布教に言及する数少ないプレシの書簡と「再発見」以降の記事や論文を用いることで、宣教師の立場から見て交流が失敗に終わった諸原因、つまり村民がカトリック信徒にならなかった諸原因について考察したい。まず、千提寺村の古キリシタンの信仰・組織・活動を見てみよう。

久米雅雄は、村内に代々伝来した遺物の検討を通して、この古キリシタンの組織は長崎県浦上村などの組織に似ていたのではないかと指摘した。これは、教理書や暦を所持する帳方《ちょうかた》、洗礼を施す水方《みずかた》、組織のリーダーの案内を伝達する聞役《ききやく》が千提寺・下音羽にも存在した可能性が高いことを意味する(24)。プレシの書簡の中に古キリシタンの組織に関する言及は皆無であるが、『公教家庭の友』の五八号（一九二四年一〇月一日）の記事に「五十年前まで」（一八七〇年代半ば）の信仰活動についての老年女性の証言がある。(25)

此オ婆あさんの話に依れば、五十年前までは、日曜日を茶日と唱へ、此日には十軒の信者の仲間が、交る〱集つて、コンタツを三遍、即聖きロザリオを唱へて居つたと云ふて居ります。又死人があつた時には、内証で其家に集り、死人の為めにコンタツを三本繰つて居たと云ふて居ります。

浦上においても、オラショ（祈り）を中心とする日曜日の集会が茶日と称され、亡くなった者のためのロザリオの唱えが受け継がれていたのである。その上、上述した四旬節の断食も遵守された。(26)要するに、この老年女性の記憶に間違いがないとすれば、プレシが千提寺村を訪れた時期に、村の組織だけでなく、信仰活動も長崎県の古キリシタンの村にずいぶん類似していたのではないかと推測できるのである。

プレシの一八八〇年一月の書簡の中に、デウスと仏教を村民がどう見ていたのかについての興味深い記述がある。筆者が知る限り、「再発見」以降の史料に登場しない点である。記述は次のとおりである。

彼ら［二人の伝道士］はこの女性に、天主の宗教（仏、Religion du maître du ciel）だけが唯一良いものであり、日本の政府は迫害を止めたとも話しました。女はそれを遮って、デウスの宗教（仏、Religion de Dieu）は確かに人間のどんな愛情にもふさわしいものであり、すべての人間がそれに従うべきであると言ったのです。そこで教理伝道士が女性にこの宗教のことを知っているのかと尋ねました。彼女は、この宗教について教えてくれる人は誰もいなかったので自分はほとんど何も知らなかったけれど、昔は千提寺周辺の村も千提寺自体もみんなキリスト教を信じていたのだと答えたのです。そして、実際、キリスト教徒が亡くなったとき、どのように役人たちが墓に杭を打ちにやってきたのかを語り、自分の父親も何人かの知人もそうして葬られたのだと付け加えました。また、いくつかの家庭は、家にブツダン［仏壇］を持つこともなく、異教［仏教］の混ざっていない純粋なキリスト教徒であったとも言いました。

これに従えば、茨木山間部の古キリシタンは宗教の面で優越感を持ち、仏教に対して否定的な態度をとっていたと考えられる。実際に、『公教家庭の友』五二号の記事にも、「仏法」についての記述がある。そこからわかるのは、この村の住民はさまざまな工夫をすることで住職からの「悪影響」を消そうとしたことである。(27)

千提寺村の人は仏法には冷淡であります。此仏法に冷淡であるのは、昔時は皆切支丹であつたのに途中から時の役人に強ひられて、イヤながら仏法になつたやうに思はれます。其証拠は前のお婆アさんの話しに還つて来ますが、序に書きませう。お婆アさんの話に「私の内に死人や先祖の法事がありますと、寺から僧がやつて来て経を読みます。其時、私は其経を消す為に、僧の方に対ひ力を入れて口の中でグラシヤ満ち充ちといふ祈をしました。或日僧は私にお婆アさん、宅に来て経を読むと読みにくゝて困ると云ひました。」

従来の研究は、古キリシタンの習合的宗教観・シンクレティズムに重点を置いていたが、幕末・明治初期のカトリックへの移行をめぐる史料を検討すれば、宣教師と接触する以前から多くの古キリシタンは既に内面的に仏教を拒否していたことがわかる。浦上村などの場合は、この態度が、排他主義で特徴付けられる宣教師の教理の普及を容易にしたと考えられる(28)。

もう一つの古キリシタンの特徴は部外者に対する警戒心である。禁教下、代々先祖の信仰を維持した彼らはたやすく部外者に秘密を漏らすことはなかった。様々なカムフラージュを利用し、自らのアイデンティティを隠そうとしたのである(29)。そのため、九州の古キリシタンを知っていたプレシは自分が直接に千提寺村へ赴くよりは、まずは日本人の伝道士を派遣することにした。それは、住民を怖がらせて、布教のきっかけを失うことを恐れたためであると考えられる。

実は、一九二三年末から茨木山間部の布教を担当したジョゼフ・ビロー（Joseph Birraux, 一八六七〜一九五〇）というカトリック宣教師も、まずは住民との信頼関係を築くため、千提寺村で宿を借り、そこに伝道士を置き、自分も月に数回訪問するようにしていた。最初の交流の段階では、宣教師との会話の中で住民は先祖から受け継いだ信仰を口にすることを躊躇していた(30)。上記の『公教家庭の友』五二号の記事には、「此宗旨はコワイ〳〵と、子供の時から云ひ聞かせて居りましたから、今でも其習慣の為に、コワイ恐ろしいとの思ひは可《ど》うも其頭から去らないやうすです」と書いてある。ビローは、数年間の努力の末に、最初の受洗者を獲得したのである。

プレシたちが千提寺村を訪問した時期に話を戻し、住民とカトリック教会の交流について検討しよう。まず特筆すべきは、プレシの伝道士が担った役割である。プレシは、一八八〇年の時点で、二人の女性を含む八人の伝道士を抱えていた。当時、「教え方」や「伝教士」と呼ばれていたこれらの伝道士は、自由に移動できないフランス人の宣教師の代わりに、日本人に教理を教えたり洗礼志願者の教育を担ったりした。宣教師不在の場合、日曜日に信徒を集めた。宣教師のミサの説教や演説の原稿の作成に自らの日本語話者としての力を貸した伝道士もいた。それに加えて、彼らは、実用的な面において、宣教師が行う説教の場所を確保し、宣教師の代わりに名義人として家を購入したこともあった[31]。

プレシの書簡と「再発見」以降の記事および論文には、茨木の山間部で活躍した三人の伝道士に関する断片的な情報が散見される。一八八〇年一月の書簡に従えば、最初に千提寺村を訪問したのは二人の伝道士であった。彼らの名前は記されていないが、一人は高槻出身であったと書いてある。一年後の書簡によれば、一八八〇年の夏に千提寺村の「古参のキリスト教徒との連絡を担当していた教理伝道士が日射病にかかり急死」している（付録の書簡3）[32]。仮説であるが、高槻出身の「発見者」と発見の翌年亡くなった伝道士は同じ男であった可能性が高い。千提寺村からは高槻は通える距離にあり、この高槻の伝道士が、千提寺村の古キリシタンの者を迎え入れることによって関係を維持していたと考えることができるからである。

一八八一年冬に執筆されたもう一つの書簡に、二人目の「発見者」についての記述がある（付録の書簡2）[33]。プレシによれば、「英語に精通している青年」であり、関西で大人数を集める演説さえ行なっていた。演説のテーマに関して詳しくは触れられていないが、当時の西欧社会についてであったようである。この「青年」は、プレシと様々の教理の点に関して議論してから、一八七八年のクリスマスに受洗した。洗礼名はドゥニ（Denys）であった。したがって、千提寺村発見時には、伝道士になってから数か月も経っていなかったということになる。

先述した奥野慶治の著書には、プレシと一緒に千提寺村を訪問した「伝導士青木某」についての言及がある。[34] この「青木某」はおそらく青木佐次郎である。[35] 青木は盛岡出身で、一八七二年、函館（日本代牧区）でプレシにより受洗している。彼は一八七五年に大阪に移住し、長年カトリック教会の伝道士として活躍した。プレシが担当していた大阪市・内淡路町の布教拠点にいたのである。一八八二年の秋に、プレシと共に高知に赴き、一八八八年まで四国にいた。千提寺村発見の際には、青木はドゥニよりもカトリック教会のネットワークを把握し、伝道士としての経験も豊かであったと推測できる。

プレシたちと山間部の住民の交流は、プレシに配分された予算に大いに左右され制限されていた。プレシは予算の問題でいつも悩んでいたのである。一八八〇年一月の書簡によれば、古キリシタンの元で効率的に布教活動を行うためには、南日本代牧区に与えられている年間手当では不十分であった。それ故、プレシも伝道士も思うようには山間部に赴くことはできなかった。注目すべきは一八八〇年一月の書簡の受取人である。当時、ＭＥＰのパリ本部の評議会において日本・朝鮮・満州を担当していたアンリ・アンブルステ（Henri Armbruster, 一八四二～一八九六）である。一八六六年から一八七四年にかけて長崎・函館・東京での布教に関わった人物で、日本在住の宣教師に影響力を持つ中心的な人物であった。プレシはアンブルステに千提寺村に関する報告を送ることで、予算の問題を解決しようとしたのであろう。実際に、古キリシタンに言及している翌年と翌々年の書簡にも、手当が不十分であるとの話が繰り返され、プレシはフランス人の様々な庇護者にまで援助金を求めたと書いてある。

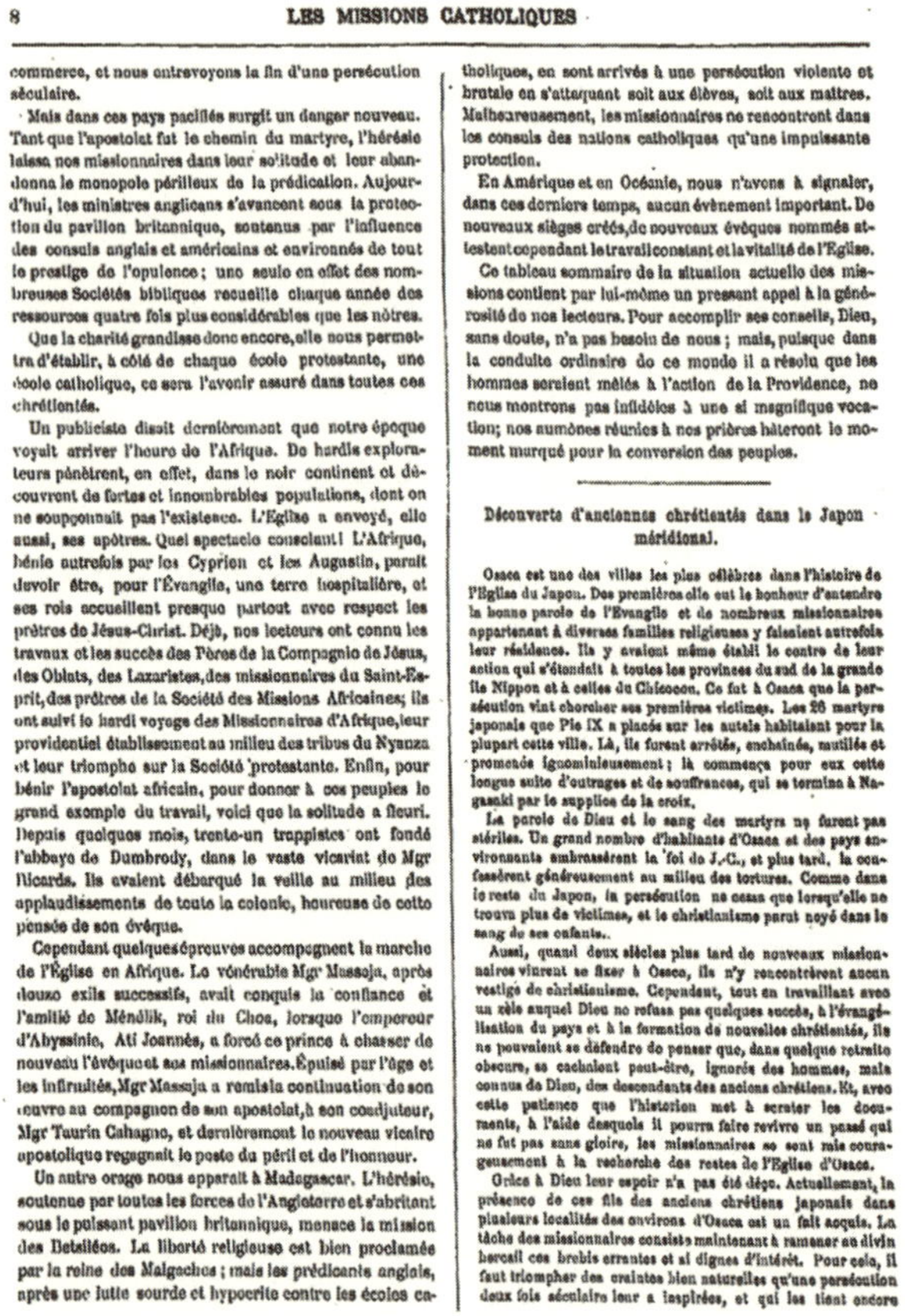

8 LES MISSIONS CATHOLIQUES

commerce, et nous entrevoyons la fin d'une persécution séculaire.

Mais dans ces pays pacifiés surgit un danger nouveau. Tant que l'apostolat fut le chemin du martyre, l'hérésie laissa nos missionnaires dans leur solitude et leur abandonna le monopole périlleux de la prédication. Aujourd'hui, les ministres anglicans s'avancent sous la protection du pavillon britannique, soutenus par l'influence des consuls anglais et américains et environnés de tout le prestige de l'opulence ; une seule en effet des nombreuses Sociétés bibliques recueille chaque année des ressources quatre fois plus considérables que les nôtres.

Que la charité grandisse donc encore, elle nous permettra d'établir, à côté de chaque école protestante, une école catholique, ce sera l'avenir assuré dans toutes ces chrétientés.

Un publiciste disait dernièrement que notre époque voyait arriver l'heure de l'Afrique. De hardis explorateurs pénètrent, en effet, dans le noir continent et découvrent de fortes et innombrables populations, dont on ne soupçonnait pas l'existence. L'Église a envoyé, elle aussi, ses apôtres. Quel spectacle consolant ! L'Afrique, bénie autrefois par les Cyprien et les Augustin, paraît devoir être, pour l'Évangile, une terre hospitalière, et ses rois accueillent presque partout avec respect les prêtres de Jésus-Christ. Déjà, nos lecteurs ont connu les travaux et les succès des Pères de la Compagnie de Jésus, des Oblats, des Lazaristes, des missionnaires du Saint-Esprit, des prêtres de la Société des Missions Africaines ; ils ont suivi le hardi voyage des Missionnaires d'Afrique, leur providentiel établissement au milieu des tribus du Nyanza et leur triomphe sur la Société protestante. Enfin, pour bénir l'apostolat africain, pour donner à ces peuples le grand exemple du travail, voici que la solitude a fleuri. Depuis quelques mois, trente-un trappistes ont fondé l'abbaye de Dumbrody, dans le vaste vicariat de Mgr Ricards. Ils avaient débarqué la veille au milieu des applaudissements de toute la colonie, heureuse de cette pensée de son évêque.

Cependant quelques épreuves accompagnent la marche de l'Église en Afrique. Le vénérable Mgr Massaja, après douze exils successifs, avait conquis la confiance et l'amitié de Ménélik, roi du Choa, lorsque l'empereur d'Abyssinie, Ati Joannès, a forcé ce prince à chasser de nouveau l'évêque et ses missionnaires. Épuisé par l'âge et les infirmités, Mgr Massaja a remis la continuation de son œuvre au compagnon de son apostolat, à son coadjuteur, Mgr Taurin Cahagne, et dernièrement le nouveau vicaire apostolique regagnait le poste du péril et de l'honneur.

Un autre orage nous apparaît à Madagascar. L'hérésie, soutenue par toutes les forces de l'Angleterre et s'abritant sous le puissant pavillon britannique, menace la mission des Betsiléos. La liberté religieuse est bien proclamée par la reine des Malgaches ; mais les prédicants anglais, après une lutte sourde et hypocrite contre les écoles catholiques, en sont arrivés à une persécution violente et brutale en s'attaquant soit aux élèves, soit aux maîtres. Malheureusement, les missionnaires ne rencontrent dans les consuls des nations catholiques qu'une impuissante protection.

En Amérique et en Océanie, nous n'avons à signaler, dans ces derniers temps, aucun évènement important. De nouveaux sièges créés, de nouveaux évêques nommés attestent cependant le travail constant et la vitalité de l'Église.

Ce tableau sommaire de la situation actuelle des missions contient par lui-même un pressant appel à la générosité de nos lecteurs. Pour accomplir ses conseils, Dieu, sans doute, n'a pas besoin de nous ; mais, puisque dans la conduite ordinaire de ce monde il a résolu que les hommes seraient mêlés à l'action de la Providence, ne nous montrons pas infidèles à une si magnifique vocation ; nos aumônes réunies à nos prières hâteront le moment marqué pour la conversion des peuples.

Découverte d'anciennes chrétientés dans le Japon méridional.

Osaca est une des villes les plus célèbres dans l'histoire de l'Église du Japon. Des premières elle eut le bonheur d'entendre la bonne parole de l'Evangile et de nombreux missionnaires appartenant à diverses familles religieuses y faisaient autrefois leur résidence. Ils y avaient même établi le centre de leur action qui s'étendait à toutes les provinces du sud de la grande île Nippon et à celles du Chicocon. Ce fut à Osaca que la persécution vint chercher ses premières victimes. Les 26 martyrs japonais que Pie IX a placés sur les autels habitaient pour la plupart cette ville. Là, ils furent arrêtés, enchaînés, mutilés et promenés ignominieusement ; là commença pour eux cette longue suite d'outrages et de souffrances, qui se termina à Nagasaki par le supplice de la croix.

La parole de Dieu et le sang des martyrs ne furent pas stériles. Un grand nombre d'habitants d'Osaca et des pays environnants embrassèrent la foi de J.-C., et plus tard, la confessèrent généreusement au milieu des tortures. Comme dans le reste du Japon, la persécution ne cessa que lorsqu'elle ne trouva plus de victimes, et le christianisme parut noyé dans le sang de ses enfants.

Aussi, quand deux siècles plus tard de nouveaux missionnaires vinrent se fixer à Osaca, ils n'y rencontrèrent aucun vestige de christianisme. Cependant, tout en travaillant avec un zèle auquel Dieu ne refusa pas quelques succès, à l'évangélisation du pays et à la formation de nouvelles chrétientés, ils ne pouvaient se défendre de penser que, dans quelque retraite obscure, se cachaient peut-être, ignorés des hommes, mais connus de Dieu, des descendants des anciens chrétiens. Et, avec cette patience que l'historien met à scruter les documents, à l'aide desquels il pourra faire revivre un passé qui ne fut pas sans gloire, les missionnaires se sont mis courageusement à la recherche des restes de l'Église d'Osaca.

Grâce à Dieu leur espoir n'a pas été déçu. Actuellement, la présence de ces fils des anciens chrétiens japonais dans plusieurs localités des environs d'Osaca est un fait acquis. La tâche des missionnaires consiste maintenant à ramener au divin bercail ces brebis errantes et si dignes d'intérêt. Pour cela, il faut triompher des craintes bien naturelles qu'une persécution deux fois séculaire leur a inspirées, et qui les tient encore

図 11　千提寺発見についての *Les Missions Catholiques* の記事（1881 年 1 月 7 日付）

一八八二年四月二八日の書簡には、布教活動を続けるため、ミサ用のワインの一部を商人に販売せざるを得なかったことまで書いてある。[36] 本章の第四節で、再びこの予算の問題を扱うことにする。

残念ながら、千提寺・下音羽を話題にするプレシの同僚の書簡はない。古キリシタンへの布教に成功の見込みがないか、あるいは、多くの努力と多額の予算を割り当てるのに値しない村であると宣教師の多くは考えていたのではないか。世界中のカトリック教会の布教活動を紹介する *Les Missions Catholiques* というフランスの雑誌の一八八一年一月七日号には、千提寺村の発見に関して四頁の記事が掲載された。語句や内容からみると、プレシの一八八〇年一月の報告に基づいたものとわかる。プレシは、この記事によって、自らの手当が増えるよう南日本代牧区の評議会が動いてくれるのを願っていた。記事のすぐ後に書かれた次の書簡（付録の書簡3）には彼の期待が読み取れる。[37]

> 哀れな日本よ！　神様はこの国を見捨てることはないでしょう。最近、*Les Missions Catholiques* 誌のなかで大阪の近辺で古参のキリスト教徒が発見されたという報告を見ました。神様が私たちを助けに来てくださりますように。この公表は私にとって大変有難いものでした。［南日本代牧区］宣教評議会はこれに関してまだ何もしようとはしていませんが、なんらかの成果が出れば対応はすると約束してくれました。

同じ書簡の中に、古キリシタンとプレシの交流についての記述も窺える。これによれば、少なくとも一人の住民がカトリック教に興味を示し、大阪まで赴き、プレシと一緒に教理の勉強を始めたというのである。記述は左記のとおりである。

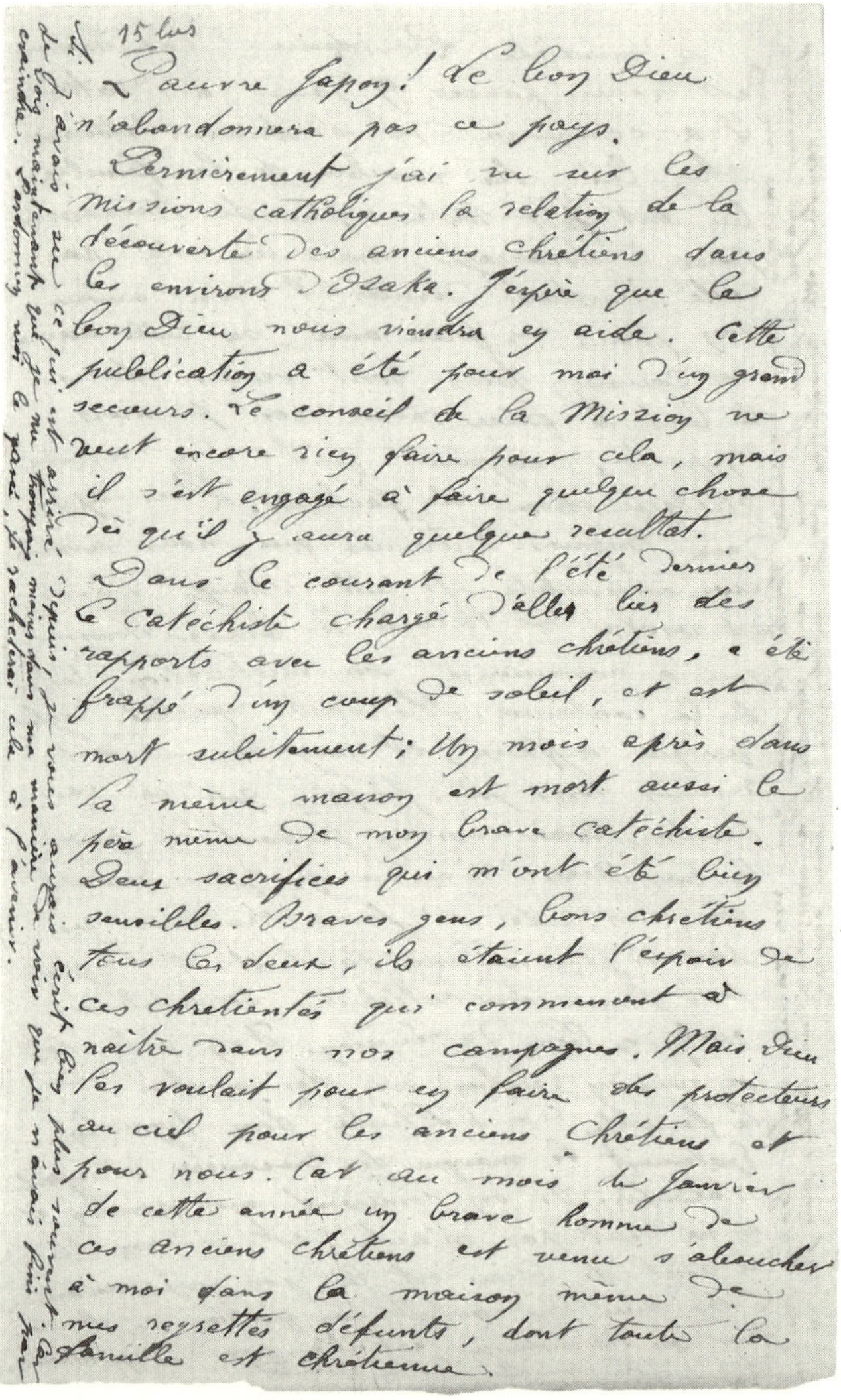

15 lus

Pauvre Japon! Le bon Dieu n'abandonnera pas ce pays.

Dernièrement j'ai lu sur les Missions catholiques la relation de la découverte des anciens chrétiens dans les environs d'Osaka. J'espère que le bon Dieu nous viendra en aide. Cette publication a été pour moi d'un grand secours. Le conseil de la Mission ne veut encore rien faire pour cela, mais il s'est engagé à faire quelque chose dès qu'il y aura quelque resultat.

Dans le courant de l'été dernier le catéchiste chargé d'aller lier des rapports avec les anciens chrétiens, a été frappé d'un coup de soleil, et est mort subitement; Un mois après dans la même maison est mort aussi le père même de mon brave catéchiste. Deux sacrifices qui m'ont été bien sensibles. Braves gens, bons chrétiens tous les deux, ils étaient l'espoir de ces chretientés qui commencent à naître dans nos campagnes. Mais Dieu les voulait pour en faire des protecteurs au ciel pour les anciens Chrétiens et pour nous. Car au mois de Janvier de cette année un brave homme de ces anciens chrétiens est venu s'aboucher à moi dans la maison même de mes regrettés défunts, dont toute la famille est chrétienne.

図12　カトリック教理を学ぶ古キリシタンについての書簡、日付なし（1881年2～3月頃か）の書簡B（付録の書簡3）（IRFA）

というのも、今年の一月、これら古参のキリスト教徒たちのうちの善良な一人が、亡くなった者たち［上述の高槻出身の伝道士とその父親］の家にいた私――その家の者全員がキリスト教徒なのです――に相談しに来たのです。なんと素晴らしい神の摂理でしょう！　この男は三日間大阪に滞在し、教理を学び始めました。彼が家に帰ると、家族の者たちは彼の意欲を削ごうとあらゆる嫌がらせをしましたが、彼は屈しませんでした。この前の金曜日、彼は父親、兄、義理の姉［あるいは妹］、いとこを私のところに連れて来ました。彼らは皆、何か厄介な事が起こることを恐れて、この始まった交流を終わらせるつもりで来たのです。二回にわたって皆で長い話し合いをした後、彼らは考えを改め、教理を学び始めた実直な男に自由にそれを続けさせることにしたのです。彼らは物事の整理のために家に戻りましたが、あの男は近いうちに戻ってくるはずです。私はうまく行くことを願っています。

いうまでもなく、この数行からはプレシの期待を読み取ることができるが、注目すべき点はこの男の行動が親戚の反発を引き起こしたことである。理由ははっきりと記されていないが、彼らは「何か厄介な事が起こることを」心配し、男の行動を抑えようとした。強固な秘密主義であった古キリシタンの間では、先祖の信仰を外部の者に漏らすことすら危険視されていた。漏らすと天罰が下ってしまう恐れがあったのである。(38) そのため、推測に過ぎないが、男の言動は軽率であると親戚は判断したのかもしれない。

実際に、このような親戚の者以外にも、プレシとその伝道士の布教を危険視した人物がいたようである。一八八〇年一月の書簡によれば、最初の出会い以降、伝道士は数回千提寺村に戻ったが、住民は、「戸長」（仏、maire）を恐れていたためか、伝道士との接触を避けたのである。その他に、茨木山間部についてではないが、先述の一八八二年四月二八日の書簡には、カトリック教の布教に対する関西の村社会の反発が描かれている。予想できることだが、寺院の住職がカトリック教の布教に強く反対し、住民を遠ざけようとしたのである。後の「再発見」の時期にも、ビロー神父は住職などから似たような反発を受けている。(39)

プレシたちの努力が千提寺・下音羽の古キリシタンの間に改宗への運動を誘発させることができなかったという事実以外に、彼らがこれら二つの村に与えた影響や印象を推し量ることは難しい。MEPの史料館には、プレシがこれらの古キリシタンに言及する書簡が少なくとも七通現存している。その中で一番最後に書かれた書簡の日付は一八八二年四月二八日である。この七通の書簡からわかるのは、約三年間、プレシ又はその伝道士が幾度も山間部の村々を訪問したことである。

さらに、微かではあるが、一九二〇〜三〇年代に書かれた論文や記事の中でもプレシの姿や彼の努力を読み取ることができる。既述した藤波大超の一九二三年の論文には、「某家」の老年女性によるプレシを思わせる発言が引用されている。(40)

それから何時か忘れましたが何処の国の人（役人また外人か）か知りませんが調べにきましたので、皆が逃げたり隠れたりしましたが、其中の一人が何も知らずに、いろいろのこと（吉利支丹宗に関する事項）を云はされて遂にはお唱へごと（祷文）まで云ひましたので、もつと云はそうとして十字架の像などをや

人文学のための計量分析入門
――歴史を数量化する

クレール・ルメルシエ／クレール・ザルク著
長野壮一 訳

数量的研究の威力と限界

数量的なアプローチは、テキストの精読に依拠する伝統的な研究方法にいかなる価値を付加することができるのか。歴史的資料を扱う全ての人に向けた恰好の書。

購入はこちら

Now Printing

四六判並製276頁　定価3300円

普通の組織
――ホロコーストの社会学

シュテファン・キュール著　田野大輔訳

「悪の凡庸さ」を超えて

ナチ体制下で普通の人びとがユダヤ人の大量虐殺に進んで参加したのはなぜか。殺戮部隊を駆り立てた様々な要因――イデオロギー、強制力、仲間意識、物欲、残虐性――の働きを組織社会学の視点から解明した、ホロコースト研究の金字塔。

購入はこちら

四六判上製440頁　定価6600円

公共内芸術
――民主主義の基盤としてのアート

ランバート・ザイダーヴァアート著
篠木涼 訳

国家は芸術になぜ
お金を出すべきなのか

国家による芸術への助成について理論的な正当化を試みるとともに、芸術が民主主義と市民社会に対して果たす重要な貢献を丹念に論じる。壮大で精密な考察に基づく提起の書。

購入はこちら

四六判並製476頁　定価5940円

新刊

英雄の旅
―ジョーゼフ・キャンベルの世界

ジョーゼフ・キャンベル著
斎藤伸治／斎藤珠代訳

偉大なる思想の集大成

神話という時を超えたつながりによって、人類共通の心理的根源に迫ったキャンベル。ジョージ・ルーカスをはじめ数多の映画製作者・作家・作品に計り知れない影響を与えた大いなる旅路の終着点。

購入はこちら

四六判上製396頁　定価4950円

共産党の戦後八〇年
―「大衆的前衛党」の矛盾を問う

富田武著

党史はどう書き換えられたのか？

スターリニズム研究の第一人者である著者が、日本共産党の「公式党史」はどう書き換えられたのか」を検討し詳細に分析。革命観と組織観の変遷や綱領論争から、戦後共産党の理論と運動の軌跡を辿る。

購入はこちら

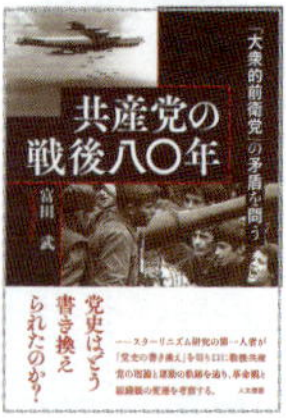

四六判上製300頁　定価4950円

性理論のための三論文
（一九〇五年版）

フロイト著　光末紀子訳　石﨑美侑解題
松本卓也解説

初版に基づく日本語訳

本書は20世紀のセクシュアリティをめぐる議論に決定的な影響を与えたが、その後の度重なる加筆により、当初性器を中心に欲動が統合され、当初のラディカルさは影をひそめる。本翻訳はその初版に基づく、はじめての試みである。

購入はこちら

四六判上製300頁　定価3850円

つて帰へりました後から二三度も来ましたがその時には何も知りませんで押し通したさうです。

奥野慶治の著書にもプレシとその伝道士の訪問が語られている。(41)

明治六年［一八七三］遂に高札を撤去し、憲法の制定に及びて信教の自由を有せしめ禁令全く解く。此秋に於て千提寺潜伏切支丹は依然として潜行を続け、だい臼筋［デウス宗カ］と呼ばれて居た。明治十年頃外国宣教師プレッシー伝導士青木某が千提寺から大阪に野菜を売りに出たものに聞いて来たが、解禁後日尚浅く、誰も事実を話さなかつたので空しく帰つて行つた。其宣教師は葡萄酒を所持して居たと見え「異人が血を飲む」と云つて騒いだことが一挿話として伝へられて居る。

ワインの話は注目に値する。明治初期の日本において、ワインの飲酒は上層部の一部に限られていたが、開港された地域以外の場所で珍しい色の酒を持参する外国人と接触することも異例の出来事であっただろう。そのためか、上記の『大阪朝日新聞』の座談会にも東藤次郎によるワインについての挿話がある。東藤次郎は古キリシタンの子孫で、藤波にキリシタンの墓を紹介することで千提寺村の「再発見」を導いた人物である。著名な聖フランシスコ・ザビエル像は彼の自宅で発見された。

東［藤次郎］氏―維新当時、外国人が来訪してキリシタン遺物はないかと尋ね、葡萄酒を置いて帰つたが、家の人は毒薬だといつて川へ捨て丶遺物は全く誰にも見せなかつた。(42)

この「外国人」がプレシであった可能性は高い。そうであれば、彼は贈り物として古キリシタンにワインを渡そうとしたことになる。後述するように、プレシはフランスのソフトパワーの象徴であるワインを利用することで、コミュニケーションを取ろうとしたのだろう。

三　古キリシタン中心の布教方針に対するプレシの異論

第一節と第二節において、茨木山間部の古キリシタンの発見と、プレシたちと古キリシタンの交流を中心に扱った。本節では、関西の古キリシタンという本題から離れて、一八八〇年代のＭＥＰの布教方針について述べていきたい。千提寺・下音羽の住民がカトリック信徒にならなかったことで、宣教師の戦略が変わったかどうかは史料から明らかにすることはできないが、古キリシタン系の日本人から改宗者を獲得する見込みが低くなっていくなかで、「新信徒」(仏、nouveaux convertis)、つまり「一般の日本人」に対象を絞っていくべきだと主張する宣教師が現れ始めた。

プレシもその一人であった。一八七六年八月一六日の書簡において、古キリシタンが多い長崎地方より関西に予算や人材を割り当てた方がいいと彼は訴える。[43] 理由は、日本全国に影響を与え得るのは、九州ではなく、中心部である大阪と京都だからである。言い換えれば、九州の古キリシタンの改宗者は日本カトリック教会の成長の原動力になれないのである。プレシからすると問題なのは、長崎地方の周辺的位置や改宗者の身分だけでなく、長崎で活動している同僚のうちで特にロケーニュが行って

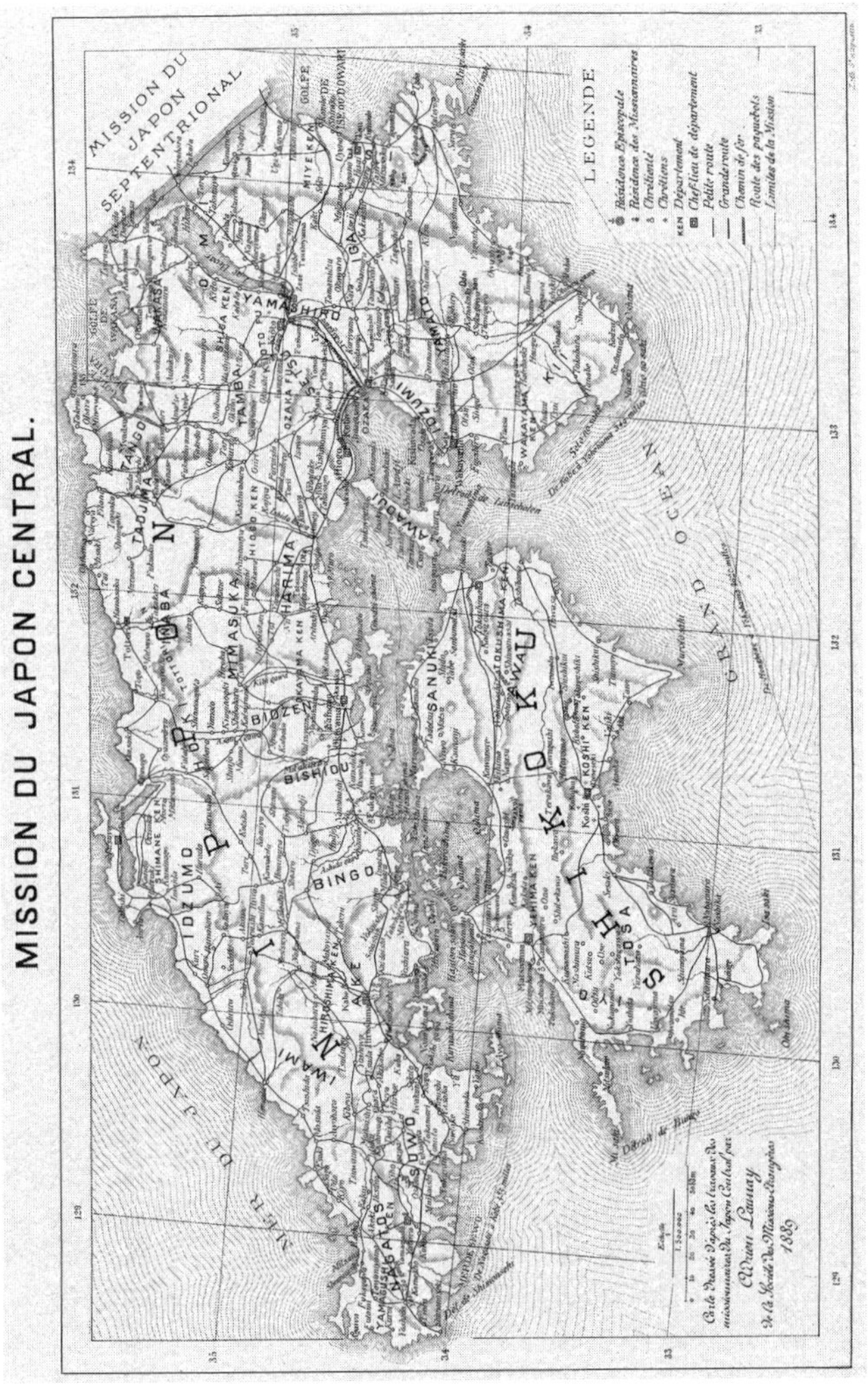

図13　1889年、日本中部代牧区のカトリックコミュニティの分布地図（Launay, *Atlas des missions de la Société des Missions-Étrangères*, 1890年より）

いる厳格主義的な布教方法および信徒の信仰養成であった。プレシにとって、長崎地方のカトリック共同体はまるで「この世から離れている修道院」（仏、un couvent séparé du reste du monde）であったため、古キリシタン系か、あるいはそうではない日本人は、改宗するどころか教会から去ってしまう恐れがあったのである。

本章の冒頭で述べたように、一八七六年から一八八〇年にかけて、プティジャン司教は長崎から大阪に移動し、この都市を南日本代牧区の布教の拠点とした。古キリシタンを中心とする布教の限界を意識したからであろう。その上、長崎地方で用いられている布教方法が関西の事情には合わないと認識し始める宣教師もいた。関西においてプティジャン司教の総代理として活躍していたジュール・クザンはその一人である。クザンは、一八八一年六月一日の書簡で次のことを記している(44)。

彼ら［長崎のカトリック宣教師］が使っている［古キリシタン系の用語を用いる］書物は過去の遺物であり、異教徒の改宗に対する一番大きな障害だと私は思います。しかし、彼らは浦上と五島列島を通してしか日本を見ようとしないのです。彼らは何世紀も遅れているのです。その間に、プロテスタントと東方正教会の宣教師たちは真面目に言語［日本語］を学んだため、彼らの書物は人気を集め、評価されているのです。我々の書物を日本人に見せれば、その者たちは二度と教会に戻ってこないのです。小学校の生徒さえ［我々の書物］を馬鹿にしています。しかし、［九州の信徒が］三〇〇年前の古い様式で復活祭を催し、そこでポルトガル語の言葉を使っているということに南日本［九州］にいる同僚たちは満足しているのです。もし異教徒が［昔のままのカトリック教会が］滑稽だと思っているとしても、それは彼らが異教徒だからであり、残念なことだと長崎の同僚たちは思っているのです。

この書簡からわかるのは、一八八一年の時点で、古キリシタンを対象とする書籍や布教方法がある程度関西においても利用されていたが、この状況に対して不満をもらす宣教師がいたことである。関西にいたクザンは、キリシタン時代の「遺産」に頼るのをやめ、用語や信仰様式を含めて布教方法を基礎から考え直すべきであると主張するのである。そのためか、彼は、一八八二年、キリシタン時代から代々伝わってきた言葉が使用されていない『聖教日課』という関西の信徒向けの祈祷書を上梓した(45)。同年一月のプレシの書簡によれば、クザンは二年前からこの書物を準備していたようである(46)。ただ皮肉なことに、一八八五年、クザンは南日本代牧区の司教となり、一九一一年に亡くなるまで、主に長崎を拠点にして活躍した。

MEPの布教戦略に異議を唱えていたプレシは、古キリシタンへの見解も常識破りであった。千提寺・下音羽が発見される以前、少なくとも一通の書簡において古キリシタンを低く評価し、宣教師の異教徒への対応についても批判的に言及している。この一八七七年四月二八日の書簡に従えば、これらの信徒は「異教徒」(仏、les païens)への布教にほとんど貢献していないのに対して、古キリシタン系ではない「新信徒」は逆に積極的に宣教師に力を貸しているという(47)。

長崎の同僚たちが、異教徒への布教活動を馬鹿にして喜んでいると私は聞きました。あなた［アンリ・アンブルステ］は私たちと同様、長崎の［古キリシタン系の］信徒のことをご存知でしょう。彼らは活力に欠け、異教徒の布教にはほとんど役立たないことをご存知でしょう。長崎の同僚は、［異教徒の改宗といった］他の仕事を放置するほど、彼ら［古キリシタン］の世話に没頭しない方がいいのです。その上、このような［同僚たちの異教徒への］見解は全く間違っており、悪魔的です。新改宗者は少なくとも長崎の信徒ほどの価値はあるでしょう。というのも、新改宗者は神様の栄光のために大変献身的で、浦上村の信徒がとにかくこれまでずっと嫌がってきたような労苦をも自らに課すのです。ここ［関西］の信徒の献身は見事です。

また、「旧信徒」以外にプレシが批判しているのは、「異教徒」つまり仏教徒の日本人に対する長崎地方の宣教師の対応である。プレシによれば、同僚たちは「異教徒」への布教を疎かにしていた。筆者が知る限り、一八八二年一〇月に関西を去ってからのプレシが古キリシタン系の信徒に言及している書簡は一つしかない。一八八七年一二月二九日の書簡である(48)。この書簡においても古キリシタンを酷評し、「新信徒」を称賛している。

［古参のキリスト教徒より］新信徒の方が良いのです。このことは経験が証明してくれるようです。古参のキリスト教徒が異教徒の改宗に役立つというより、新信徒が古参のキリスト教徒に役立つといえるほどです。我々が予想していたのは南日本の島々の信徒が日本全体の改宗に強く貢献することでしたが、実際に起こっているのは逆のことです。つまり、新改宗者の子供たち［新信徒］こそが、新信徒と古参のキリスト教徒の間で強く求められている橋渡しをするために長崎へ赴くのであり、それにより、彼らは、

古参のキリスト教徒が失ったと思われるカトリック信仰の本質である熱心な勧誘の精神を広めていくのです。土佐は他のどの日本の地域よりもカトリックの更生に貢献することでしょう。伝統的な英雄的精神に溢れるこれら新信徒はまもなく日本全国において福音の前触れとなるでしょう。私は確信しています。

茨木山間部における布教の失敗については言及されていないが、成果が出なかったこの経験は古キリシタンに対するプレシの意見をゆるぎないものにしたのだろう。

しかし、「異教徒」への布教は無駄な努力に過ぎず、古キリシタンの「復帰」に力を入れるべきだという信念を持つ宣教師はかなり多かった。例えば、多くの書簡の中でロケーニュは「異教徒」への興味を示さない宣教師として描かれている。クザンの一八八一年三月一一日の書簡はそのうちの一つである。[49] クザンによれば、ロケーニュは「異教徒」への布教に向いていないだけでなく、彼らの考え方を理解しようとさえしなかった。日本中部代牧区が設立された一八八八年の七年前にあたる一八八一年の時点ですでに将来の代牧区に関する議論がなされてきたが、最初の司教の候補者としてロケーニュの名前がしばしば挙がっていたようである。しかし、ロケーニュ自身は古キリシタンのいない代牧区で司教になることに自信はなく、早々に関西を去り、古キリシタンの多い長崎に派遣されることを希望していたとクザンは記している。

プレシの「異教徒」への評価はロケーニュと異なりかなりポジティブなものであった。だが、いつも絶賛していたわけではない。一八七〇年代後半、彼は頻繁に仏教徒の日本人への布教に関して自らの意見を述べている。一八七六年一月二二日の書簡においては、「異教徒の改宗作業」の困難さが強調されている。[50] 彼によれば、ヨーロッパ文化に興味を示している日本人は革命や無宗教の思想に魅了されているため、カトリック教会に無関心なのである。上層部の日本人を相手にするのは無駄であり、社会で落ちぶれた人々（仏、une foule de déclassés）に食物を施すことで改宗活動が可能になってしまったと認める。プレシもこのような活動に携わっていたが、それは特殊なケースではなかったようである。

ただし、ロケーニュなどと異なりプレシは悲観論者でなく、一八九〇年の帰国まで、十分な予算と努力をもって行動すれば「異教徒」の間にもカトリック信仰が普及するという確信を持ち続けた。一八七七年以後、彼は「異教徒」の改宗活動を実施していくため、パリ本部や南日本代牧区の評議会に度々予算の増額を求めた。一八七七年四月二八日と一八八七年一二月二九日の書簡ですでに見たように、プレシは古キリシタンより新信徒の方に重きを置いていた。更にプレシは、数年間高知で苦労するが、最初の成果が現れると情熱的に新信徒を褒めることもあった。一八八七年一二月三〇日の書簡においては、改宗者の性格と心の高貴さを力説し、それは、日本初期のカトリック教会（仏、la primitive Église du Japon）つまりキリシタン時代のカトリック教の偉大さに匹敵するとさえ述べている。[51]

さらなる予算を求めていたプレシが改宗者の長所を強調するのは当然であるが、心から日本人と日本文化に好意を寄せていたともいえよう。一八八二年一〇月に関西を去って高知に赴いたプレシは、フランス人同僚との連絡や交際が少なくなり、ほぼ日本人ばかりと一緒に生活しなければならなかった。高知にいたカトリック系宣教師は、ジャン＝バティスト・デュッ（Jean-Baptiste Duthu, 一八六五～一九三二）が一八八九年四月にやって来るまでは、プレシ一人であった。しかも、一八八〇年代には四国の他の県にもフランス人の宣教師はいなかった。ただし、プレシにとってそれは問題どころか、むしろチャンスであった。一八八七年五月二四日の書簡において、彼はフランス人の同僚や司教と仲が悪いことを多少後悔しつつも、日本人だけと交際しているのはとても喜ばしいことで、今が日本に着いてから一番幸せな時期であると述べている。(52)プレシは、同僚と司教の目から離れ、自分なりの布教活動を自由に行おうとしたのである。主として貧困者や孤児のための慈善活動を行うMEPはエリートとの交際を避ける傾向にあったが、プレシは、そんな同僚と異なり、高知に住み着いてから、上層部の日本人と付き合っている。一例を挙げれば、一八八三年九月三日の書簡では、高知の県令（仏、Préfet）とそれに次ぐ官僚（仏、Secrétaire général de la préfecture）と親しく交際していることが書かれている。(53)数回も相互に訪問し合う仲であり、プレシが県令の自宅での食事に招待される時もあった。

また、フランスを含む洋行の経験者で、自由党の結成者の一人である板垣退助（一八三七〜一九一九）もしばしばプレシの書簡に登場する。(54)一八八三年九月二二日の書簡では、まるで英雄のように見られていた洋行帰りの板垣が高知へ戻ってきたことが詳細に描かれている。(55)実際にプレシが板垣に会ったかどうかは史料上定かではないが、自由党の中にカトリックへの改宗者が数人いたようである。名前は記されていないが、自由党の会計担当者（仏、économe）且つ板垣退助の親友であった一人の男性がカトリック信徒であったとプレシが一八八七年一二月一三日の書簡で記している。(56)この信徒は自由党壮士団長の荒尾覚造（一八五五〜一八九〇）であったかもしれない。(57)高知において、フランスの政治思想に関心が高まるなか、フランス人であるプレシは注目されていたのだろう。同年の書簡で、プレシはもう一人の高知の有名人に言及している。谷干城である。

周知のように、倒幕派の一人であった谷は土佐藩士であった。明治維新以降、主として軍人そして政治家として活躍した。[58]西南戦争の際、薩摩の軍隊から熊本城を守り政府軍の勝利に貢献することで名声を上げた。一八八五年、初代農商務大臣となり、二年間その要職を務めた。一八八六年三月から一八八七年六月にかけて、フランスを含む西欧諸国を視察し、その際、プレシの出身地であるフランス西部も見学した。帰国直後の一八八七年九月、大臣を辞任し、高知に頻繁に滞在するようになった。旧土佐藩主である山内豊範（一八四六〜一八八六）が設立した海南学校の事務総官を務めていた谷は一八八七年一一月にフランス語の授業を依頼するためプレシに会った。このことは同年一二月一三日のプレシの書簡[59]と『土陽新聞』の一一月九日の記事において報告されている。[60]プレシの書簡はこの出会いに数ページを割いている。フランス語の授業以外に、特にフランス西部の商業や工業の発展について五時間に渡って話したようである。フランス西部の経済成長や住民の勤勉性に対するカトリック教会の影響を主張しようとしたが、谷を説得できたかどうかは確信が持てないと書いている。両者は互いに尊敬し合い、親しく交際したようである。明治二一年（一八八八）三月三日の『土陽新聞』の記事に、フランス語の授業に関して、「桝形《ますがた》天主教会の宣教師プレシー氏は先般谷中将より親しく相談」があったと報じられている。さらに、一部が現存している谷の日記にもプレシの名前が数カ所で認められる。もっとも長い記述は明治二三年（一八九〇）一月二〇日の日記にある。[61]プレシに関する大変興味深い証言である。

［この日］仏国宣教師へレシー氏等を訪ふ、同氏は海南校の教授を頼みし事あれはなり、葡萄酒を出して

余に勧む、吉本勘五郎氏来会す、蓋し氏もキリスト教に入りしものと知らる、高知市街キリスト教二派あり、一はアメリカ宣教師の率ゆる新教にして自由党の招待する所なり、一はロウマ、カソリック仏国宣教師の率ゆる所なり、旧教は新教に比すれは少数の由なれ共却て信心は固きかと思はる、又全く独立の姿なり、新教は本と立志社の政略にて引入れたるものにして独立のものに非す、自由党の力にて教徒を集めしものなり、旧教師の来る事は新教師より三四年も前にして二三年間は一人の信徒なきも倦ます撓ます其忍耐力の強きにには感するに堪へたり、教師の名をベレシーと云、昨年三月頃来りたる由にて二十七八と思はる丶、若き僧一人来り始めて会す、此人は日本語は未た出来す暫時談話して出て…

特筆すべきは、まずプレシの社交的態度である。プレシは、信徒ではない谷と一緒にワインを飲みながら政治や宗教について話した。記述の内容からわかるのは、谷は自由党との繋がりがないカトリック教会に対してかなり好意的であったことである。加えて、努力の末に高知で改宗者を獲得したプレシの粘り強さに対する称賛の意さえ読み取れる。記述の最後に言及されている日本語がまだできない「若き僧」は既述したジャン＝バティスト・デュッであろう。(62)

プレシにとって、谷は大事な人物であったに違いない。高知のカトリック教会にとって、著名人である谷は欠かせない存在であったため、プレシはデュッを会話に参加させたと考えられる。実は、プレシが谷に紹介した同僚はデュッの他にもいた。エメ・ヴィリヨン（Aimé Villion, 一八四三〜一九三二）である。ヴィリヨンは一度もフランスに帰国することなく一八六八年から亡くなるまで京都や山口などで活動したフランス人宣教師である。(63) 日本人信徒と共に多くの書籍を上梓した。日本の知識人

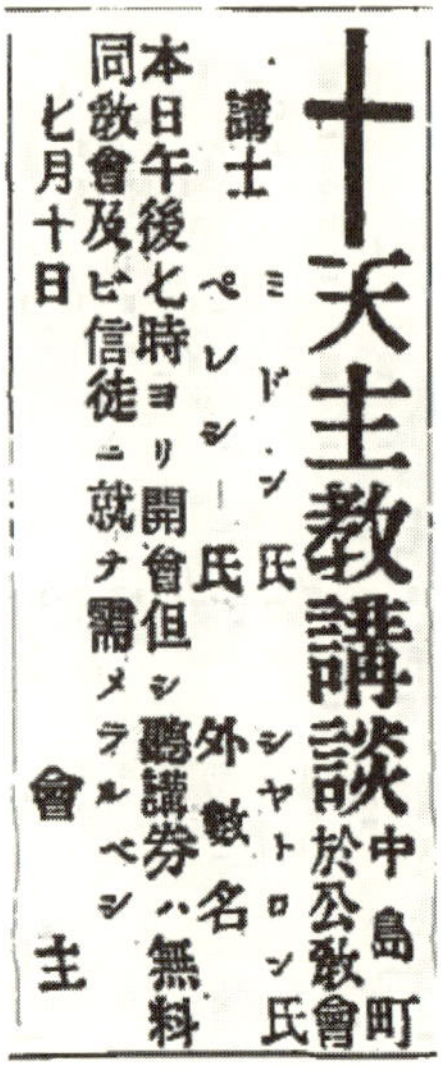
十天主教講談 中島町 於公教會
講士 ミドン氏 シヤトロン氏 ペレシー氏 外數名
本日午後七時ヨリ開會但シ聽講券ハ無料
同敎會及ビ信徒ニ就テ需メラルベシ
七月十日 會主

図14　1888年7月10日付の『土陽新聞』に掲載された講演会を知らせる広告

界においてＭＥＰを代表する一人であったといえよう。明治二二年（一八八九）一月に、ヴィリヨンは『婆羅門《ばらもん》教論・仏教起源』という書籍を刊行した。ヴィリヨンは谷にこの書籍の「序言」を書いてくれるよう依頼したが、断られている。谷の日記には、ヴィリヨンとプレシに宛てた二通の書簡の写しがあり、そこで拒否の理由が説明されている。(64) 谷が挙げる理由は自らの「宗教不案内」であるが、実は、仏教の起源を巡る論戦的なカトリックの書籍に結びつけられるのを嫌がった可能性もあるだろう。

高知におけるプレシの行動について最後に指摘したいのは、彼とメディアとの密接な関係である。プレシは、自らの教会での講演や活動を上述の『土陽新聞』に頻繁に報道させた。フェリックス・ミドン（Félix Midon、一八四〇〜一八九三）という日本中部代牧区司教が来県したときの事例を見よう。ミドンは一八八八年七月六日から一一日まで高知市にいたが、その前から司教の来県に関する記事や広告が『土陽新聞』に掲載された。広告は、七月一〇日にカトリック教会において主催される講演会を知らせるものであった。同日の記事も講演会に触れている。(65)

天主教溝談［講談］、此程来県せられたる天主教の主教フェリクス、ミドン氏神戸在留の宣教師［ジュール］・シャトロン氏［Jules Chatron, 一八四四〜一九一七］及び当地教会の教師ペレシー氏等ハ、本日の広告にも見ゆる如く、本夜午後七時より中島町上一丁目の同教会堂に於て溝談をせらる、由なるが、主教の溝談は我県下にて未曾有の事なれば定めて盛会なるべし、又ミドン氏の一行は明日出港の出雲丸にて帰坂さる、由

記事を書いた記者が誰かは知られていないが、教会の活動を好意的に紹介しているといえよう。翌々日の『土陽新聞』には講演会についての報告が掲載された。これによれば、講演会は「聴衆二百八十余にして頗る盛会」であった[66]。当時の高知での改宗者の人数が九〇人前後であったことから考えると、講演会に参加した多くは非信徒であったのであろう[67]。ＭＥＰとメディアの関係についてはさらなる研究が必要であるが、確実に言えるのは、プレシが近代化する社会で一挙に普及したコミュニケーションツールを利用することで、カトリック教会の教理を広めようとしたことである。

四　トラブルメーカーのプレシ

第三節では、転換期であった一八八〇年におけるＭＥＰの布教戦略を中心に述べてきた。千提寺・下音羽での布教の失敗と関係があるかどうかは不明であるが、宣教師の努力は、一八八〇年代に入ると、次第に古キリシタンから離れ、「一般的日本人」に向けられるようになっていく。つまり、カトリック教会の将来は、全人口の一滴に過ぎない古キリシタンではなく、圧倒的に「異教徒」にかかっているのだと訴える宣教師が増えてきたのである。プレシはこの立場にいる者を代表する一人であった。高知における彼の布教方法を探ることで、上層部の日本人に近づいたり、新聞というメディアを

利用したりしたことがわかった。

本節では、プレシの性格や、同僚あるいは上司との関係に目を向けたい。そこから、茨木山間部の古キリシタンの発見が忘却された理由を探ることができるかもしれない。日本近代カトリック史についての従来の研究では、主として参照されたのは年報やフランシスク・マルナス（Francisque Marnas, 一八五九～一九三二）が上梓した『日本キリスト教復活史』（*La « Religion de Jésus » ressuscitée au Japon dans la seconde moitié du XIXe siècle*, 一八九六年・一八九七年）である。しかし、MEPの史料館に保管されている手書きの書簡を検討すると、非常に人間味のある宣教師間の関係を窺い知ることができる。実は、マルナスは書簡の文章に「修正」を加え、論争の部分を削除していたのであり、年報にはそうした対立が報告されていない。したがって、それは宣教師間の対立や敵対関係がほとんど窺えない史料になっている。他方で、手書きの書簡には明治期のカトリック史を理解するのに欠かせない要素が残されているのである。

まず、プレシの大阪から高知への転属について述べよう。一八八二年一〇月末、関西を去ったプレシは二通の書簡でこの転属について触れている。書簡の日付は同年八月二四日と一〇月二四日である（付録の書簡4・5）[68]。彼によれば、転属の主な理由は、布教方法に関するロケーニュ及びクザンとの見解の違いであった。相違点は次の三つである。

一点目は、教会の建立と説教場の使用に関するものである。プレシは、川口居留地にある教会以外に、大阪市内にも、とりわけ布教拠点（説教場）として利用していた内淡路町に教会を建立するか、ミサのためにこの場所を使うべきであると主張していた。これに対して、ロケーニュとクザンは、居留地の教会があれば十分であると言い張ることでプレシの意見に反対し、彼には居留地の教会でミサを行わせていた。八月の書簡でプレシはこの対立を次のように描く。

> ロケーニュ司教とクザン神父は、あなたがご存知の古川橋にある自分たちのみじめな施設ですべてを独占するために、すべてをひとつにまとめようとしています。教会がそこにある以上、キリスト教徒は皆そこに行かなければならないとされているのですが、ここでは考え方が大変に厳格なのです。彼らはそこに十分な大きさの信者グループを形成することができず、二つの持ち場を吸収して両方を瓦解させようとしています。ですが、日本ですでに四、五回繰り返された試みがひどい形で非を示しているこの愚かな手口を私は防ぐことができませんでした。……実は、私は町で説教場を始めて以来、自分の施設でミサを行うことを許されておりませんでした。私の聖職に対するこのような妨害の深刻さを理解した日本人が懇願してくれたにもかかわらず、私はいつも教会に行かなければなりませんでした。

要は、プレシにとって、信徒を遠くにある教会に通わせるのは布教にとって逆効果であり、このようなやり方はクザンとロケーニュの布教方法の失敗を意味していたのである。

二つ目の相違点は信徒の信仰修養についてである。これは一点目の延長線上にあるとも考えられる。八月の書簡で、プレシは改宗作業の難しさを強調してから、ロケーニュの厳格主義と一貫性のなさを批判している。

しかし、私たちの同胞は、真にキリスト教徒である者にとっては場所や距離はほとんど問題ではないと考えているのです。この考えは奇妙です。改宗がどのように始まるかを知っている、つまり、どうやって人々を見つけ、どのように彼らにあらゆる偏見や疑念を断たせるのかを知っている者として、私はそうではないと思うのです。我らがキリスト教徒のすべて、あるいはほとんどすべての人たちが、民衆の最下層に属しており、他の［階層の］者たちは［キリスト教徒として］持ちこたえることができません。これらの哀れな人たちは、洗礼を受け、告解し、聖体拝領を受けるための確実に必要なことを学ぶのに大変苦労しているのです。最初から魂の行く道をたどり、それがどこに辿り着いたのかを見ている者は、魂を辛抱させることができるのです。しかし、ある他の者は奇妙な考えを思いつき、このような人たちの信念はまったくもって確固たるものであり、神学生のために作られた規則に従うことができるので、もう面倒を見る必要はないと信じており、そのせいで本来の仕事が最初からことごとく台無しになってしまうのです。

つまり、洗礼を施すことだけでは改宗者の信仰修養は十分でなく、その後も宣教師は改宗者の精神的な歩みに細かに注意しなければならない。そうしないと彼らはカトリック教会から遠ざかってしまうのである。

一〇月の書簡でプレシは、ロケーニュの方法を改めて批判してから、布教方法において適応が重要であると説く。三つ目の相違点である。プレシは、居留地に住む宣教師の生活様式はあまりにもヨーロッパ的であり、日本人の生活とかけ離れているため、布教は失敗せざるを得ないと考えた。

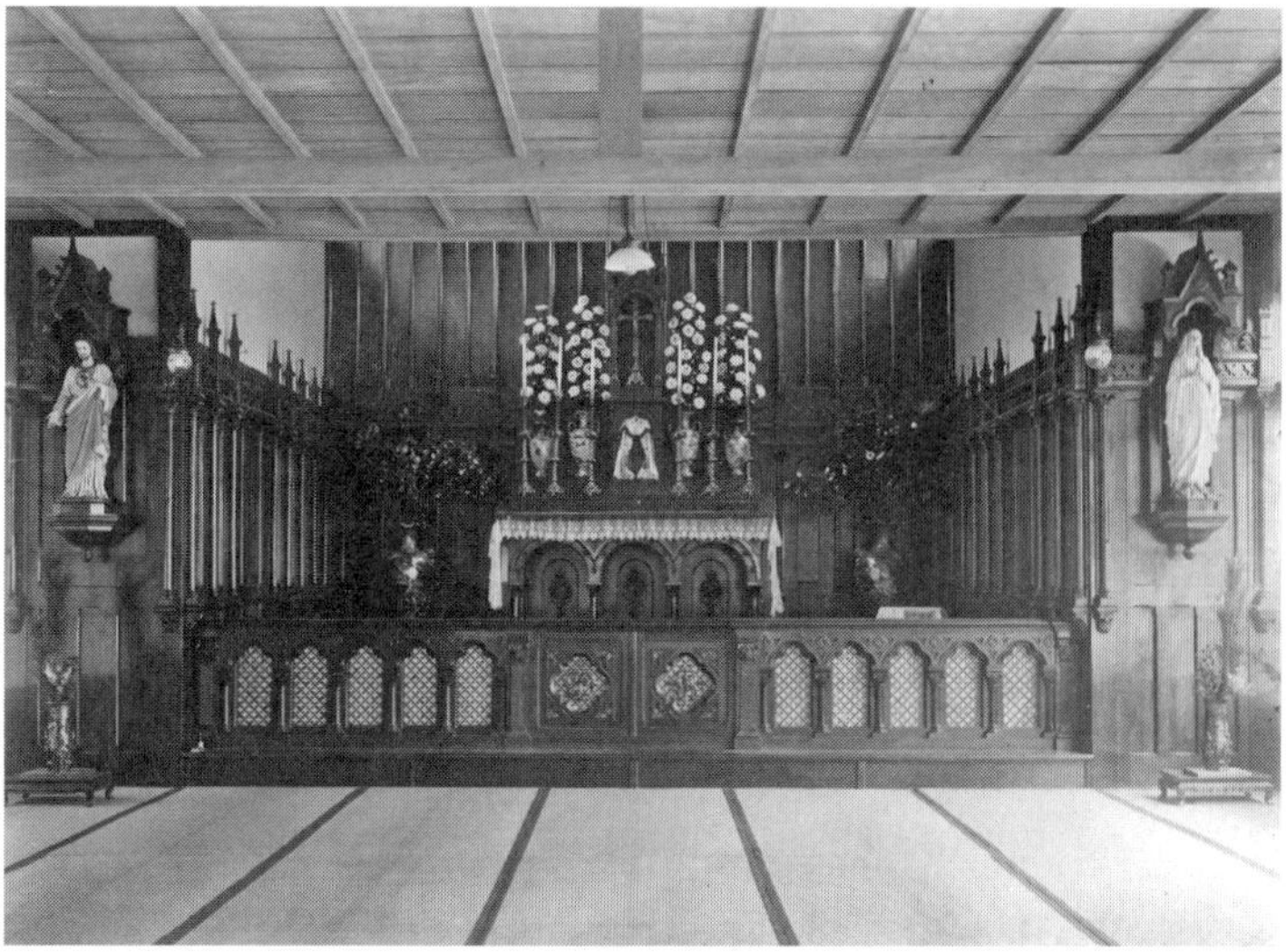

図15　内淡路町の教会内、明治中期頃（IRFA）

あの哀れでちっぽけな［ロケーニュ］司教は、この仕事［改宗作業］について何も理解しておらず、まったく何もできない人です。彼は、日本人が自ら改宗し、偉大な聖人のように偉大な改悛と苦行を行うことを望んでいるのです。ところが彼［ロケーニュ司教］の偉大さは、ヨーロッパ居留地［西洋居留地］にある宣教施設だけで十分に足りると考えているところにあります。残念ながら、私たちの極めてヨーロッパ的な生活様式と日本人の生活様式には大きな違いがあり、これが変わらない限り確かな結果を望むことは不可能です。……いずれにせよ、彼らは日本人のなかにいる私に嫉妬し、私を追放するのです。私がいなくなれば、日本人はヨーロッパの習慣により馴染み、残っている宣教師たちにもっと近づきやすくなるだろうと期待しているのです。将来起こることがこれについて何を考えるべきかを教えてくれるでしょう。私には、彼ら〔日本人〕全員をイエス・キリストのもとに引き込むためには、彼らに完全に合わしていくのが良いと思えるのです。

ただし、このような相違が生じたのは、プレシの人格上の問題もあったからと考えることができる。ミサを行うための施設に話を戻すならば、プレシの後継者たちは内淡路町の布教拠点でミサを行う許可を得たということから、プレシに許可が与えられなかったのは、申し出そのものではなく、プレシの態度に問題があったからといえよう。[69] しかも、すでに見てきたように、プレシは厳しい言葉や皮肉を込めた表現を用いてロケーニュを非難している。転属以前の書簡にも司教の性格と布教政策に対する非難が散見される。一八八一年三月一五日の書簡では、ロケーニュが役立たずの司教として描かれている（仏、Monseigneur d'Apollonie est incapable de quoique ce soit）。[70] そして、翌年一月二九日の書簡では、「社会の厄災」（仏、un désastre public）という口語的な表現が使われている。[71] つまり、プレシにとって、ロケーニュは南日本代牧区の活動を危うくする存在であったのである。

筆者が知る限り、一八八二年のロケーニュの書簡にはプレシに関する記述はないが、クザンの書簡にはある。一八八二年一〇月二五日の書簡によれば、プレシは南日本代牧区の二人の司教に対しあからさまに反抗し、双方の間で衝突が絶えることはなかった。そのため、プレシが高知に転属されるのは必然的な結果であり、クザンはこの決定に賛成していた。[72] 当時のカトリック教会において、上下関係は非常に厳しく、司祭が司教の意見に強く反対したとしてもそれは結局処罰されて終わるだけだったのである。フランスの司教区では、反抗的な司祭が、多くの信徒が司祭の活動に無関心でいるような小教区に転属されることが一般的な処罰であった。[73] プレシの高知への転属はこのような処罰を思わせるところがあるといえよう。高知は布教するのに複雑な地域であり、布教が成功する見込みは低かったのである。[74]

プレシの特徴の一つとして、日本滞在の間、少なくとも再び関西に派遣された一八七五年から一八九〇年の帰国まで、上司や同僚との対立関係を緩和できなかった点が考えられる。このことの一例として、新しい司教の選定の際に書かれた宣教師の書簡を挙げることができよう。それらは日本からフランスに送られたものである。当時のMEPの会則一〇〇条によれば、司教の死去の折に、代牧区の宣教師はパリ本部に後継者の候補として優先順位を付けて三人の名前を挙げることになっていた。パリ本部はこれらの推薦に基づいて、一人に絞った候補者を布教聖省（羅、Sacra Congregatio de Propaganda Fide）に推挙する。布教聖省とは非カトリック国における布教および教会の活動を司る聖省である。多くの宣教師が、候補者のリストに自らの意見を付け加えている。そこには、布教方法に対する意見の違いの他に、勢力争いによるあからさまな敵意が見て取れる場合が多い。

プティジャン司教の死去直後、プレシは三人の後継者のリストをパリ本部に送付したが、その中に南日本代牧区の宣教師は一人もおらず、パリ本部評議会のアンリ・アンブルステのような人物を推薦した。[75] これは会則には反しないが、普通なら南日本代牧区で活躍している同僚を推薦するものである。激しい言葉で自らの意見を述べるプレシは、ほぼ全ての同僚は聖職者というより一般信徒（仏、laïcs）のように行動し、彼らはプロテスタントの宣教師よりも品行が良くないと訴える。[76] 南日本代牧区の存続を可能にするため、彼らはパリ本部の同僚を選定すべきだというのである。

以上のことから読み取れるのは、代牧区の中でのプレシの孤独な立場である。ただし、指摘すべきは新しい司教の候補者としてプレシを推挙したものも少なくとも二人いたことである。まず、プティジャン司教の死去後、第二候補者としてプレシの名前を挙げた者にフロランタン・ブレル（Florentin Bourelle, 一八四七～一八八五）という五島の宣教師がいた。[77] なお、ブレルは、プレシと同様、第一候補者として、パリのアンブルステの名前を挙げている。そして、一八八五年一月のロケーニュ司教の死去後、ヴィリヨンは第二候補者としてパリ本部にプレシの名前を挙げたのである。[78] この二人の宣教師がなぜプレシを推挙したのかはわかっていない。

三年後、日本中部代牧区の設立が決定された。一八八七年六月に、プレシは再びパリ本部に三人の名前を提出した。[79] その際には代牧区の同僚の中から選んでいる。特筆すべきは、第一候補者として、上述のヴィリヨンを推挙していることである。プレシとヴィリヨンは互いに評価し合っていたのだろう。

プレシは同僚だけでなく、上司とも頻繁に衝突していた。ロケーニュとの不和についてはすでに述べたが、ロケーニュ以外に、プティジャンやクザンとも対立関係にあった。川口天主堂の主任司祭であったクザンはプレシの上司ともいえる存在であったにもかかわらずである。

プティジャンとの関係は一八七四年あるいは一八七五年から悪化し始めた。プティジャンは、函館を訪問した際、プレシの布教成果を評価せず、予算の割に改宗者の人数が足りないと非難した。加えて、プティジャンは、プレシが、個人の発意で複数人の子供にミサ典礼のためのラテン語を教えていたのである。[80] 以上のことから、プレシの予算は減らされてしまったのである。プレシは司教と意見があまりにも食い違うため、一八七五年に帰国しようかと思うほど悩んだと一八七六年一月の書簡で語っている[81]。
クザンとプレシの関係も一八七〇年代後半から悪くなった。クザンは複数の書簡でプレシの態度に関して苦情を訴えている。一八七八年八月の書簡では、プレシが絶え間なく不満を漏らすことに触れて、この同僚の頑固な性格を指摘している[82]。一八八三年五月の書簡では、プレシの精神状態を懸念しつつ、彼との付き合いはほとんど不可能となり、彼は近い将来完全に狂ってしまうのではないかと書いている[83]。さらに二年後の書簡では、プレシが上司に対して抱いている恨みについて以下のように述べている[84]。

この哀れな［マラン・プレシ］は現在また深い悲しみに沈んでいます。一日中、全てのことに関して、［我々宣教師の］皆に反発して、気が滅入っているのです。なんと不安定な性格と抑え難い想像力を持っているのでしょう。［上司の］権威の発端がどこであれ、権威がどんな慎重さを要求しようとも、それは彼［プレシ］からの愛を受けとることは決してないのです。実のところ、プレシは権威を恨んでいるのです。

実際、プレシは過激な言葉回しで何度もクザンを攻撃している。例えば彼は、一八八五年八月、つまりクザンが南日本代牧区の司教になったばかりの時、この新任司教の不敬虔な読書と聖職者らしからぬふるまいを書簡上で告発しようとしている[85]。

ただし、たとえ極端であるとしてもプレシはさほど珍しいケースではなく、彼の抱いていた鬱憤が彼の強制帰国の直接の原因とはならなかった。上下関係に反発し、司教と度々揉めた宣教師は他にもいたのである。ロケーニュと衝突した宣教師は割と多くおり(86)、南日本代牧区の司教としてクザンを選出することに反対した宣教師も他にいたのである(87)。

プレシの問題は、性格というより、布教の予算の取り扱い方にあった。要は、与えられた手当がいつも不十分だったので、布教の目的を達成させるために、様々な人物に援助を求め、ついに日本中部代牧区の財政を危うくするほど巨額の借金を抱え込んでしまったのである。

筆者はプレシの書簡を一〇〇点以上読んだが、予算への文句が書かれていない書簡は皆無に近いと言ってよい。一つの例を見てみよう。千提寺村の発見が報告されている一八八〇年一月の書簡には、五回も予算の不足に関して苦情が述べられており、書簡の受取人には金銭的な援助を求めている。予算が不足しているのは茨木山間部で布教活動を行うためだけでなく、大阪市内の活動のためでもある。一八八〇年の時点で、南日本代牧区の評議会に翌年の予算の前借りを願い出ていたようである。

しかし、予算が深刻な問題になったのは一八八二年の高知への転属以降である。大阪から遠く離れたプレシは同僚や上司の監督下にはもはや置かれていなかったが、相変わらず高額の予算が必要だと頻りに訴えていた。一八八六年一〇月の書簡では、高知の新しい布教拠点として必要とした土地と建物について詳細に語っている。南日本代牧区の評議会に一五〇〇ドルを求めたのに対して、与えられたのは僅か三五〇ドルだけであった。彼にしてみれば、高知で布教を成功させるためには、広々とした教会以外に、信徒の集会所、司祭館、教理を学ぼうとする「異教徒」のための場所、女性信徒用の

1 M. プレシ　2 A. ヴィリヨン　3 P.-M. オズフ　4 F. ミドン　5 J. クザン

図16　1888年6月に撮影されたマラン・プレシが写っている集合写真、横浜天主堂（IRFA）

集会所、遠くに居住する洗礼志願者のための場所などが必要であった(88)。予算不足に我慢できなかったプレシは、堂々たる計画が実施できるよう、日本人の信徒や非信徒からも借金をした。自らの返済能力を遥かに超えた借金であった。だが、これほどの金額を借りることができたのは、プレシにカリスマ性があったからで、彼の言うことに説得力があったためであろう。

フェリックス・ミドン司教は、一八九〇年一一月の書簡で、借金は二六〇〇ドルに上ったことを伝えている(89)。途方もない金額であったに違いない。この書簡に基づいて、借金の詳細を見てみよう。ミドンが司教座に就任する直前、プレシは、一二〇〇ドルの借金をし、一八八八年二月に高知市中島町にある土地とそこにあった建物を購入したようである。おそらく、プレシはこの土地を谷干城を通して見つけたのであろう(90)。ミドンがこの事実を知ったのは上述した一八八八年七月の高知訪問の際である。司教が最初にプレシに命令したのは、一八八八年以前から高知のカトリック教が利用していた桝形町にある建物を売却することであった。そしてプレシに自費で借金の残りを返済することを誓わせた。ただし、プレシは司教の命令に服従するどころか、桝形町の建物を製紙工場に変え、伝道士などを宿泊するためのもう一つの建物を購入したのである。製紙工場に関する詳細は分かっていないが、かなり大きな工場であったようである。誇張されているかもしれないが、中島町カトリック教会百周年の際に刊行された本によれば、この工場には約四〇人が勤めていたという(91)。なお、工場は一八九〇年に倒産している。

プレシはこれらの不動産購入や商取引などが行えるよう、さらに一四〇〇ドルの借金をした。一八九〇年六月、司教はプレシが借金を重ねていることを知る。司教は、どのような制裁を加えたらいい

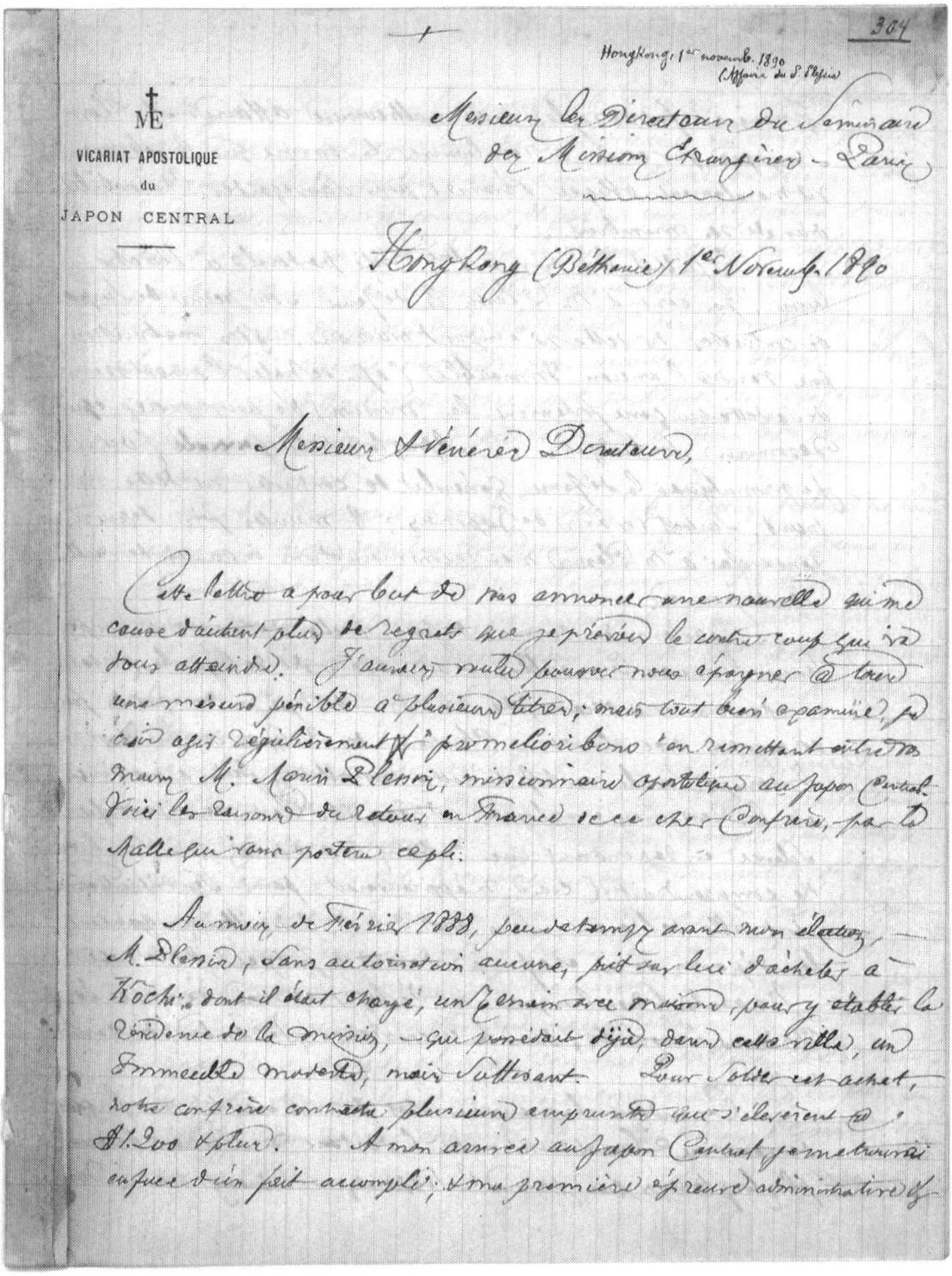

304

Hongkong, 1er novembre 1890 (Affaire du S. Plessis)

M E

VICARIAT APOSTOLIQUE
du
JAPON CENTRAL

Messieurs les Directeurs du Séminaire des Missions Etrangères - Paris

Hongkong (Béthanie) 1er Novembre 1890

Messieurs & vénérés Directeurs,

Cette lettre a pour but de vous annoncer une nouvelle qui me cause d'autant plus de regrets que je prévois le contre coup qui va vous atteindre. J'aurais voulu pouvoir vous épargner de tenir une mesure pénible à plusieurs titres; mais tout bien examiné, je crois agir régulièrement et pro melioribus en remettant entre vos mains M. Marie Plessis, missionnaire apostolique au Japon Central. Voici les raisons du retour en France de ce cher Confrère, par la Malle qui vous portera ce pli:

Au mois de février 1888, peu de temps avant mon élection, M. Plessis, sans autorisation aucune, prit sur lui d'acheter à Kochi, dont il était chargé, un terrain avec maisons, pour y établir la résidence de la mission, qui possédait déjà, dans cette ville, un immeuble modeste, mais suffisant. Pour solder cet achat, notre confrère contracta plusieurs emprunts qui s'élevèrent à $1.200 & plus. A mon arrivée au Japon Central, je me trouvai en face d'un fait accompli; & ma première épreuve administrative f

図 17　フェリックス・ミドンの 1890 年 11 月 1 日の書簡（IRFA）

のか迷った末に、プレシに帰国を命じ、パリ本部の評議会に彼の運命を委ねることにした。そして同年一〇月、プレシは日本を去ったのである。

一八八九年と一八九〇年に書かれたプレシの書簡は現存していないため、帰国の命令にどのように反応したかは不明である。ミドンの一八九〇年一一月の書簡によれば、プレシは自らの過ちを認めつつも、どうしても布教を成功させたかったためさらなる予算が必要であると確信して借金を重ねることになったと主張したという。その後、具体的にどのような形で借金が返済されたかは不明であるが、日本中部代牧区には大きな迷惑をかけたに違いない。結局プレシの無茶な行動が日本中部代牧区の評判を落とし、その存続を危うくさせてしまったのである。

五　エピローグ——プレシの帰国と忘却

本章の目的は二つあった。一つ目は、千提寺村の発見経緯を明らかにすると共に、三年間も続いた古キリシタンと宣教師・伝道士との間の交流を宣教師マラン・プレシに焦点を当てつつ検討することであった。二つ目は、プレシが残した数多くの書簡や彼にまつわる史料などを用いて、明治初期・中期のＭＥＰの布教戦略について考察することであった。

これまで見てきたように、一八八〇年代のＭＥＰの布教対象は、段階的に古キリシタンから「新信徒」へシフトした。古キリシタンはプレシたちの努力にもかかわらず、改宗する見込みはもはやほとんどなかったのである。そのためか、プレシの高知への転属を機に、茨木山間部の布教は中止された。

それから布教の再開まで四〇年以上が経ち、プレシによる千提寺村発見のことは忘れられてしまった。つまり、この忘却の主な原因は布教の失敗に起因するといえる。プレシの後継者たちが布教活動を続けたとしても、改宗の動きがあったかはわからない。確かにプレシはトラブルメーカーではあったが、「復帰」するかしないかは彼個人の問題に帰せられるほど単純な問題ではなかった。周知のように、MEPは長崎県の生月島において長年活動したが、この島の古キリシタンも宣教師の期待に応えることなく、改宗した島民はごくわずかであった[92]。

帰国後のプレシの足取りに光を当てることで、本章を終えることとしたい。第四節で見てきたように、高知でプレシが負った借金の金額は途方もなく、日本中部代牧区の司教は対応に困ってしまった。というのも、当時のMEPの会則一八五条によれば、司教からの許可を受けず、借金をして建物や土地などを購入することは宣教会からの強制退会を招き得る過ちであった一方で、同会則一六八条によれば、強制退会はできるだけ回避し、過ちを犯した宣教師は別の代牧区に転属されるべきであったからである。

それにより困っていたのはミドン司教だけでなかった。南日本代牧のクザン司教と北日本代牧区のピエール＝マリ・オズフ司教（Pierre-Marie Osouf, 一八二九～一九〇六）も同様であったのである。彼らは、将来的に同じような問題が起きないよう何らかの対策を取るべきだと思ったのであろう。一八九〇年三月長崎において、日本最初の司教会議が行われた[93]。司教会議は教義や管理上の問題を話し合うために開かれる会議である。この時点ですでに一八八八年二月にプレシが借金をしたことは知られており、このことが話題に上ったようである。発布された教令には、日本人からの借金や不動産購入に関するものが多く盛り込まれた(94)。

一八九〇年六月にプレシの二回目の借金が発覚した時、ミドン司教の思いはどのようなものであっただろう。彼は、このことがスキャンダルになるのを防ぐためか、密かにプレシに帰国を命令し、司教の仲間であるクザンにさえ知らせなかった。同年一〇月のクザンの書簡に従えば、クザンを含む長崎の宣教師たちは同僚の帰国のことを理由は分からないまま偶然耳にしたようである。健康上の問題があったためプレシはフランスに帰ることになったかもしれないと言っている(95)。むろん、ミドンにとっては、プレシの借金の問題が外に漏れてほしくなかったであろうから、表向きにはプレシの健康状態という理由が使われた可能性が高い。MEPに関する史料収集・保存に深く貢献したアドリアン・ロネ(Adrien Launay, 一八五三〜一九二七)は一九二六年以前に死亡した宣教師たちの伝記を執筆したが(現在、MEPのサイトにて閲覧できる)、それによれば、プレシの帰国の理由は彼の健康状態となっている(96)。

パリ本部評議会の記録には、MEP総長のプロスペール＝ベルナール・デルペシュ(Prosper-Bernard Delpech, 一八二七〜一九〇九)がミドン司教に宛てた一八九〇年一二月二九日の書簡の写しが保管されている(97)。この書簡には、プレシの健康状態に関して一言もなく、借金の問題とこれからのプレシの処遇のことが中心に書かれている。総長の困惑を反映していると考えられるこの書簡の内容を見てみよう。

デルペシュは、プレシの過ちを認めていたとはいえ、強制退会は宣教会の名声を傷つけてしまうのではないかと心配していた。しかし、問題は宣教会の名声だけではなかった。本章の冒頭で述べたように、プレシはアンジェ出身であった。つまり、ＭＥＰに入会する前は、この司教区の神学生であったということになる。もしアンジェの司教がプレシの帰国のせいでＭＥＰに不満を持てば、将来的に、アンジェからパリのＭＥＰ神学校にもう神学生を送らなくなってしまう恐れがあった。それゆえ、可能な限りプレシの帰国を回避すべきであった。上述した会則に沿って、デルペシュはこの書簡でミドン司教にプレシの復任か別の代牧区への転属を許可するよう依頼したのである。しかし、ミドンは、一八九一年四月にパリ本部に届いた書簡で、両方の提案に強く反対した(98)。

筆者が知る限り、パリ本部評議会の議事録には、その後しばらくの間プレシの名前は登場せず、且つ史料館には「プレシの事件」に触れる史料は見当たらない。評議会の記録にプレシの名前が再び現れるのは一八九四年三月である。同年四月二日、プレシの退会が決定されたのである。退会原因は「商業活動」（仏、entreprises commerciales）であるが、これ以上の説明はされていない(99)。また評議会がプレシに借金の返済を要求した形跡はない。なぜ、評議会がこうした判断を下すため三年間もかけたのかは不明であるが、当面会則を適用せず、判断を遅らせることで、ＭＥＰの評判を保とうとしたのではないかと推測できる。帰国後のプレシは六年以上いわゆる「健康の回復のため」という名目のもとフランス西部に留まることになり、彼自身もこのことに抗議はしなかったようである。一文なしであった彼はおとなしく控え目に行動せざるを得なかったのかもしれない。

プレシの退会の三年後、日本における半世紀のＭＥＰの活動を褒め称えるマルナスの著書が刊行された。邦訳もあり、研究者に広く読まれているものである(100)。司祭であったマルナスは明治中期に数回日本を訪問した。少なくとも一八九〇年五月の京都の聖ザビエル天主堂の献堂式の際、プレシに出

図 18　千提寺村のカトリック信徒と一緒に写っているビローの写真、昭和初期頃（Archives des Œuvres pontificales missionnaires, Lyon）

会っている。[101] しかし、著書にはプレシに関する記述が少なく、それらもかなり否定的である。一例を挙げれば、千提寺村の発見についての記述があり、ここに一八八〇年一月のプレシの書簡が利用されたことは明白であるが、村名は明記されておらず、発見自体が「大したものではなかった」（仏、sa découverte eut en réalité peu d'importance）と書かれている。[102] 著者は、別の箇所では、一八六九年に過度に寺院の住職を挑発したとプレシの行動を非難している。[103]

筆者が知る限り、それ以降のＭＥＰ関係の刊行物にはプレシの名前は出てこない。最も驚くべきことは、一九二三年から千提寺地区の布教を担当した上述のビローがプレシの発見を認識していなかったことである。例えば、一九二四年に茨木山間部の古キリシタンを紹介した『公教家庭の友』の四九号は、ビローが情報提供したと考えられるが、そこにプレシの名前と千提寺村の発見は記さ

れていない。(104)

明治になつて天主公教の宣教師が再び渡来して大阪にも在留するやうになつたので、高山右近の昔の領地高槻には、まだ信者の子孫が残つて居るか、可《ど》うかと云ふ事も調べたさうだが更に分らなかつた。

図19　ヴィリヨンと中谷イトが写っている写真、1925年頃（IRFA）

一九二四年の時点で、千提寺村の再発見を扱ったフランス語の出版物にはプレシの発見について触れたものは一切ない。例えば、一九二四年一二月、高知でプレシと一緒に一年以上活動したデュッツは *Bulletin de la Société des Missions étrangères de Paris*（パリ外国宣教会会報誌）に茨木山間部に住む古キリシタンの大正期の発見に関する論文を投稿したが、そこに「先輩」についての記述は一つもない。(105) ただし、それは意図的ではなかった。三年後、デュッツはキリシタン時代の高槻をテーマとする冊子を上梓している。この冊子にはプレシの発見が明記されているが、村名が挙げられていない。(106) 著者がマルナスの著書の記述に従ったためであろう。プレシの信頼を得ていたヴィリヨンも回想録や多くの論文を残しているが、その中で一八七九年の

図20　サント＝ラデゴンド教会（ラモス撮影）

発見には触れていない。なお、ヴィリヨンは一九二〇年代半ばに千提寺村を訪ね、その際、中谷イトという古キリシタンと一緒に写真を撮ってもらっている。以上のように、MEPの中ではプレシの存在はほとんど忘れ去られたかのようなのである。

このことはプレシの強制退会とそれ以降の彼の控えめな生活に起因しているのであろう。筆者は帰国後のプレシの足跡を辿ろうとしたが、見つかったのはごくわずかな史料だけであった。既述したように、プレシは一八九七年にトゥールの近くにあるエペニエ＝シュル＝デーム村（Épeigné-sur-Dême）の主任司祭となっている。トゥールの大司教は書簡を通して同年五月にアンドル＝エ＝ロワール県の県令にそのことを知らせている。その書簡が現存している。[107] それによれば、病気であったプレシは一八九〇年一二月から一年半の間、親戚と一緒にラ・プエズ（La Pouëze）の故郷で暮らしてから、一八九七年の任命までトゥールの付近にあるサント＝ラデゴンド（Sainte-Radegonde）教会に隠遁していた。この教会の主任司祭はアンリ・ムセ（Henri Moussé, 一八四三〜一九二〇）であり、[108] 彼の名前はプレシの書簡に散見される。寄付をすることでプレシの活動を支援していたようである。[109]

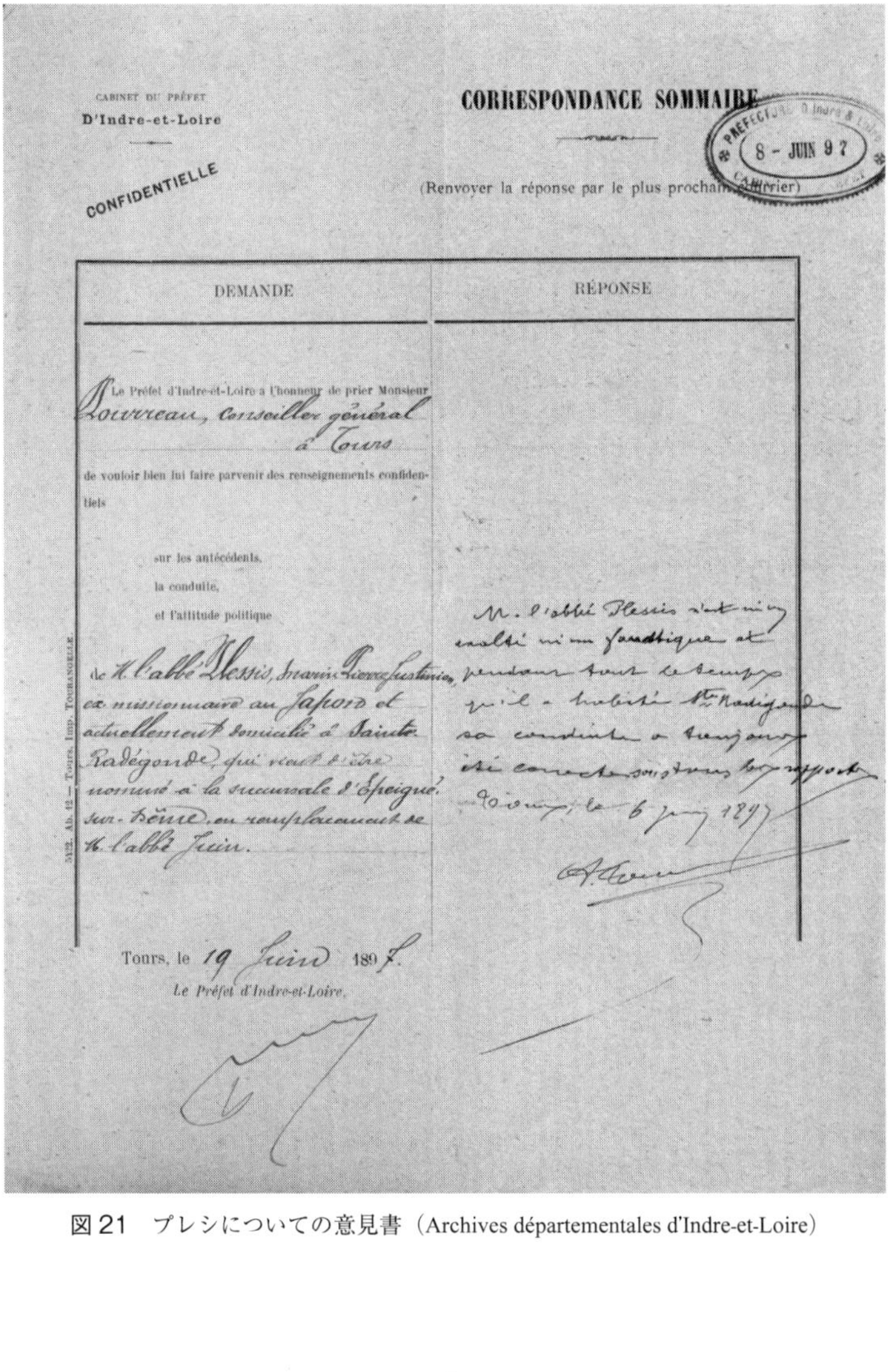

図 21　プレシについての意見書（Archives départementales d'Indre-et-Loire）

図22　サン＝テティエンヌ、エペニエ＝シュル＝デーム村の教会（ラモス撮影）

一八九七年六月、アンドル＝エ＝ロワール県の県令は部下にプレシについての簡略的な意見書を求めた(110)。当時のフランス共和国は政教分離と世俗化を推し進め、県令が新任のカトリック教会の聖職者の政治信条について調べるのは一つの慣例であった。この意見書は、プレシは「熱狂的・狂信的」ではないと述べている（仏、ni un exalté, ni un fanatique）。つまり、説教で共和政を攻撃してトラブルを起こしそうな聖職者としては見られていなかったということである。*La semaine religieuse du diocèse de Tours* というトゥール大司教区の週刊紙に掲載された死亡広告以外(111)、大司教区の史料館とアンドル＝エ＝ロワール県史料館にはエペニエ＝シュル＝デーム村におけるプレシの活動についての史料は残っていない。特筆すべき事件がなかったのであろう。

茨木山間部の古キリシタンを発見し、高知で谷干城のような明治期の有力者と交際したプレシは、一九〇八年一二月二九日に約四〇〇人が暮らしていたこのフランス西部の小村で静かにその生涯を閉じたのである。

註

（1）大正期の発見の学問的インパクトに関しては、高木博志の研究（本書の高木担当の章）を参照。他に、「一九二〇年、茨木キリシタン遺物の発見」、松沢裕作編『近代日本のヒストリオグラフィー』山川出版社、二〇一五年、一八三〜二〇九頁を参照のこと。遺物の網羅的な紹介については、桑野梓の研究（本書の桑野担当の章）を参照。他に、茨木市教育委員会『茨木のキリシタン遺物――信仰を捧げた人びと』茨木市教育委員会、二〇一八年を参照のこと。

（2）Archives des Missions étrangères de Paris（以下 AMEP）, vol. 570, fol. 1888-1892（一八八〇年一月二〇日の書簡）。既発表の邦訳は以下を参照。マルタン・ノゲラ・ラモス（書簡の邦訳　坂口周輔）「茨木・千提寺の隠れキリシタン初発見――一八八〇年のマラン・プレシ神父の書簡（翻刻・邦訳・解題）」『人文学報』一二〇号、二〇二三年、二〇五〜二二三頁。

（3）古キリシタンからカトリックへの移行した信徒の認識に関しては、Martin Nogueira Ramos, *La foi des ancêtres. Chrétiens cachés et catholiques dans la société villageoise japonaise (XVIIe-XIXe siècles)*, CNRS éditions, 2019 の第四章を参照。

（4）三好千春『時の階段を下りながら――近現代日本カトリック教会史序説』オリエンス宗教研究所、二〇二一年、二一〜二二頁。

（5）牧野元紀「パリ外国宣教会によるキリシタン「発見」の予見――琉球・朝鮮・ベトナム・中国における日本再布教への布石」、大橋幸泰編『近世日本のキリシタンと異文化交流』勉誠社、二〇二三年、一三四〜一五九頁。

（6）小俣ラポー日登美『殉教の日本――近世ヨーロッパにおける宣教のレトリック』名古屋大学出版会、二〇二三年。

（7）明治初期・中期の南日本代牧区の布教の歴史に関しては、Joseph L. Van Hecken, *Un siècle de vie catholique au Japon : 1859-1959*, The Committee of the Apostolate, 1960 の第一章を参照。

（8）前掲注（4）三好著書、四九頁。
（9）今村と善長谷の事例については、前掲注（3）Nogueira Ramos 著書 , pp. 341-345.
（10）前掲注（4）三好著書、二四～二六頁。
（11）前掲注（4）三好著書、三〇～三一頁。
（12）Francisque Marnas, *La « Religion de Jésus » (Iaso Ja-kyō) ressuscitée au Japon dans la seconde moitié du* XIXe *siècle*, Delhomme et Briguet, 1897, Tome 2, p. 451.［フランシスク・マルナス（久野桂一郎訳）『日本キリスト教復活史』みすず書房、一九八五年、五三二～五三三頁］。
（13）AMEP, Dossier de Marin Plessis (n. 951/01), 一八六八年七月六日付の書簡（発信地・長崎）。
（14）AMEP, Dossier de Marin Plessis (n. 951/01), 一八六九年一月五日付の書簡（発信地・神戸）。本章におけるフランス語書簡の邦訳は、坂口周輔によるものである。
（15）AMEP, Dossier de Marin Plessis (n. 951/01), 一八六九年六月一四日付、七月一五日付、九月一二日付、一〇月八日付の書簡（発信地・大阪）。
（16）AMEP, Dossier de Marin Plessis (n. 951/01), 一八七三年の書簡か（発信地・函館）。
（17）前掲注（12）Marnas 著書 , pp. 363-364（前掲注（12）マルナス著書、四八七頁）。
（18）AMEP, vol. 570, fol. 1691-1693 および fol. 1694-1695（一八七九年二月一七日付の書簡）。
（19）「切支丹遺跡の夕 A三島郡」『大阪朝日新聞』昭和七年八月二〇日、五頁。
（20）「三島郡高槻切支丹の遺蹟に就いて」『公教家庭の友』五三号、大正一三年五月一日、二六～二八頁。
（21）藤波大超「吉利支丹遺物発見の動機及び行事について」『歴史と地理』第一二巻・第三号、一九二三年、三一三頁。
（22）奥野慶治『綜合清渓村史』清渓尋常高等小学校、一九三五年、三六頁。
（23）大刀洗町教育委員会編『邪宗門一件口書帳』大刀洗町文化財調査報告書、二〇一五年、八頁。
（24）久米雅雄「「千提寺・下音羽の吉利支丹遺物」と崇拝の方式および信仰組織の復原」、大阪府文化財調査研究

センター編『彩都（国際文化公園都市）周辺地域の歴史・文化総合調査報告書』一九九九年、三九七～四八二頁。
（25）「聖きロザリオの月と千提寺切支丹の子孫」『公教家庭の友』五八号、大正一三年一〇月一日、一～四頁。
（26）中園成生『かくれキリシタンの起源――信仰と信者の実相』弦書房、二〇一八年、一一九～一三二頁。
（27）「摂津高槻の切支丹の事跡（二）」『公教家庭の友』五二号、大正一三年四月一日、一六～一八頁。
（28）前掲注（3）Nogueira Ramos 著書の第四章。
（29）前掲注（3）Nogueira Ramos 著書 , pp. 205-221.
（30）AMEP, Dossier de Joseph Birraux (n. 1891/01), Brève notice nécrologique du Rév. Père J. Birraux.
（31）前掲注（4）三好著書、三六～四二頁。
（32）AMEP, Dossier de Marin Plessis (n. 951/01), 日付なし（一八八一年二～三月頃か）の書簡B（発信地・大阪か）。
（33）AMEP, Dossier de Marin Plessis (n. 951/01), 日付なし（一八八一年二～三月頃か）の書簡A（発信地・大阪か）。
（34）前掲注（22）奥野著書、一三二頁。
（35）青木佐次郎については、ヨハネ・スクルース「初期大阪司教区の伝道者達（Ⅷ）」『聲』一三三二号、一九九一年、五七～六〇頁および「通信」『公教家庭の友』七一号、大正一四年一一月一日、三四～三五頁を参照。
（36）AMEP, vol. 570, fol. 2528-2529（一八八二年四月二八日付の書簡）。
（37）AMEP, Dossier de Marin Plessis (n. 951/01), 日付なし（一八八一年二～三月頃か）の書簡A（発信地・大阪か）。
（38）前掲注（3）Nogueira Ramos 著書 , pp. 208-210.
（39）AMEP, vol. 572A, Compte-rendu de la mission pour l'exercice 1923-1924 (document n. 75).
（40）前掲注（21）藤波論文、三一一～三一三頁。
（41）前掲注（22）奥野著書、一三二頁。
（42）「切支丹遺跡の夕 B」『大阪朝日新聞』昭和七年八月二一日、五頁。
（43）AMEP, Dossier de Marin Plessis (n. 951/01), 一八七六年八月一六日の書簡（発信地・大阪か）。

(44) AMEP, vol. 570, fol. 2350-2357（一八八一年六月一日付の書簡）。
(45) Félix Evrard & Edmond Papinot, *Liste des ouvrages publiés par les missionnaires des Missions-étrangères au japon et par les prêtres japonais*, Imprimerie Lafolye Frères, 1917, p. 4.
(46) AMEP, Dossier de Marin Plessis (n. 951/01), 一八八二年一月二九日の書簡（発信地・大阪）。
(47) AMEP, vol. 570, fol. 1411-1414（一八七七年四月二八日付の書簡）。
(48) AMEP, Dossier de Marin Plessis (n. 951/01), 一八八七年一二月二九日の書簡（発信地・高知）。
(49) AMEP, Dossier de Jules Cousin (n. 902/01), 一八八一年三月一一日の書簡（発信地・大阪か）。
(50) AMEP, Dossier de Marin Plessis (n. 951/01), 一八七六年一月二三日の書簡（発信地・大阪か）。
(51) AMEP, Dossier de Marin Plessis (n. 951/01), 一八八七年一二月三〇日の書簡（発信地・高知）。
(52) AMEP, Dossier de Marin Plessis (n. 951/01), 一八八七年五月二九日の書簡 [Fête de Notre-Dame auxiliatrice]（発信地・高知）。
(53) AMEP, vol. 570, fol. 2896-2897（一八八三年九月三日の書簡）。
(54) 板垣退助に関しては、中元崇智『板垣退助――自由民権指導者の実像』中央公論新社、二〇二〇年を参照。
(55) AMEP, vol. 570, fol. 2913-2924（一八八三年九月二二日の書簡）。
(56) AMEP, Dossier de Marin Plessis (n. 951/01), 一八八七年一二月一三日の書簡（発信地・高知）。
(57) 高知県人名事典新版刊行委員会『高知県人名事典』高知新聞社、一九九九年、一九頁。
(58) 小林和幸『谷干城――憂国の明治人』中央公論新社、二〇一一年。
(59) AMEP, Dossier de Marin Plessis (n. 951/01), 一八八七年一二月一三日の書簡（発信地・高知）。
(60)「海南学校」『土陽新聞』明治二〇年一一月九日。
(61) 日本史籍協会編『谷干城遺稿　二』東京大学出版会、一九一二年、八五三～八五四頁。
(62) 中島町小教区百年誌編集委員会編『わたしたちの小教区――中島町カトリック教会百年のあゆみ』中島カト

リック教会、一九八二年、三七頁。
(63) 郭南燕『ザビエルの夢を紡ぐ――近代宣教師たちの日本語文学』平凡社、二〇一八年、第三章。
(64) 前掲注(61)日本史籍協会編著書、六八八～六八九頁。
(65) 「天主教溝談」『土陽新聞』明治二一年七月一〇日。
(66) 「天主教講談」『土陽新聞』明治二一年七月一二日。
(67) AMEP, vol. 572, fol. 18-58, Compte-rendu de la mission pour l'exercice 1887-1888.
(68) AMEP, vol. 570, fol. 2593-2594(一八八二年八月二四日の書簡)および AMEP, Dossier de Marin Plessis (n. 951/01), 一八八二年一〇月二四日の書簡(発信地・神戸)。
(69) AMEP, vol. 570, fol. 2913-2924(一八八三年九月二二日の書簡)。
(70) AMEP, Dossier de Marin Plessis (n. 951/01), 一八八一年三月一五日の書簡(発信地・大阪)。
(71) AMEP, Dossier de Marin Plessis (n. 951/01), 一八八二年一月二九日の書簡(発信地・大阪)。
(72) AMEP, Dossier de Jules Cousin (n. 902/01), 一八八二年一〇月二五日の書簡(発信地・大阪か)。
(73) Pierre Pierrard, *La Vie quotidienne du prêtre français au XIXe siècle : 1801-1905*, Hachette, 1986, p. 175.
(74) AMEP, vol. 570, fol. 2593-2594(一八八二年八月二四日の書簡)。
(75) AMEP, vol. 570, fol. 3232-3233(一八八四年一〇月一三日の書簡)。
(76) AMEP, vol. 570, fol. 3265-3271(一八八四年一〇月一三日の書簡)。
(77) AMEP, vol. 570, fol. 3234-3235(一八八四年一〇月一一日の書簡)。
(78) AMEP, vol. 571, fol. 5(一八八五年一月二四日の書簡)。
(79) AMEP, vol. 571, fol. 437-442(一八八七年六月一四日の書簡)。
(80) AMEP, Dossier de Marin Plessis (n. 951/01), 一八七五年七月二〇日の書簡(発信地・大阪)。
(81) AMEP, vol. 570, fol. 1037-1040(一八七六年一月二一日の書簡)。

（82）AMEP, Dossier de Jules Cousin (n. 902/01), 一八七八年八月二九日の書簡（発信地・大阪）。
（83）AMEP, Dossier de Jules Cousin (n. 902/01), 一八八三年五月二二日の書簡（発信地・大阪）。
（84）AMEP, Dossier de Jules Cousin (n. 902/01), 一八八五年二月九日の書簡（発信地・大阪）。
（85）AMEP, Dossier de Marin Plessis (n. 951/01), 一八八五年八月四日の書簡（発信地・高知）。
（86）長崎でのロケーニュによる厳格主義的な布教に反対する宣教師は多かった。この点に関しては、拙稿を参照。「長崎地方におけるカトリック信徒・非カトリック信徒関係の諸相――『日本習俗に関するロケーニュ師の手記』（一八八〇年頃）を中心に」、大橋幸泰編『近世日本のキリシタンと異文化交流』勉誠社、二〇二三年、二二八～二五一頁を参照のこと。
（87）アメデ・サルモン（Amédée Salmon、一八四五～一九一九）は激しい言葉でクザンの選出に反対している。AMEP, vol. 570, fol. 3213-3214（一八八四年一〇月八日の書簡）。
（88）AMEP, Dossier de Marin Plessis (n. 951/01), 一八八六年一〇月一六日の書簡（発信地・高知）。
（89）AMEP, vol. 572, fol. 304-309（一八九〇年一一月一日の書簡）。
（90）AMEP, Dossier de Marin Plessis (n. 951/01), 一八八七年一二月一三日の書簡（発信地・高知）。
（91）前掲注（62）中島町小教区百年誌編集委員会編著書、三六頁。
（92）前掲注（26）中園著書、六八頁。
（93）前掲注（4）三好著書、六九～七五頁。
（94）*Acta et Decreta primae Synodi Regionalis Japoniæ et Coreæ Nagasaki habitæ A.D. 1890*, Typis Societatis Missionum ad Exteros, 1893, pp. 110-112.
（95）AMEP, Dossier de Jules Cousin (n. 902/01), 一八九〇年一〇月二一日の書簡（発信地・長崎）。
（96）https://irfa.paris/missionnaire/0951-plessis-marin/　二〇二四年六月三日アクセス。
（97）Série A : Archives anciennes, 1A : Gouvernance et administration, 1A03 : Conseil, 69B : 1888-1895, 一八九〇年一二

月二九日（書簡の写し）。

(98) Série A : Archives anciennes, 1A : Gouvernance et administration, 1A03 : Conseil, 82-89D : 1814-1921, Assemblées : procès-verbaux, 一八九一年四月六日の会議の議事録。

(99) Série A : Archives anciennes, 1A : Gouvernance et administration, 1A03 : Conseil, 82-89D : 1814-1921, Assemblées : procès-verbaux, 一八九四年三月一九日および同年四月二日の会議の議事録。

(100) 前掲注（12）マルナス著書。

(101) Aimé Villion, *Cinquante ans d'apostolat au Japon*, Imprimerie de la Société des Missions-étrangères, 1923, p. 347.

(102) 前掲注（12）Marnas 著書 , p. 411（前掲注（12）マルナス著書、五一七頁）。

(103) 前掲注（12）Marnas 著書 , p. 157（前掲注（12）マルナス著書、三九三頁）。

(104) 「摂州高槻の切支丹の事蹟」『公教家庭の友』四九号、大正一三年一月一日、二〇～二四頁。

(105) Jean-Baptiste Duthu, "Découverte de descendants d'anciens chrétiens dans le diocèse d'Osaka (Japon)," *Bulletin de la Société des Missions étrangères de Paris*, 3e année, n. 36 (décembre 1924), pp. 749-750.

(106) Jean-Baptiste Duthu, *Takatsuki, une chrétienté du XVIe siècle au japon*, Xaveriana, 1927, pp. 21-23.

(107) Archives départementales d'Indre-et-Loire, Série 1 V 13 (Curés, desservants et vicaires, agrément individuel) : トゥール大司教の書簡（一八九七年五月一八日）。

(108) "Décès dans le clergé," *La Semaine religieuse du diocèse de Tours*, 26 mars 1920.

(109) AMEP, Dossier de Marin Plessis (n. 951/01), 日付なし（一八八一年二～三月頃か）の書簡Ａ（発信地・大阪か）および一八八二年二月二四日の書簡（発信地・大阪）。

(110) Archives départementales d'Indre-et-Loire, Série 1 V 13 (Curés, desservants et vicaires, agrément individuel) : プレシに関する意見書（一八九七年六月一九日）。

(111) "Nécrologie : M. Plessis, curé d'Épeigné-sur-Dême," *La Semaine religieuse du diocèse de Tours*, 15 janvier 1909.

謝辞　本章の執筆にあたり、内容や日本語の表現に関して多くの助言を頂いた岸本恵実教授（大阪大学人文学研究科）および谷干城と高知の近代史について種々のご教示を頂いた小林和幸教授（青山学院大学文学部）と筒井秀一館長（高知市立自由民権記念館）に謝意を表したい。

第三章　茨木キリシタン遺物からみる「発見」とその後

桑野　梓

一　所有家ごとにみるキリシタン遺物

キリシタンの存在が確認された、大阪府茨木市の千提寺・下音羽地区は、北摂の山間部に位置し、北は京都府亀岡市と接する、のどかな緑の風景が広がる地域である。ここでキリシタン遺物が発見されたのは大正九年（一九二〇）。隠されてきた遺物の点数の多さと、類まれなる美しさは、国内外から注目を集めた。当時の千提寺・下音羽地区には、研究者、新聞社、教会関係者、古物商など、多くの人々が来訪したことが、発見された旧家に保存されている芳名録などからも判明する。(1)

さて、茨木のキリシタンも、よく知られる長崎のキリシタンなどと同様に、徳川幕府による禁教令発布後、弾圧と取締りが強化されていくなかで、信仰を守りつづけ、独特の信仰形態を作り上げていったと考えられている。

茨木のキリシタンについては、現在のところ大規模な弾圧があっただとか、人々が多く処刑された

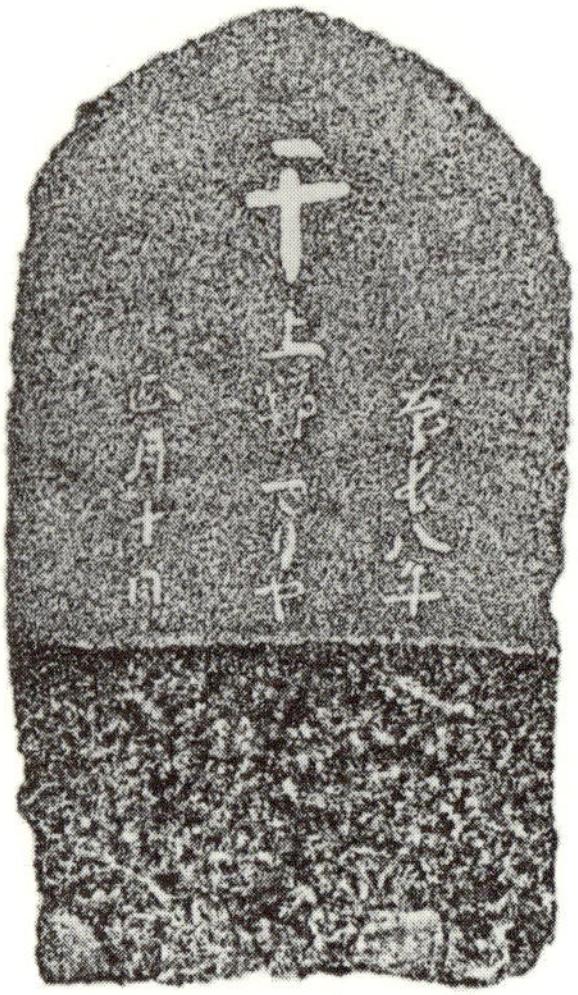

図1　上野マリヤ銘墓碑（拓本）（個人蔵・茨木市寄託）

だとか、そのような具体的資料はみつかっていない。しかし、多くのキリシタンがかつてこの地に存在し、その信仰が長い禁教時代に絶えたこともあったであろう。大正時代のキリシタン遺物発見のエピソードは、この地におけるキリシタンの存在に関する長きにわたる噂もしくは黙認なくしてはあり得なかっただろうし、また、役人による検死に際しての話など、隠れキリシタンの女性が語った逸話が残されていることも事実である。茨木のキリシタンもまた発覚を恐れながら、信仰生活を送っていたのかもしれない。

　ここで改めて発見の経緯と発見されたキリシタン遺物について紹介したい。契機となったのは、茨木市千提寺地区の「寺山」という小さな山の平地にあった「上野マリヤ」銘墓碑（図1）の発見である。発見当時、地元の小学校教諭であった藤波大超《ふじなみだいちょう》（一八九四～一九九三）は、千提寺在住の東藤次郎《ひがしとうじろう》（一八六一～一九四二）に協力を求め、ついに、寺山にあるひとつの石を教えられた。この石には慶長八年（一六〇三）の年号、「上野マリヤ」銘、そして「二支十字」（十字架の上に罪標が付けられているかたちをあらわす。干十字ともいう）が刻まれていた。藤波が「『在った、在った』と手を打って」[2]喜んだ、キリシタン遺物発見の瞬間である。[3]

　この発見ののち、藤波の熱心な説得により、東家のあけずの櫃（図2）が開かれることになる。大正九年（一九二〇）九月二六日、藤波とその兄弟（兄か弟か）[4]、義兄であり仏教学者の橋川正《ただす》（一八九四～一九三二）が同席する中、東藤次郎はあけずの櫃を物置の隅から取り出してきた。

　あけずの櫃からは、教科書などにも掲載される、よく知られた「聖フランシスコ・ザビエル像」（図3、口絵1）（国指定重要文化財・神戸市立博物館蔵）や、マリアとイエスの一五のエピソードを描いた「マリア十五玄義図」（大阪府指定有形文化財）（図4、口絵2）、メダイ八点（図5、6）、そのメダイを収納していた容器二点（図7、8）、象牙製かとも言われる悲しい表情のマリア像一点（図9）、

図2　あけずの櫃（個人蔵・茨木市寄託）

図3　聖フランシスコ・ザビエル像（神戸市立博物館蔵）

図７　メダイ容器（ペンダント形）（個人蔵・茨木市寄託）

図８　メダイ容器（印籠型）（個人蔵・茨木市寄託）

図４　マリア十五玄義図（個人蔵・茨木市寄託）

図５　メダイＡ（個人蔵・茨木市寄託）

図６　メダイＢ（個人蔵・茨木市寄託）

図９　マリア彫像

図10　天使讃仰図のうち「洗礼」

図11　殉教者像

（以上個人蔵・茨木市寄託）

京都帝国大学の新村出《しんむらいずる》（一八七六～一九六七）によって名づけられた「天使讃仰図」のうち「洗礼」を描いた銅版画一点（図10）、竹の軸が取り付けられていた彩色画で、頭部が欠失している「殉教者像」一点（図11）、青銅製の筒に入れられていた木製キリスト磔刑像一軀（図12）、椀の蓋（蒔絵十字に水草文付）一点（図13）（以上、茨木市指定有形文化財）、キリシタン宗門に必要な儀式、祈祷文などが記されている「吉利支丹抄物」一冊（図14）などもこの時にみつかっている。現在、この「吉利支丹抄物」とそこに挟まっていた銅版画一点、メダイ一点が所在不明になっている。東家では当時計二〇点（容器含む）の遺物が発見されている。発見から五日後には『大阪毎日新聞』で報道され、世に知られることになった。

先の開封に立ち会った橋川は当時、京都帝国大学の依託生であり、発見の情報を同大学の言語学者であり、キリシタン文献の考証などで功績をのこした新村に伝え、また新村も考古学者の濱田耕作（号は青陵。一

図 12　キリスト磔刑像及び青銅製筒（個人蔵）

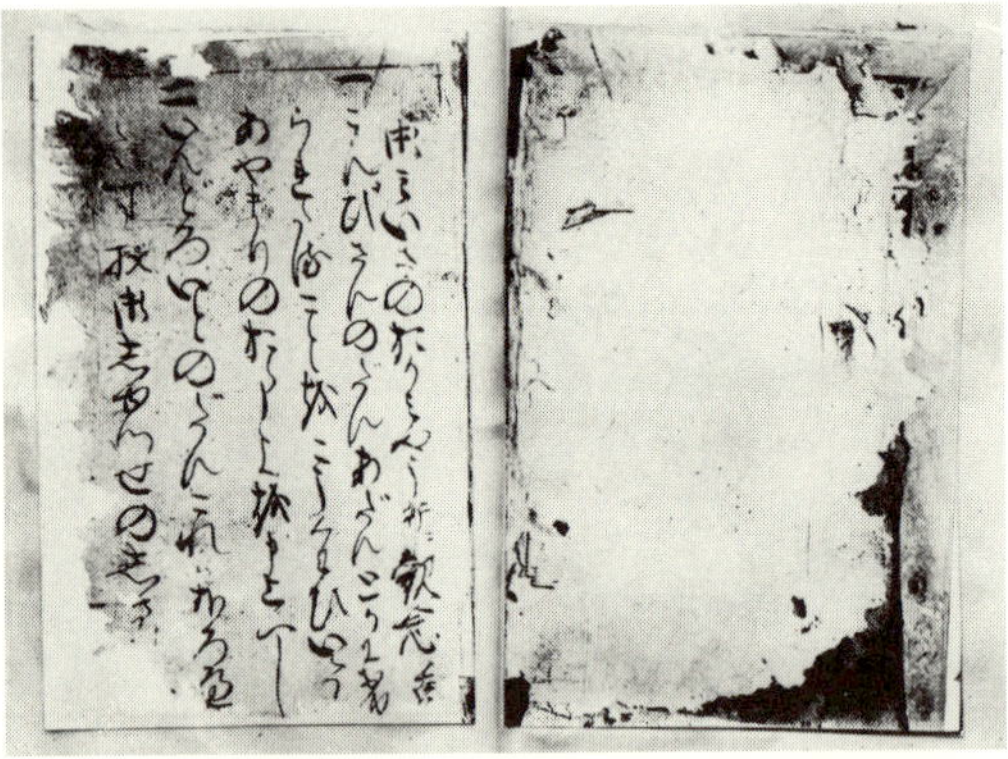

図 14　吉利支丹抄物

図 13　椀の蓋
（個人蔵・茨木市寄託）

八八一～一九三八）とともに、大正一〇年（一九二一）四月に東家を訪れ、実査している。[5] その際の成果は大正一二年（一九二三）に、『京都帝国大学文学部考古学研究報告』第七冊となって刊行された。[6] この時初めて東家の遺物が写真付きで網羅的に紹介された。

大正一四年（一九二五）五月には、京都帝国大学内において当時の皇太子（昭和天皇）がキリシタン遺物八点を台覧した。解説は「日本近世天主教の遺物」と題して新村が行った。資料によれば、所有者四名と村長、藤波などが当日招待されている。この台覧によって、その価値と重要性は広く認知されたといえる。

茨木のキリシタン遺物発見の経緯について話を戻すと、東家の遺物発見後、大正一一年（一九二二）、東家と同地区である千提寺の中谷《なかたに》源之助家、中谷仙之助家から、さらに同地区から北へ二・五キロメートルほどいった下音羽地区の大神《おおがみ》家からもキリシタン遺物が発見された。中谷仙之助家子孫である中谷茂の『潜伏キリシタンの遺宝』によれば、「(茂の) 幼年時代、泉原の小学校教諭、郷土史家である、奥野慶治《よしはる》（一九〇一～一九四九）が、夜、再三、来訪され、夜明迄かかり父に懇願されていた事を覚えている」と記している。[7] 茨木のキリシタン遺物の発見者と言えるのは、藤波大超と、奥野慶治の二人である。しかしながら、奥野が早逝したこと、藤波が茨木市立キリシタン遺物史料館館長を務めるなど、長きにわたって茨木のキリシタンの普及啓発に関わってきたことなどから、奥野の存在は地元を除いて忘れられてきた。近年、高木博志が新修茨木市史の編さんの中で改めて奥野について取り上げたことで、それぞれの遺物発見者が明らかとなった。[8] 奥野は著書『綜合清溪《きよたに》村史』の中で「大正十一年一月著者は中谷源之助方にて、聖母マリヤ図外四点、中谷繁蔵にてギヤ・ド・ペカドル外十二点、下音羽大神金十郎にて耶蘇磔形象牙彫像外四点を相次で発見」したと述べている。(9) 奥野については後述する。

中谷源之助家では、銅板に描かれた聖母子像（厨子入）一点（図15）と、金属製のキリスト磔刑十

図 15　聖母子像（個人蔵）

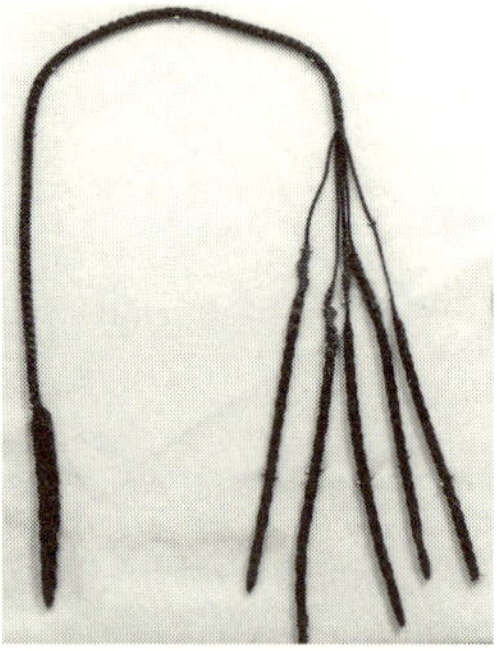

図 17　ジシピリナ（個人蔵）

図 16　キリスト磔刑像（個人蔵）

図 18　布袋（個人蔵）

字架が一点（図16）、ジシピリナ[10]一点（図17）、小さな布袋（図18）、そして聖母子像の厨子の間に入っていたという「ほろひんしあ」と呼ばれる書簡断簡[11]四点（図19）がみつかっている（以上、茨木市指定有形文化財）。

中谷仙之助家では、鋳造の上彩色が施されたロレータ聖母子像（厨子入）（図20）（茨木市指定有形文化財）や、銅板に油彩で描かれる救世主像（厨子入）（図21）（東京大学総合図書館蔵）、教義書の「どちりいなきりしたん」（図22）「ぎやどぺかどる」（図23）の各写本、メダイ四点・メダイ容器二点・十字架一点（図24）、ジシピリナ三点・念珠（ロザリオ）三（四）点（図25）、磔刑像一（二）点（図26）などが見つかっている[12]。数としては、東家とさして変わらない大量の遺物が発見されている。しかし、昭和六年（一九三一）ころに東京帝国大学へ売却しており、その際数点の遺物が所在不明となったままである[13]。

下音羽の大神金十郎家では、厨子に入った象牙製かと考えられるキリスト磔刑像（大阪府指定有形文化財）が一軀（図27）、念珠（ロザリオ）一点（図28）、木製の十字架一点（図29）、東家の「天使讃《さん》仰《ぎょう》図」と一連のシリーズであることが判明した「主禱」「堅信」「品級」「聖体」「婚姻」の五枚の銅版画（図30～34）がみつかっている。一連のシリーズは表紙に「七秘跡と七美徳がある主の祈りの七請願」と題されており、本図はマテウス・グロイター（Matthäus Greuter, 一五六四／六六～一六三八）によって一五九八年にリヨンで制作された八枚組の版に依拠していることがすでに指摘されている[14]。本図もグロイター周辺で制作されたものであろう。茨木では東家の一枚、大神家の五枚を合わせて六枚現存しており二枚欠落している。

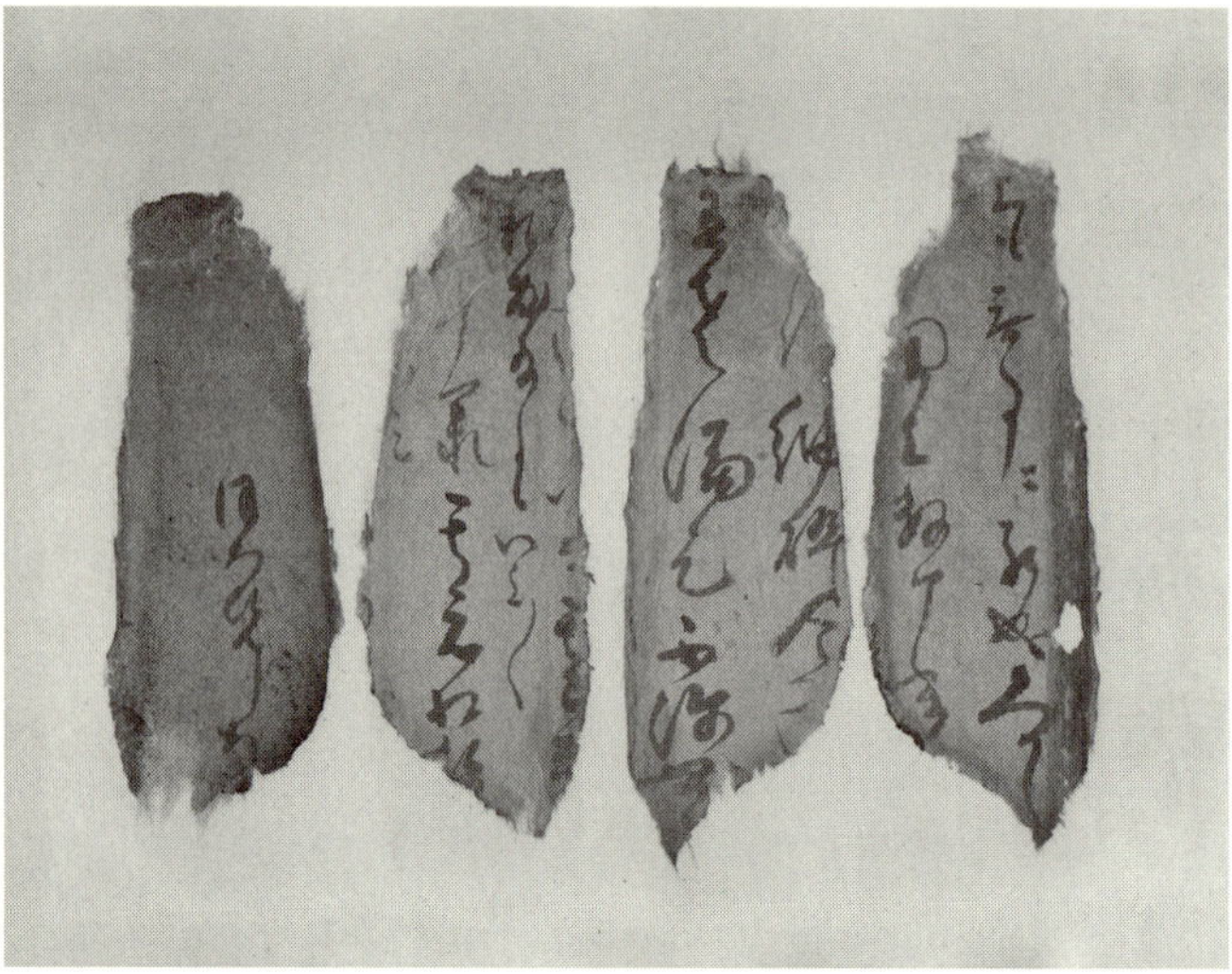

図 19　書簡断簡（個人蔵）

図 20　ロレータ聖母子像（個人蔵）

図21　救世主像（東京大学総合図書館蔵）

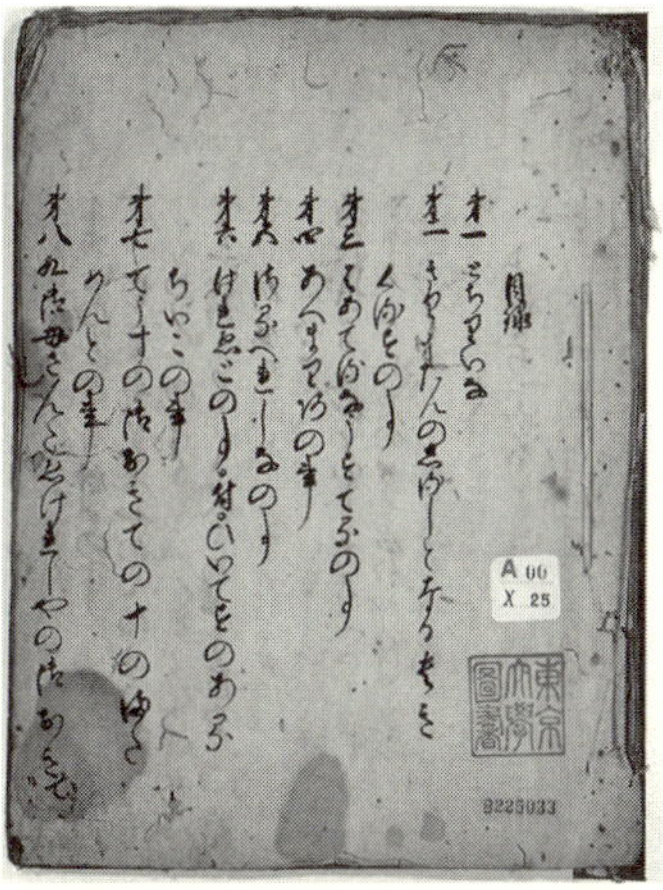

図22　どちりいなきりしたん（東京大学総合図書館蔵）

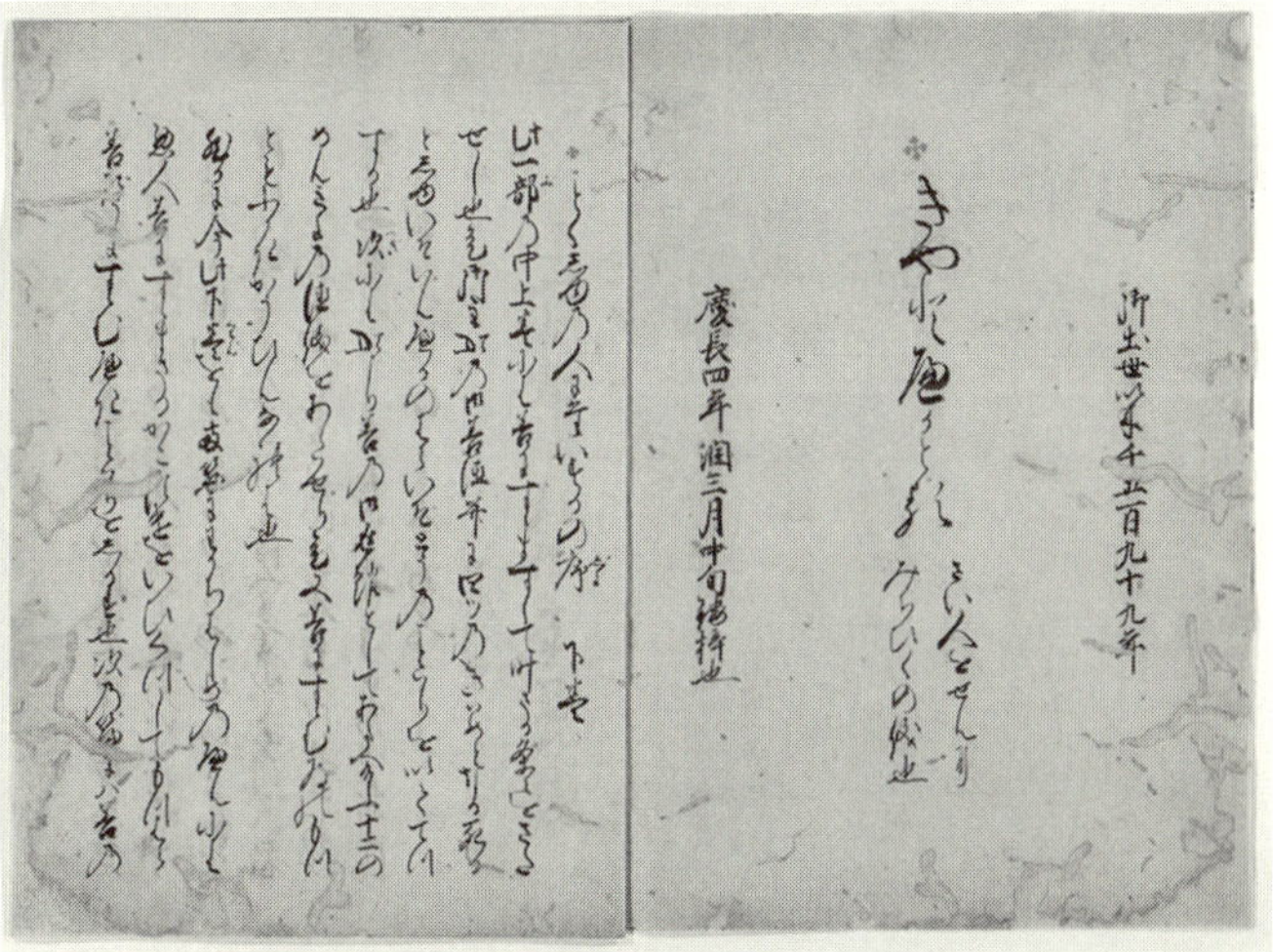

図23　ぎやどぺかどる（東京大学総合図書館蔵）

図24　メダイ・メダイ容器・十字架

図25　ジシピリナ・念珠（ロザリオ）

図26　キリスト磔刑像

図 28　念珠（ロザリオ）
（個人蔵・茨木市寄託）

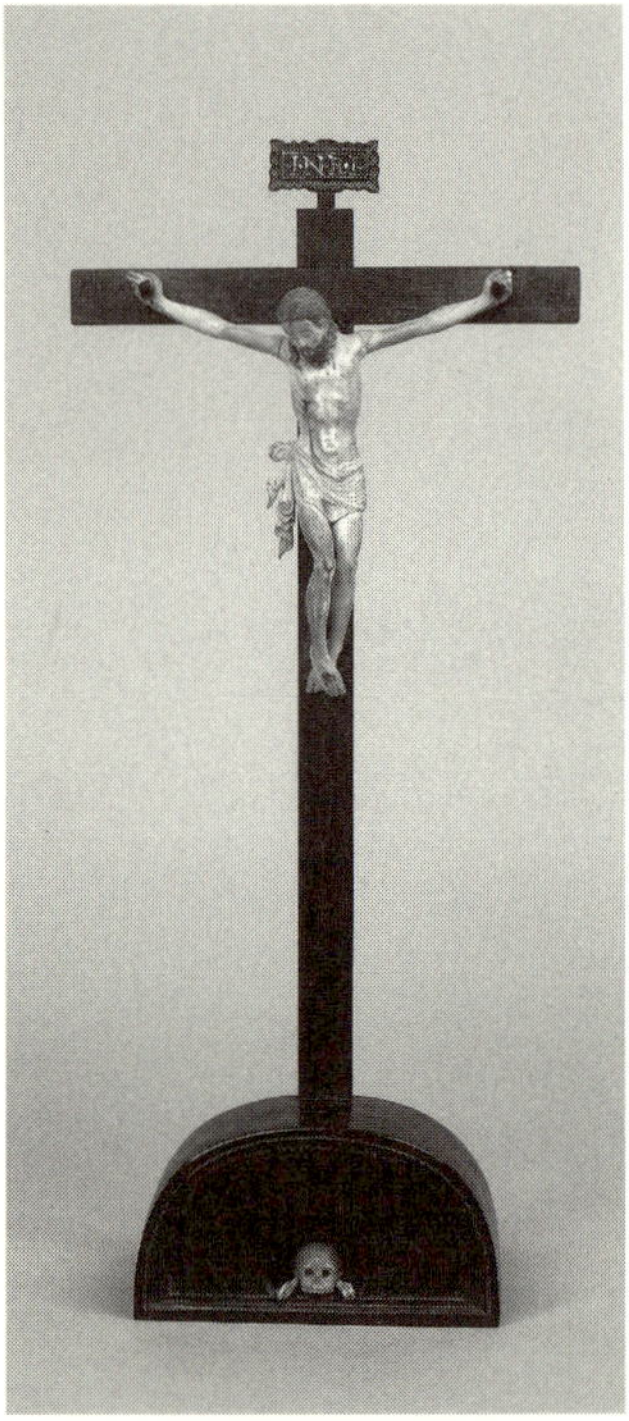

図 27　厨子入キリスト磔刑像
（個人蔵・茨木市寄託）

図 29　木製十字架
（個人蔵・茨木市寄託）

図 31　天使讃仰図のうち「堅信」
（個人蔵・茨木市寄託）

図 30　天使讃仰図のうち「主禱」
（個人蔵・茨木市寄託）

図 33　天使讃仰図のうち「聖体」
（個人蔵・茨木市寄託）

図 32　天使讃仰図のうち「品級」
（個人蔵・茨木市寄託）

また、大正一五年（一九二六）までに、千提寺の中谷栄次郎家においてもメダイが二点、発見されている。ただし現存するのは一点（図35）である。大正一二年（一九二三）には、同家の当時高校生であった中谷恒造が、自家所有の山で二基のキリシタン墓碑（図36、37）も発見している。

墓碑は、千提寺地区ではキリシタン遺物発見の端緒となった寺山の一基と上記の二基、下音羽地区では曹洞宗高雲寺の境内から大正一一年に二基（図38、39）みつかり、昭和三年（一九二八）頃、高雲寺近くの井上家からも一基（図40）みつかっている。高雲寺では、靴脱ぎ石や手水鉢の台に使われていた（図41）。千提寺地区の墓碑が立碑型なのに対して、下音羽地区の墓碑は伏碑型であり(15)、地域によって異なる形状であるのも特徴である。また、現在判読できる墓碑はすべて女性と思われる人物

図34　天使讃仰図のうち「婚姻」
（個人蔵・茨木市寄託）

図35　教皇クレメンス８世のメダイ
（個人蔵）

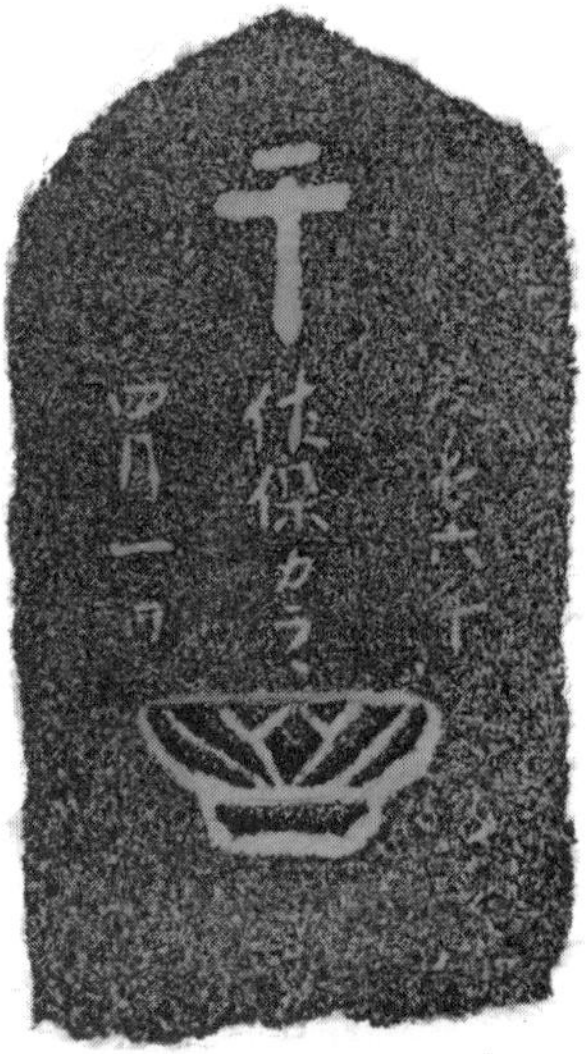

図 36　佐保カララ銘墓碑（拓本）
（個人蔵・茨木市寄託）

図 37　円頭キリシタン墓碑（拓本）
（個人蔵・茨木市寄託）

図 38　せにはらまるた銘墓碑（拓本）
（個人蔵・茨木市寄託）

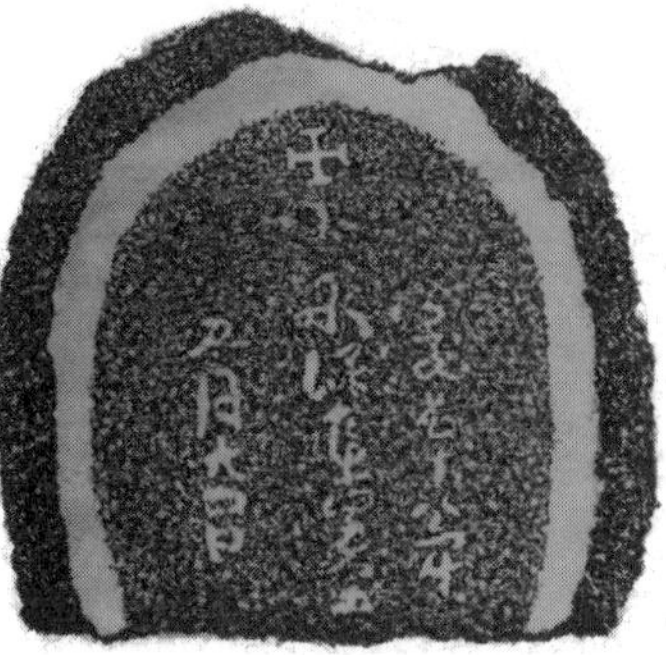

図 39　小泉某銘墓碑（拓本）
（個人蔵・茨木市寄託）

が記されているのも何かしらの理由があるのだろうか。

時代は下って昭和五年（一九三〇）四月、下音羽の原田家からも東家でみつかったものと近似したマリア十五玄義図（正式名称は「聖母十五玄義・聖体秘蹟図」、国指定重要文化財、現在は京都大学総合博物館蔵）（図42）が発見された。発見された家では、この家は金の茶釜か何かが埋まっている（ので売ってはいけない、あるいはだから金が入らない）と以前から言われていたという。(16) 屋根の葺き替え時にみつかったといい、屋根の丸太材の補強であるかのように、ワラ縄で二重に四か所ほど括りつけてあったが、蓋がついていたのでおかしいと思い、発見に至ったということである。

家屋の建築年代から、この絵が発見場所に秘匿された時期が一八世紀中・後期以降であることが指摘されている。(17) また、キリシタンが表向きほぼ消滅した一八世紀代（一九世紀代の可能性も）にまで、少なくとも「隠すべきもの」として認識されていたことは注目されることである。

以上が茨木で発見されたキリシタン遺物である。茨木のキリシタン遺物の特徴は、ザビエル像をはじめとしてイエズス会関連の遺物であると判明するものが多数を占めること、国内製と思われる遺物（ザビエル像、マリア十五玄義図など）と、海外製と考えられる遺物（ロレータ聖母子像など）が混在すること、国内において茨木でしか発見されていない遺物が多数存在すること（「天使讃仰図」六枚など）、見立てあるいは仮託の品と考えられるものが少ないことなどがあげられる。(18) 遺物からみられるこれらの特徴は、この地域におけるキリスト教受容のかたちや、キリシタンの信仰の実態を知る手がかりとなると考えられる。

図 41　手水鉢の台（せにはらまるた銘墓碑）

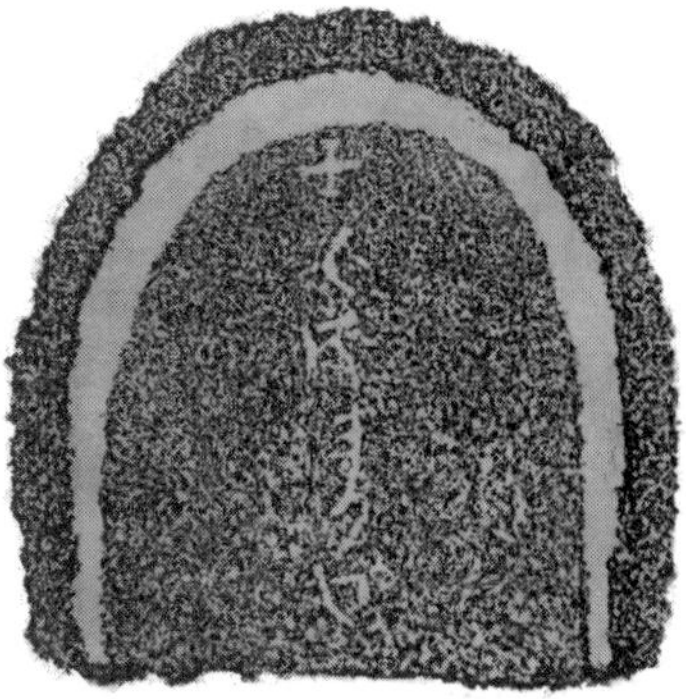

図 40　くほまりや銘墓碑（拓本）
（個人蔵）

図 42　聖母十五玄義・
聖体秘蹟図（京都大学
総合博物館蔵）

二　キリシタン遺物発見後の動向――遺物の行方と修理の痕跡

キリシタン遺物は発見後すぐに新聞報道されたことは先にも述べたが、遺物は発見後どのような歴史をたどり、今日まで伝えられているのかについてみていきたい。特に発見時に保存状態のよくなかった遺物は、大幅な修理が加えられている。これらの状況がよくわかる写真などとともに詳しくみていきたいと思う。

写真撮影は、東家に残る書簡などによれば[19]、東家の遺物発見から一か月半ほど経った大正九年（一九二〇）一一月に浜田耕作の下で考古学を学んでいた島田貞彦（一八八九～一九四六）が撮影に訪れていることがわかり、それがおそらく最初の撮影となるだろう。この時の写真が、『京都帝国大学文学部考古学研究報告』第七冊内（以下、『報告』とする）で使用されている。同じく東家所蔵の書簡等によれば、浜田耕作も大正一二年（一九二三）一〇月に撮影に訪れていることがわかる。この写真は現在、京都大学が所蔵するガラス乾板（京都大学総合博物館蔵キリシタン関係資料）である可能性がある。

まずは聖フランシスコ・ザビエル像（以下、「ザビエル像」とする）（図43）の状況をみていきたい。『報告』では、ザビエル像の状態について新村が執筆しているが、現在は額装の本図も、当初は「掛物に仕立て」られていたという。さらに、サイズについては「竪二尺六寸八分、横一尺八寸五分」と記されており、センチメートル換算すると八一・二cm×五六・〇cmとなる。現在の本紙部分のサイズが六一・〇cm×四八・七cmであり、『報告』内の寸法は、今は失われた表装の寸法が含まれているようである。『報告』掲載写真をみると、上下と右辺には柱部分や中廻しのような部分が写っている。寸法からすると、上下は各約一〇cm、向かって右辺は七cmほどだろうか。しかしながら、先の浜田来訪時の撮影かと思われるガラス乾板の写真では、ザビエル像の周囲は切り取られ、帯状の裂地が巻かれているのが確認できる。よって発見された年の大正九年（一九二〇）一一月から大正一二年（一九二三）一〇月ころまでの期間に、表装が取り外されたものと思われる。よってこれがザビエル像にとって一回目の修理であると考えられる。

図43　発見後まもなくのザビエル像

神戸市立博物館の塚原晃は、ザビエル像の修理の履歴、画面状況変化の経緯について検討を加える中で、少なくとも四回修理が行われたことを指摘している[20]。そのうち二回目、三回目、四回目の修理は南蛮美術収集家である池長孟《はじめ》（一八九一〜一九五五）の手に渡って以降、すなわち茨木を離れて以降に修理が行われていることとしている。

茨木では修理は一回行われているのみであると考察しているが、これについては首肯される。また、塚原は初回の修理は、「本紙四周に紐状の裂をまわした形態に改装され」るという修理であったことを指摘している。ではその修理は一体いつ、何のために行われたのか、以下で検討を加えたい。

いつ、何のために修理が行われたのか、このことについて考えるために、『報告』に記載のある、ザビエル像以外の絵画のキリシタン遺物の状況をみてみたいと思う。『報告』内の遺物は寸法や状態などが変わらないものも多くみられる一方で、支持体が紙の場合は、発見当時から大きく姿を変えていることがわかる。ザビエル像とともにみつかったマリア十五玄義図（図44）は、『報告』内の写真では本紙周囲に亀甲文様の描かれた表装が写っている。寸法は「縦二尺七寸、横二尺二寸」とされており、センチメートル換算すると、八一・八cm×六六・七cmとなることから、現状の寸法八一・九cm×六六・七cmと変わらない。おそらく当時も本紙の寸法を測ったのであろう。因みに発見当初からマリアの顔部分はなく、近年の調査で漉き返しの黒色の補修紙が貼られていることが明らかとなった。マリア十五玄義図は、現在は亀甲文様の見える表装は取り外され、額装となっており、修理は最低でも二回行われている。直近の修理は平成二二年（二〇一〇）に実施した。その際の報告写真で修理前の画面を確認すると、周囲には一cmほどの黄土色のテープ状の裂地が巻き付いていた（図45）。現在は取り外されている。

次に「天使讃仰図」（図46）をみてみたいと思う。「天使讃仰図」は『報告』の中で新村によって命名された名称である。ヨーロッパかあるいは経由地で制作された銅版画であると思われ、『報告』には画面が「縦一尺九分、横八寸三分」と記されている。これは三三・〇cm×二五・一cmとなり横が現

図 46　発見後まもなくの天使讃仰図（洗礼）

図 44　発見後まもなくのマリア十五玄義図

図 45　マリア十五玄義図（解体中）

状より三㎝ほど大きくなる。加えて『報告』では全紙面として「縦一尺五寸三分、横一尺一寸四分」という寸法が記されている。本図はかつて周囲に余白が多く取られていたことが写真等でも明らかで、大幅な修理が加えられている。現在の「洗礼」を見ると、裏打ちが施され、周囲は五㎜幅の黄土色のテープ状の裂地を巻き付けている（図47）。また、「洗礼」と一連の作品であることがわかった下音羽地区の大神家で発見された五枚の「主禱」「堅信」「品級」「聖体」「婚姻」については、発見時の状態に最も近い写真は「京都大学総合博物館蔵キリシタン関係資料」中にある写真と思われる（図48）。現在の状況は、裏打ちが施され、周囲は五㎜幅の茶色の裂が巻き付けてある台紙に貼り付けられており（図49）、先の「洗礼」とはやや異なる修理となっている。修理時には一連の作品として認識されていたため、「洗礼」と類似した修理が施されたのかもしれないが、テープ状の裂地の色は異なっているのは所有者の違いか、修理時期の違いか不明である。

最後に、東家からみつかった「殉教者像」について触れておきたい（図50）。『報告』における解説は補遺として追加されている。寸法は「竪九寸五分横七寸三分」とあり、縦二八・七㎝、横二二・一㎝となる。縦横ともに二〜三㎝ほど切られているようである。写真をみると、下部に竹の軸が取り付けられ、向かって右と下に本紙と竹の軸をつないでいるような紙あるいは布地のようなものがみえる。保存状態は非常に悪く、画面上部を大きく亡失している。現在の殉教者像は、竹の軸は取り外されており、裏打ちが施され、周囲は黄土色の五㎜幅のテープ状の裂地が巻き付けられている（図51）。

以上、遺物の保存状態をみれば、ザビエル像、マリア十五玄義図、天使讃仰図の「洗礼」、殉教者像はそれぞれ修理が実施されていることがわかる。また、その修理は一様に周囲を切り取り、細い黄

図 48　天使讃仰図（婚姻）

図 47　天使讃仰図（洗礼）（現状）

図 50　発見後まもなくの殉教者像

図 49　天使讃仰図（婚姻）（現状）

図51　殉教者像下部（現状）

土色のテープ状の裂地を巻き付けるというものである。その体裁を整える必要性が生じたきっかけとなったのは何だったのか。ここで注目しておきたいのは、先にも述べた浜田が大正一二年（一九二三）一〇月に東家に撮影に訪れていることである。これは大正一四年に開催されたローマ法王庁主催の「基督教布教記念博覧会」へ写真を出展するための撮影である。[21] これに間に合う形で修理が施された可能性がある。

一方同じく「京都大学総合博物館蔵キリシタン関係資料」中の浜田撮影かと思われる下音羽の大神家所蔵の天使讃仰図五枚の写真は、この時点では発見時の傷んだ状態のままであった。しかしながら大正一五年（一九二六）三月頃までには、ザビエル像などと類似した修理が加えられている。大阪毎日新聞社が発行した『珍書大観吉利支丹叢書』（一九二八年刊行）に掲載されている写真は、同社カメラマンによって大正一五年三月頃に撮影されたと思われる。中の写真では、すでに大神家の天使讃仰図は体裁が整えられている。「婚姻」の左側に「品級」の一部が誤って貼りつけられていることが、同図の現状と一致しているのである。

また、東家のキリシタン遺物は、大正一四年（一九二五）五月の当時の皇太子（昭和天皇）の京都帝国大学における台覧に向けて修理が実施された可能性もある。この時の台覧遺物は、大阪朝日新聞の新聞記事などによると「聖母十五玄義図」（図4）「ザビエル画像」（図3、口絵1）「吉利支丹宗門雑録（吉利支丹抄物）」（図14）「聖母半身像（聖母子像）」（図15）「ドチリイナ・キリシタン」（図22）「ロレート精舎の聖母像（ロレータ聖母子像）」（図20）「ぎや・ど・ぺかどる」（図23）「キリスト磔刑彫像」（図27）の八点であった。この時、傷んだ状態で台覧に臨むよりも、紙資料特に絵画は体裁を整える必要があると考えられたのではないだろうか。というのも、立体物である厨子に入ったロレータ聖母子像やキリスト磔刑像は、発見時から蝶番などが外れるなどしているが、現在まで修理を受けた痕跡はないのである。

台覧当日には、所有家四家に加えて、清溪村の村長や藤波も列席した。しかし先の台覧遺物の中に、大神家で発見された五枚の天使讃仰図は入っていない。修理が間に合わなかったため、出品は見送られたのだろうか。

周囲を切り取り、テープ状の裂地で周囲を囲む修理の方法が、茨木で発見されたキリシタン絵画作品のすべてに共通していることは、おそらく京都帝国大学や新村、浜田がその修理に関与したものと思われる。これまで、特に東家の遺物については、修理の時期は一九二〇年代から一九三〇年代までの間に実施された、という大まかな時期でその可能性が指摘されてきたが、遺物発見から早期に実施されている可能性を指摘したい。ただし、修理に関する文書や書類等は所有家などでも現在のところみつかっていない。

三　もうひとりの遺物発見者、奥野慶治

本節では、茨木のもうひとりのキリシタン遺物発見者である奥野慶治についてみていく。奥野は明治三四年（一九〇一）、大阪府三島郡清溪村泉原（現茨木市泉原）に生まれる。奥野家は、地元泉原で村長を務めるなどした旧家である。大正四年（一九一五）頃に旧制茨木中学時代の教師・天坊幸彦の主導で進められ、学生時代の藤波も行っていた、三島郡内の各村誌の筆記作業を奥野も行っている。大正七年（一九一八）に清溪尋常小学校教諭となった奥野は、教鞭の傍ら、郷土の歴史について踏査し調査を行い、昭和一〇年（一九三五）八月に『綜合清溪村史』を上梓している。

本史料は、清溪村となる現在の茨木市千提寺、佐保、泉原地区の古代史から現代史まで歴史を概説した郷土研究書で、現在でも市北部の歴史を知る上で欠かせない郷土史料となっている。ほかに『郷土の歴史』『清溪村兵役史』などの著作がある。(22)

『綜合清溪村史』は、天坊が序文に述べるところの「愛郷の念を涵養するに至る」書であるところは疑いない。この中で茨木のキリシタンについては、第二篇近世史の第六章宗教の「切支丹宗」の項と、第三篇現代史の第四章神社宗教の「切支丹宗」の項で詳述している。まず、近世史の「切支丹宗」の項をみていくと、他に知られない情報も数多く記されている。千提寺には七戸がキリシタンの家であったと記されており、この時点で二戸が廃絶していたという。現在はキリシタン遺物を所有する家は四戸である。また、高山村（現在の大阪府豊能郡豊能町高山）も当時は清溪村であり、ここには

二戸のキリシタンの家があったようだが、すでに遺物は所持していなかったという。

『綜合清溪村史』で最も重要なのは、最後の隠れキリシタンといわれた三人の老女の一人、中谷イト（一八三九〜一九二六）（図52）への信仰生活についての聞き取りを、詳細に記していることである。聞き取りは、大正一一年（一九二二）一月二四日に行われた。まず、「外面は、政府に従順にして、旦那寺を持ち、葬式等も其宗旨の式で行つたものであるが、内面は、天井裏、部屋の隅の小暗き長押等に小さい棚を設けて祭壇とし、深夜人なきをうかがつてオラショを唱へた」と記されている。このことは絶対秘密で、イトは夫にすら話さなかったという。ここでの旦那寺とは、下音羽の高雲寺のことで、千提寺と下音羽のキリシタンの家は、高雲寺の檀家であった。オラショとは祈祷文のことで、肉親の親が子に口授し伝えてきたもので、イトをはじめ、最後の隠れキリシタンと呼ばれる三人は、アベマリアのオラショを唱えることができた。

図52　中谷イト（個人蔵）

また、「寺尾山の尾根にて春く（ママ）夕日を拝しながら、敬虔な祈を捧げた」こともあったといい、さらには、イトの祖父が亡くなった際には検死の役人が訪れ、「皆恐れて色々御馳走して帰し、事なきを得、式後例の如く祈を捧げた」ということも記されている。
イトの父親は春燕が来るころになると行をしたという。その行とは、三〇日間一日二食とし、行が開けると風呂で身を清め、「御縄にかかる」といって御縄（ジシピリナ）を右手にもって、オラショを唱えながら左肩を何度も打ち、それが済むと鶏肉等で精進落としをする、というものである。奥野が指摘するように、これは復活祭の四旬節の食事の節制に比定することができ、奥野は、「教会の暦を失つた彼等が燕の来るのを唯一の手掛とし」ていた、と述べている。

他にも、毎年寒が明けると仏様（キリスト、マリア）に餅を供えて同信の家を一軒一軒拝んで回ったという記述がある。これを奥野は降誕祭に比定、また、七日七日に集会して祈りと馳走をしたことも、「Domingo（日曜）を大切にした遺風と思はれる」と指摘している。[23]さらに、キリスト教の儀式のひとつ、「洗礼」については、「児が生まれると先づマリヤ様に水（オスチヤと云ふ容器に盛る）を供へそれを頂いて中指に紙を巻いて筒の形にし、供へた水にひたして額に捺押するのが其儀式であつた。これを御判を頂くといつて、中には長径一寸三分、短径一寸厚さ一分五厘程の布製の楕円形の御判と云ふのを用ひたこともある。此儀式を受けたものは見る人が見ると判明するといはれ、人に面接するさへ避けた位であるから、教名等もつけたには相違ないが、表向は使用しなかつた」と記している。奥野の著書はキリスト教信者の信仰における儀式等も詳しく調べ、イトの話が何に該当するのか考察を加えている点が特徴である。

奥野の著書にはこの他にも、「一般の人々は彼等を称すに大臼（Daus の転化）筋だとて危険視」していたとか、「幕末に於ける彼等の信仰の程度が単に此仏を信ずると災厄にかからないとか牛の病を治す（千之助氏父中谷茂ニ談話、聖体降誕と厩との関係から転ず）とかに止まつて居た」などとも記している。茨木のキリシタン信仰はどのようなものであったのか、位置づけを試みている点も注目される。

特に「秘密を要することであるから、団体的行事より家庭内部での信仰が主であつた」と述べている点は重要な指摘であり、長崎などにおける信仰を維持するための組織や形態とは異なる、茨木のキリシタンが潜伏期にどのように信仰を続けていたのか、また続けることができたのか、そのヒントを示している指摘であると思う。(24)

『綜合清溪村史』では千提寺地区で発見されたキリシタン遺物の寸法と写真を掲載しており、使用されている情報や写真は、京都帝国大学の『報告』から引用したものと思われる。奥野自身が発見したとされる中谷源之助家の「聖母マリア図外四点」、中谷仙之助(繁蔵)家の「ギヤ・ド・ペカドル外十二点」ついて、今一度確認をしておきたい。(25)

中谷源之助家の遺物をみると、厨子入りの銅板油彩の聖母子像、錫鉛合金製のキリスト磔刑像、布袋、ジシピリナの計四点が発見された。これらの遺物は現在も発見時の状態を留めていると思われる。後年、聖母子像を厨子から外した際、裏から「ほろひんしあ」と呼ばれる四片の書簡断簡が見つかっている。(26)

奥野は厨子入りの聖母子像について、「竪一尺七分横七寸八分にして厨子入」と記している。三二・四㎝×二三・六㎝となり、額の内側、絵本体の部分と近い数値である。『綜合清溪村史』においては、残念ながら中谷源之助家のその他の遺物については名称のみ記載され、寸法が記されていないのであるが、近年、奥野が史蹟名勝天然記念物保存協会大阪支部発足記念の展覧会準備のために依頼された、大正一五年に行った調査の記録(27)(以下、「大正一五年記録」とする)が残されていることが確認され、ここには寸法が記されていることから、『綜合清溪村史』と合わせてみていくことにしたい。因みに

「大正一五年記録」では聖母子像の寸法について「一尺／一尺三寸」とあり、これは厨子の外寸と近いことがわかる。

「大正一五年記録」では、錫鉛合金製のキリスト磔刑像は「柱ノ長サ三寸」とあり、上部の環を除けば九㎝ほどとなることから、一致する。また布袋は「長径一寸　短径八分」とあり、おおよそ一致する。ジシピリナについては寸法の記載はないが、「大正一五年記録」に記録された当時は、二本存在していたことがわかる。

中谷仙之助家の遺物をみると、厨子に錫鉛合金製のレリーフが入ったロレータ聖母子像をはじめ、現在東京大学総合図書館所蔵の厨子入りの救世主像、「どちりいなきりしたん」、「ぎやどぺかどる」といった文書類など合わせて一二点であった。当家の子孫が記した『潜伏キリシタンの遺宝』には、奥野が夜再三訪問し、夜明けまでかかって当主に説得をしていたという内容が記されている。ロレータ聖母子像の厨子は、蝶番が一部破損している状態であるが、京都大学総合博物館蔵キリシタン関係資料中の写真によれば、当時から破損していたようである。また、内部のレリーフを留める額は、長辺短辺それぞれ二辺の計四辺のうちのひとつの長辺の雰囲気が大きく異なっている。三辺を真似て素人が作成したような出来栄えである。また、額の手前には桟がついていたような跡もあり、現状桟と思われる構造物が額の下部に落ち込んでいる。このような状態は、秘匿されてきた遺物であるがために、簡単には修理を行うことができなかった事情を物語っている。

ロレータ聖母子像は、『綜合清溪村史』の記録によれば、「竪四寸横三寸にして厨子入」とあり、また「大正一五年記録」にも同寸が記載されている。これは厨子を除く絵画部分の寸法と一致する。また、救世主像は、『綜合清溪村史』では「竪七寸六分横五寸六分にて厨子入」とあり、「大正一五年記録」では「画面は竪七寸六分、横五寸六分五厘」とある。この寸法は現在の絵画部分の寸法と変わらず、一致する。

その他、現在所在不明となっている金属製のキリスト磔刑像について、「大正一五年記録」には「柱二寸六分」とあり、中谷源之助家のキリスト磔刑像と一緒に撮影された写真から確認する限りでも、環の部分を除く寸法であることが推察される。

『綜合清溪村史』では、下音羽地区で発見された遺物については村が異なるため、詳細は記載されない。奥野は自身が「四点」を発見したと記すのみである。下音羽の大神家から厨子入り象牙彫キリスト磔刑像、木製十字架、念珠（ロザリオ）、そして先の東家と一連の作品である天使讃仰図の五枚が発見された。天使讃仰図を一連のものとして数え、現在確認できる念珠と木製十字架と合わせて四点としたのであろうか。ただし、念珠と木製十字架について、「大正一五年記録」に記述はみられない。

象牙彫キリスト磔刑像は非常に精巧なつくりであり、海外製であると考えられている。厨子については日本製と思われ、現状、磔刑像が上下ぴったりと収まるつくりとなっており、厨子の制作時期は先のロレータ聖母子像や聖母子像などと変わらないと考えられる。ただし全面に漆が丁寧に塗られ、蝶番が銀製であるなど、中身の遺物がより重要視されている印象を受ける。

天使讃仰図五枚については、発見時の状態に近い写真が「京都大学総合博物館蔵キリシタン関係資料」中にある（図48）。これをみると、非常に状態が悪く、所々を台紙にピンで留めているようである。「大正一五年記録」には「銅版（四）」と記述のあるものが該当するようであるが、この時点では東家の天使讃仰図（洗礼）と一連の作品であるとの認識はないようで、寸法も記載がない。計測不能の状態であったため、点数を間違えた、あるいはこの時点では念珠や木製十字架とともに、一枚が未発見であった可能性もある。ここまで、奥野の「大正一五年記録」を含めてみてきたが、東家の遺物以外の詳細な寸法については、奥野の本記録が最も古い記録ということになるだろう。

『綜合清溪村史』に話を戻して、キリシタン関連の記述がみられるもう一か所、現代史の「切支丹宗」の項をみていきたい(28)。ここでは、明治時代以降の清溪村で起こったキリシタン発見に関連する、あるいはキリスト教に関連する事柄を記述している。ここで奥野は大正時代にキリシタン遺物が発見される以前のプレシの来訪を記載しているが、この点は第四節で詳述する。

さて奥野は「切支丹宗」の項で、藤波による遺物の発見譚をはじめ、橋川の学界への報告、京都帝国大学の新村、浜田による『報告』などを紹介する。比較的淡々と時系列に発見後の状況を述べた後、自身の「発見」についてもこの中で簡単に述べている。大正一四年（一九二五）五月一七日の京都帝国大学における「皇太子殿下台覧の光栄」についてももちろん記述があるが、発見者の一人でもある奥野が招待されていないのは一体どういう理由からだろうか。

また、本項でカトリック教会（「公教会」）の設立（千提寺教会）についても述べている。後でも触れる、主任司祭であった「ヨゼフ・ビロース」（ジョゼフ・ビロー）神父（Joseph Birraux, 一八六七〜一九五〇）について(29)、その生い立ちや日本での活動について記載しているのである。また、本項では遺物所有者である東藤次郎と藤波の写真に加え、ビローの写真や、千提寺に建設した教会内部の写真（図53）、教会の活動を支えるため大阪川口教会から派遣され、千提寺に住した大前直、大前春子親子の

図53　ビローと千提寺教会（『綜合清溪村史』から転載）

顔写真も掲載されている。これらの写真はおそらく教会側からの提供であることは想像できるのであるが、写真の中に一人だけ、本文中にも出てこない、関連する他の文献にも出てこない「金森充利夫」という人物の写真がある。おそらく教会関係者であろうが、彼がどういう役割を果たした人物なのかは、これまで不明なままであった。

そこで、茨木市が市史編さんのために奥野家から借用した資料の写真データをもう一度見直してみると、昭和一〇年に『綜合清溪村史』を出版し関係各所に配ったあと、奥野に届いた礼状が集められた一冊のスクラップブックをみつけた。そこに「金森充利夫」からの礼状が含まれていたのである。礼状には、本の恵贈に対して「厚く御礼を申してくれとの事ここに代りまして感謝いたします」と述べられている。「代りまして」とはビローのことと思われ、本手紙の前段には、奥野が大阪川口教会を訪れた際、ビローと金森は不在で、入れ違いにビローは千提寺に赴いていたことが記されている。この手紙から推察するに、金森はビローに付いて働く日本人伝道士であったのだろう。便箋には、聖母マリアのスタンプが捺されている。奥野がビローの来歴を詳述したり、写真を使用したりしているのも、金森からの提供であったと考えられる。後述するプレシに関する記述も、金森から聞いた可能性は高く、少なくともこの時点で教会側は知っていたのだろう。また、中谷イトからの聞き取り内容を、さまざまなキリスト教の行事に当てはめているのも、金森からの教示だった可能性が高い。

スクラップブックは二冊あり、地元の名士からの礼状も多数含まれているが、奥野が教会関係者とつながりを持っていたことがわかる新聞記事も挟まれていた。日付もない新聞記事でおそらくカトリック教会関係発行の新聞と思われるが、そこには五〇名ほどの「大阪市電カトリック研究会」のメンバーが千提寺を来訪し、ビローや奥野が一行を案内して各家の遺物を見学したことが記されている。

茨木のもう一人の遺物発見者である奥野は、早逝したこともあって、茨木のキリシタンの歴史を語る際に取り上げられる回数が激減してしまう。しかしこのようにみてくると、奥野と藤波の役割は分かれていたようである。すなわち、仏教関係者である藤波は、あくまでも教会関係者との積極的な接触はしておらず、親戚である橋川をきっかけとして、京都帝国大学とのつながりを強めていった。一方で奥野はビローや金森と交流を持ち、教会関係者の案内役を務めるなどしていた。そのような中で茨木のキリシタン信仰について考察を深め、当時の現代史を記録していたことが、今の近代史となる貴重な記録となった。すなわちパリ外国宣教会による「キリスト教再布教」の様相を地元側から詳しく知ることのできる貴重な資料となっているのである。これは、大学研究者や他の郷土史家とは異なる視点であり、『綜合清溪村史』の特徴ともなっている。

四　再布教をこころみた宣教師、ジョゼフ・ビロー神父

二〇二三年のマルタン・ノゲラ・ラモスの研究は、茨木のキリシタン遺物発見の四〇年ほど前に、すでに隠れキリシタンの存在がパリ外国宣教会によって確認されていた、ということを宣教会側からの史料によって明らかにする大変重要な指摘であった。[30] これは長崎の大浦天主堂におけるベルナール・プティジャン神父（Bernard Petitjean, 一八二九〜一八八四）による信徒発見と同様の衝撃的な発見譚といえる。[31] 茨木のキリシタン信徒について最初に発見したのは、パリ外国宣教会のマラン・プレシ神父（Marin Plessis, 一八四四〜一九〇八）。しかし、長崎のときのような衝撃が起こる事はなかった。千提寺の人々は再訪した教会関係者に心を開くことはなかったのである。一度歴史から消えてしまったプレシのキリシタン信徒発見について、茨木においてこれまでまったく情報がなかったのか、というと、実は様々な文献等の資料にわずかながら記載があることが確認できる。現在確認されている中で、最も早くこの事実について記載しているのは、大阪川口教会の主任司祭であったジョゼフ・ビロー神父である。本節ではこの点にも注目しながら、話を進めたい。

ビローは、大正一四年（一九二五）に千提寺に教会を創立し、千提寺をまさに「聖地」とするため

に奔走した人物である。まずはビローと千提寺とのかかわりについて見ていきたい。

ビローが千提寺を初めて訪れたのは、大正一二年（一九二三）一二月二日である。ビローは、信者の戸田と共に千提寺・下音羽を訪れた[32]。ビローの日記には、この時の様子が詳細に記されているという[33]。ビローは下音羽で高雲寺墓碑や遺物を見学したが、千提寺では遺物の見学は断られたという。ビローは千提寺の人々と仲良くするにはどうしたらいいか、生まれ故郷、フランス・ベルネ（Bernex）[34]の人々を思い浮かべ、親しくなるにはその土地に住むことが近道であるという考えに至った。このビローの発案によって、戸田はさっそく千提寺の農家の二階の部屋を借りて住み、交流を続けた。その甲斐あって、大正一三年（一九二四）の二月一八日に、ビローは最後の隠れキリシタンと呼ばれた三人の女性のうちの一人である中谷イトに初めて会い、アベマリアのオラショを聞くことができたという。ビローは足しげく現地に通い、住民との交流を深めながら、千提寺に教会を建てるため奔走した。当時、ビローは千提寺を訪れるときは大阪から箕面へ電車で来たあと、約一〇キロの山道を歩いて向かっていたという。

ビローは、高山右近の研究も熱心に行い、右近の史跡をくまなく歩いていた。そのビローが著した『ユスト・高山右近』は昭和五年（一九三〇）に刊行されたが、ここに以下のような記載がある[35]。

明治になつてから、天主公教の宣教師が、再び渡来して大阪に在留するやうになつたので、高山右近の昔時の領地高槻には、未だ信者の子孫が遺つて居るかどうかを調べたさうであるが、更に判明らなかつた。併し茲に記すべきことが一ある、其れは今から五十年前の事であつた、三島郡千提寺辺の一婦人が大阪の教会に来た、此婦人は其住所も姓名をも語らずして帰つたが、三島郡千提寺辺に昔時のキリシタンが居ると云ふことだけ話した。依つて神父も伝導士も二三度千提寺に行つて調べた、が迫害を畏れてか何の手掛かりも獲なかつた。

これがおそらくプレシのキリシタン発見についてビローが言及した、最初の文献資料といえるだろう。因みに、ビローが編集者として関わっていた天主公教会が発行する『公教家庭の友』（大阪司教認可）には、大正一四年（一九二五）の二月から五月にかけて、ほぼ同文の「高山右近」という全四回のシリーズが掲載されている。しかし先の千提寺のキリシタンについての言及はここではされていない。ビローが千提寺を訪れたのは大正一二年（一九二三）であるが、プレシのキリシタン信徒発見の事実を知った上で千提寺を訪れていたのかは不明である。ビローについて詳しく紹介されている奥田康雄は、大正一二年一一月八日付けの大阪朝日新聞の記事を知った戸田がまず千提寺を訪れ、その後ビローとともに再度千提寺を訪れた、と述べている。[36] よってビローは千提寺を来訪後にプレシの千提寺来訪を知った可能性がある。そのきっかけは、何だったのであろうか。可能性として考えられるのは、他の宣教師とのやりとりや情報交換である。例えば、フランシスク・マルナス（Francisque Marnas, 一八五九〜一九三二）神父から情報を得た可能性もある。[37] マルナスは、一八九六年に宣教師がヨーロッパへ送った報告や書簡などをまとめた書籍を刊行した。ただし、マルナスはプレシの発見を「この発見は大したものではない」こととして記している。[38] また、ここでの記述には千提寺であるという明白な記載はなかった。

他に、パリ外国宣教会の来日初期メンバーでもあるエメ・ヴィリヨン（Aime Villion, 一八四三～一九三二）神父から情報を聞いた可能性もある。ヴィリヨンは千提寺を訪れ、中谷イトと撮った写真が残されており、千提寺の人々と交流があったことがわかっている。しかもプレシとヴィリヨンは、それぞれ慶応三年（一八六七）と明治元年（一八六八）に来日しており、活動時期もプレシが帰国する明治二三年（一八九〇）までは重複する。(39) ビローが来日したのは明治二三年で、プレシと直接の情報交換がどれほどできたのか不明であるが、一度も帰国することなく、最期まで日本で過ごしたヴィリヨンから聞くことはあったかもしれない。他の神父からの可能性はあるとは思われるが、これ以上は推測の域を出ない。(40)

最後に、千提寺を訪れた際に地元の人々から直接聞いた情報である可能性である。藤波の論考の中には、中谷イトの述べた以下のような記述がある。(41)

何時か忘れましたが何処の国の人（役人か果た外人か）か知りませんが調べにきましたので、皆が逃げたり隠れたりしましたが、其中の一人が何も知らずに、いろいろのこと（吉利支丹宗に関する事項）を云はされて遂にはお唱へごと（祷文）まで云ひましたので、もつと云はそうとして十字架の像などをやつて帰へりました後から二三度も来ましたがその時には何も知りませんで押し通したさうです。

その後継続して連絡がとれなくなってしまった一連のエピソードは、プレシの発見譚と近似する。ビローは中谷イトと会うことができたというから、イトから『ユスト・高山右近』の記述につながるようなプレシの話を聞いたとも考えられる。

さて、ビローの念願であった教会の設立は、大正一四年（一九二五）のことであった。設立認可を受けたのはそれからしばらくした昭和三年（一九二八）である。ジャン＝バティスト・カスタニエ（Jean-Baptiste Castanier, 一八七七〜一九四三）司教によって六月五日に開設、主任司祭はビローとなった。教会に常駐していたのは、大前直、大前春子の母子である。彼女らは村の女性たちに洋裁を教えるなどして少しずつ人々との距離を縮めていった。

もうひとつ、ここで重要な指摘をしておきたいと思う。キリシタン遺物のもう一人の発見者である奥野も、昭和一〇年（一九三五）の刊行のその著書『綜合清溪村史』の中でプレシの発見について触れている。

明治十年頃外国宣教師プレッシー伝導士青木某が千提寺から大阪に野菜を売りに出たものに聞いて来たが、解禁後日尚浅く、誰も事実を話さなかつたので空しく帰つて行つた。其宣教師は葡萄酒を所持して居たと見え、「異人が血を飲む」と云つて騒いだことが一挿話として伝へられて居る。

ここでは、プレシという宣教師の名前とともに、千提寺を訪れた伝道士が青木という名前であることが記されている。青木とはプレシに洗礼を受け、活動を共にした青木佐次郎と思われる[42]。奥野の著作『綜合清溪村史』の中にはビローの著作『ユスト・高山右近』についても記述がある。

ところで、プレシと出会った女性が誰なのか、について考察しておくと、大正時代に遺物とともに再び見いだされた「アベマリアのオラショ」を唱えることのできた三人の女性、中谷イト、中谷ミワ、東イマの誰かかと考えられる。彼女らはいずれも明治一二年（一八七九）の時点でプレシの記述の中にでてくる「四〇歳くらいの女性」であり、該当する。ところが、中谷イトは奥野の聞き取り調査で「夫にすら話さない」と書かれていることから、畑から戻ってきた夫の話と合わないと考える。中谷ミワ、東イマのどちらかなのだろうか。中谷ミワについては、情報が少なく現時点で不明である。東イマについては、奥田の著作の中で、ビローの日記に以下のような記載があることを述べられている(43)。東大正一四年（一九二五）二月、東イマが亡くなったとの報せを聞いたビローの日記の日本語訳である。

私は戸田さんの連絡をうけるとすぐに千提寺へ急行した。東宅へ行ったが、家族の人たちは私を死者のそばに近づけてはくれなかった。多分仏寺のお坊さんが反対したのだろう。私は庭に立ったまま簡単なお祈りを捧げた。イエズス様、マリヤ様を信じて死んだキリシタンのイマさんに、なぜ神父である私が近づいてお祈りをしてはいけないのだろうか

これを見ると、大正一四年に至っても東家が教会関係者と一定の距離を保っていたことがわかる。時代が変わり、表面的にはキリスト教関係者と付き合いがあるものの、これまで続けてきた重要な宗教儀礼である葬儀に、キリスト教が入り込むことや新たな形式で葬儀を執り行うことをしなかった。これを見ると、四〇年前に東イマがプレシに信仰を伝えた人物とは少し考えにくい。
因みにもう一人可能性があるのが、キリシタンだったが廃絶した中谷源次郎家のフミという女性で

ある。この女性については奥野の『綜合清溪村史』に記述がある。

尚不意に、臨検に来たものらしく、何時頃であつたか先に記せし中谷源次郎の姉にフミと云ふものがあり、少し低能であるところから、或日調べに来た役人に秘密を漏らして御唱事まで話してしまつたが、流石に恐ろしくなつたと見えて役人の隙を見て山に逃げ込んでしまつた。役人はすぐ刀自の家へ来たが其所も逃げてしまつた後であつた。その後役人は数回来たが其都度山へ逃げ込んで押し通してしまつた。

この内容は先の藤波の中谷イトへの聞き取りと類似するようだが、奥野はこの話を幕末頃の高槻藩の役人の話として記載している。プレシの派遣した二人の伝道士であった可能性はないだろうか。プレシの「発見」時には、まだ他に該当する女性がいた可能性もあり、今後も検討していきたい。

二〇二〇年にはザビエル像をはじめとする東家のキリシタン遺物発見から一〇〇年を迎え、ますます茨木のキリシタン遺物への関心は高まってきている。これほど多くのキリシタン遺物を伝世してきた地域は国内において他になく、ザビエル像に限らず、守り伝えられたキリシタン遺物は、地域の歴史を踏まえながら、ヨーロッパにおける遺物との比較がなされ、さらには東アジアにおける茨木のキリシタン遺物の位置づけについても研究がされるなど注目が集まっている。茨木のキリシタンは長崎などと異なり、地域にキリシタン信仰は残っていない。そのため、実際に伝世した遺物がどのように使われたのか、またそもそもどのような経緯でこの地域にこれほどの遺物が入ってきたのか、不明な点はまだまだ多い。しかし、茨木キリシタンの明治時代におけるプレシの「信徒発見」のエピソードや、大正時代のビローの再布教の経緯など、潜伏期間以降となる明治、大正、昭和初期にかけての茨木市千提寺・下音羽のキリシタンに関連する事績をつぶさにみていき、様相を明らかにしていくことで、過去につながるヒントを得ることができるのではないだろうか。また、長崎などのキリシタンとは異なる茨木のキリシタン遺産として注目されていくことを期待している。

註

（1）キリシタン遺物を見るために東藤次郎家を訪れた客が、サインとともにメッセージなどを記入している芳名録。東家所蔵「清渓余韻」。

（2）『大阪朝日新聞』一九二三年一一月八日付（朝刊）。

（3）発見年については、大正九年（一九二〇）二月、大正八年（一九一九）二月であったという二説ある。しかしながら橋川正「北摂より発見したる切支丹遺物」（『史林』六‐一号、一九二一年、一二〇～一二五頁）によれば、発見が大正九年であったことを記す藤波の書簡に関する記述がある。また、天坊幸彦も同様に大正九年であったとする。大阪府学務部編『大阪府史跡名勝天然記念物』第二冊、清文堂出版、一九三一年、二〇〇頁。なお藤波は昭和七年（一九三二）の大阪朝日新聞の連載後に墓碑発見年を大正八年に改めている。

　墓碑発見時期の経緯の錯誤については、高木博志「解題・茨木キリシタン遺物発見をめぐって」『新修茨木市史年報』一五号、二〇一七年、一～七頁、同「茨木キリシタン遺物の発見」『新修茨木市史年報』四号、二〇〇五年、一～一九頁に詳しい。

（4）兄である藤波大圓は当時国内に不在であった可能性もある。大澤広嗣「昭和前期の仏教界とタイ　藤波大圓と山本快龍の視察」、高野山真言宗タイ国開教留学僧の会編『泰国日本人納骨堂建立八十周年記念誌』高野山真言宗タイ国開教留学僧の会、二〇一七年、二二九～二六九頁。

（5）この時の様子は新村出「濱田青陵博士の追憶」『考古学論叢』第八輯、一九三八年、四三～四八頁に記されている。

（6）『京都帝国大学文学部考古学研究報告』第七冊、一九二三年。

（7）中谷茂「潜伏キリシタンの遺宝」（私家版）、一九八八年。

（8）前掲註（3）高木論文。

（9）奥野慶治『綜合清溪村史』清溪尋常高等小学校、一九三五年。復刻版が一九八八年（茨木市立清溪小学校創立一一五周年記念事業実行委員会発行）に刊行されている。

なお藤波は、中谷源之助家、中谷仙之助（繁蔵）家での発見は大正一一年（一九二二）四月のこととし、大神家の発見を同年五月と記している。藤波大超「吉利支丹遺物発見の動機及び行事について」『歴史と地理』第二〇巻第三号、一九二三年、五六～六一頁。

（10）ジシピリナは、キリストの受難をしのぶため、自らを鞭打つ道具。

（11）断簡の一つに「ほろひんしあ」と墨書されていることからこう呼ばれる。「ほろひんしあ」とは「管区」とか「管区長」をあらわすProvincia, Provincialを示すと考えられる。

（12）写真には、大神家の念珠（ロザリオ）や中谷源之助家のキリスト磔刑像が混ざっているかと思われるが詳細は不明である。

（13）東京大学総合図書館では、念珠（ロザリオ）一点、二点がつながった念珠（ロザリオ）一点とジシピリナ一点が再確認されている。

（14）蛯川順子『祈りの形にみる西洋近世　茨木の銅版画シリーズ〈七秘跡と七美徳がある主の祈りの七請願〉』関西大学出版部、二〇二三年。

（15）キリシタン墓碑は、大きく立碑と伏碑の二種に分類される。大石氏はさらにそれを「柱状伏碑」、「台付柱状伏碑」、「板状伏碑」、「立碑」の四種に分類された。茨木で伏碑は「柱状伏碑」に分類される。大石一久「日本キリシタン墓碑総覧――分析と課題――』、同編『南島原市世界遺産地域調査報告書 日本キリシタン墓碑総覧』南島原市教育委員会、二〇一二年。三五一~三八七頁。

(16) 神庭信幸・小島道裕「東家所蔵『マリア十五玄義図』の調査――付、京都大学所蔵『マリア十五玄義図』旧蔵家屋の調査」『国立歴史民俗博物館研究報告』第九三集、二〇〇二年、一〇三~一一六頁。

(17) 前掲注(16)神庭・小島論文参照。

(18) 東家所有の牛に乗った天神像や蒔絵十字に水草文蓋付椀など。

(19) 茨木市史編さん委員会編「史料翻刻 東藤次郎関係書簡(東利之家文書)」『新修茨木市史年報』第一五号、二〇一七年、八~三八頁。

(20) 塚原晃「神戸市立博物館所蔵「聖フランシスコ・ザビエル像」の保存状態と表現解釈」『神戸市立博物館研究紀要』三五号、二〇一九年、五~一九頁。

(21) 一九二五年一月から一年間、バチカンにおいて「基督教布教記念博覧会」が開催された。聖年を記念して行われた大規模なもので、日本からも文部省の要請をうけた京都帝国大学が、京都付近や茨木で発見されたキリシタン遺物の写真や模型、拓本などを出品した。

(22) 奥野慶治『郷土の歴史』(私家版)、一九三二年、同『清溪村兵役史』帝国在郷軍人会清溪村分会、一九三四年。

(23) オスチヤとは、カトリックの聖餐式に用いる聖別されたパンのこと。聖餅。ここでは、洗礼に使う聖水を容れる盤のことを指しているかと思われる。

(24) 前掲註(9)奥野著書、三三一~三三六頁の記述による。

(25) 前掲註(9)奥野著書、三三六~四〇頁、一三三頁の記述による。

(26) 所有家が出した小冊子には記載されていることから、このころまでには発見されていたと思われるが、正確な発見年は不明。中谷清「中谷清家潜伏キリシタンの歴史」(私家版)、一九八四年。

(27) 茨木市立文化財資料館所蔵。

（28）前掲註（9）奥野著書、一三二〜一三五頁。

（29）前掲註（9）奥野著書での記載に基づくと「ヨゼフ・ビロース」となるが、よりフランス語読みに近い日本語表記ではジョゼフ・ビローとなる。以下では「ビロー」とする。彼自身は、日本語表記の場合「ビロース」とし、また千提寺や周辺地域の人びとは「ビロースさん」と呼んでいたという。

（30）マルタン・ノゲラ・ラモス（書簡の邦訳　坂口周輔）「茨木・千提寺の隠れキリシタン初発見――一八八〇年のマラン・プレシ神父の書簡（翻刻・邦訳・解題）」『人文学報』一二〇号、二〇二三年、二〇五〜二二三頁。

（31）一八六五年に長崎・浦上の隠れキリシタンが大浦天主堂を訪れ、「サンタ・マリアの御像はどこ？」と神父に尋ねたことが「信徒発見」につながった。神父は一八六六年に香港で日本代牧区司教に任命された。

（32）戸田は、洗礼名はピエール（ペトロ）で、伝道士ではなく行商人であり一般の信徒であった。マルタン・ノゲラ・ラモス氏のご教示による。Jean-Baptiste Duthu, "Découverte de descendants d'anciens chrétiens dans le diocèse d'Osaka (Japon)", *Bulletin de la Société des Missions-étrangères de Paris*, n°36, 1924, p.752.

（33）奥田康雄「千提寺教会とビロース神父傳」『キリシタン文化研究会会報』第一三年第一号、一九七〇年、一二〜三六頁。奥田氏の紹介するビローの日記については、現在所在不明である。

（34）ベルネはフランス、スイス国境に近い場所に位置しており、周辺には美しい山々が広がっている。千提寺の風景と自身の故郷の風景を重ね合わせたのかもしれない。

（35）ヨゼフ・ビロース『ユスト・高山右近』天主公教会・小さき花の書店、一九三〇年、二六頁。

（36）前掲註（33）奥田論文、一四頁。

（37）フランシスク・マルナス、久野桂一郎訳『日本キリスト教復活史』みすず書房、一九八五年。

（38）前掲註（37）マルナス著書、五一七頁。

（39）本書第二章ラモス論考第三節参照。

（40）本書第二章ラモス論考エピローグによれば、高知でプレシと一緒に一年以上活動したジャン＝バティスト・

デュツ神父（Jean-Baptiste Duthu, 一八六五〜一九三二）は、一九二四年に茨木キリシタンの大正期の発見について、フランス語で論文を執筆しているが、この時にはプレシの発見について述べられていない。一方、プレシの発見についていては一九二七年の著作で言及しているものの、茨木の地名は出てこない。デュツが大正期の発見後にプレシの発見を知ったのかどうかは不明であるが、ビローがデュツから情報を得た可能性もあるだろう。ラモス氏のご教示による。

（41）前掲註(9）藤波論文、五九頁。

（42）「通信」『公教家庭の友』七一号、一九二五年一一月、三四〜三五頁。

（43）前掲註(33）奥田論文、二九頁。

図版の出典

図1、2、4〜13、15〜20、27〜40、45、47、49、52　茨木市立文化財資料館

図3　神戸市立博物館

図14、24〜26、41、42、48　資料番号C82_1827, C82_1766, C82_1773, C82_1765, C82_1802, TKUM PIC2011/1/3/4/3/1, C82_1810

〝京都大学総合博物館蔵キリシタン関係資料、ca.1920-2004〟（資料所蔵：京都大学総合博物館、データ提供：京都大学研究資源アーカイブ）https://peek.rra.museum.kyoto-u.ac.jp/ark:/62587/ar56785.40451

図21〜23　東京大学総合図書館

図43、44、46、50　京都大学文学研究科考古学研究室

図52　個人蔵

第四章　大正期の文化・学術と茨木キリシタン遺物の発見

高木博志

一　問題の所在

本章では、一九二〇年（大正九）の茨木キリシタン遺物発見の経緯を追う。この歴史的発見をめぐる時代潮流として、時空を越え憧憬に満ちた大正期のロマン主義や、キリシタン研究をめぐる当時の学術状況を指摘したい。

ロマン主義の大正時代における顕現は、桃山文化や江戸文化への時間的な遡及とともに、大航海時代のポルトガル・スペイン・オランダなどの西欧諸国や、さらには中国・東アジアといった異郷への空間的な広がりを特色としていた。具体的には、安土桃山文化、キリシタン・南蛮文化、豊臣秀吉の顕彰やブームは、海外雄飛の大航海時代のイメージを、現実の「帝国」の時代に重ねた。また大正期には、吉井《よしい》勇《いさむ》（一八八六〜一九六〇）、竹久《たけひさ》夢二《ゆめじ》（一八八四〜一九三四）の活動や、あるいは国画創作協会、マキノ映画などが扱った諸テーマにおいて、京都イメージとしての南蛮、桃山文化、花街・舞妓やサムライが、同時代に連動して表象された。たとえば京都を舞台に吉井勇の「祇園もの」や、国展、マキノ映画、花街論、キリシタン文化や南蛮憧憬などが一斉に開花し、「京都らしさ」を形成する複合的な文化思潮としてロマン主義が現れた。その京都において、一九一七年、新しい京都画壇を担う一人である入江波光《いりえはこう》（一八八七〜一九四八）が、西郊の紙屋川に近い菩提寺・延命寺でキリシタン墓碑を初めて発見したのである。

そうした時代思潮の下で、京都帝国大学のキリシタン研究や、茨木キリシタン遺物の発見もあった。茨木キリシタン遺物についていえば、一九二〇年の「上野マリヤ墓碑」（第三章・図1参照）の発見者である藤波大超《ふじなみだいちょう》（一八九四〜一九九三）は茨木中学校の地歴科教師・天坊幸彦《てんぼうさちひこ》（一八七一〜一九五五）による学びのなかで育った。天坊は、三島郡の史蹟調査委員会の責任者だった。彼は同窓の東京帝国大学国史学教授の黒板勝美《くろいたかつみ》（一八七四〜一九四六）が推し進めていた、一九一九年の史蹟名勝天然紀念物保存法と「現地保存」といった時代の最先端の学知を熟知していた。そうした学問を茨木・三島郡の地域で広めるとともに、学生たちに桃山時代から近世初頭の歴史に関心をもたせ、地域の文化財を守ろうとした。

二　大正期京都のロマン主義

ここでは大正期京都の文化思潮としてのロマン主義を、茨木キリシタン遺物発見の時代背景として論じる。キリシタン研究は、大正時代には異国への南蛮憧憬と京都表象としての祇園や舞妓とが表裏一体となって、社会的に注目を浴びてゆく。

ロマン主義とは、ヨーロッパが近代社会へと転換する一八世紀後半から一九世紀前半にかけて、文学・芸術・政治・宗教・科学などが、自然や人間・社会と新たな関係を結ぼうとする、人間観や世界観にかかわる広範な思想的な営為である。[1] 日本におけるロマン主義は、明治後半の青木繁（一八八二〜一九一一）や島崎藤村（一八七二〜一九四三）のように、情緒的で、主観主義的な美術・文学に一般化されており、本来のヨーロッパとは違うあり方であった。[2] ヨーロッパのロマン主義は、新古典主義、自然主義などと重層し変容しながらも一世紀以上も影響力をもち続けた。

図１　1917年、入江波光発見　延命寺キリシタン墓碑（『京都帝国大学文学部考古学研究報告』第七冊）

大正期には、木下杢太郎《もくたろう》（一八八五〜一九四五）・北原白秋（一八八五〜一九四二）らの南蛮憧憬や、新村出《しんむらいずる》（一八七六〜一九六七）のキリシタン研究、福井利吉郎《りきちろう》（一八八六〜一九七二）の桃山文化・琳派の顕彰と国画創作協会の桃山風画題の盛行、江戸趣味、そして牧野省三《しょうぞう》（一八七八〜一九二九）と尾上《おのえ》松《まつ》之《の》助《すけ》（一八七五〜一九二六）のチャンバラ映画が、あいまって時空を超えたロマン主義として展開した。そのおもしろさは、一九一七年八月に京都の上京区の延命寺（入江波光の旦那寺）や成願寺ではじめてキリシンタン墓碑（慶長［一五九六〜一六一五］年間）三基（図１）を発

見したのが、京都市立絵画専門学校を卒業した入江波光であったことにも象徴される。(3)

『京都府史蹟勝地調査会報告』（一九一九年）の「慶長年間耶蘇教徒墓碑」の記述は以下である。

京都市上京区御前通下立売下ル東側延命寺、同一条通大将軍社前成願寺、同天神筋通下立売上ルモト浄光寺ト云フ寺院ノ旧墓地ニ於イテ相続イテ耶蘇教信徒ノ墓碑ヲ発見シタリ。初メ延命寺ニ於イテハ大正六年八月末同寺檀家総代ナル入江波光氏ガ門内一隅ニ三基ノ墓碑ノ碑面ニ平仮名ノ文字見ユルアリテ、和歌ノ墓誌ノ如クニ称セラレシヲ発見シ、其ノ碑面ヲ精査シタルニ一基ニハ、中央ニ、「平賀太郎左衛門まこい禰す」、右方ニ「慶長十三年三月十日」、左方ニ「さんおのりよの日」、ト誌セリ、（傍線高木、以下同じ）

入江波光は、一九一三年の卒業制作に、江戸の明暦の大火（一六五七年）に材をとった「振袖火事」を描き、一九二〇年には国画創作協会に、風光の中で天使と山水が呼応するロマン主義的な「彼岸」を出品した。(4)入江波光の発見により、それまで文学に見られる観念上の幻想にすぎなかった南蛮が、現実のキリシタン遺物として出現した。そして一九二〇年（大正九）、大阪府茨木の山中、千提寺《せんだいじ》における上野マリヤ墓碑やザビエル画像が発見された。それとともに京都大学の考古学や新村出のキリシタン文学研究と、観念上の南蛮憧憬が、あいまって具体像を結んで展開してゆくこととなる。たとえば川上澄生《すみお》（一八九五〜一九七二）は、新村出『南蛮広記』（岩波書店、一九二五年）を読んで、南蛮画題に取りかかったという。ちょうどその時期、京都に滞在していた人気絶頂の竹久夢二における異国憧憬と江戸趣味が共存する画題にも、時代性が象徴される[5]。

　そもそも、異国への南蛮・キリシタン憧憬と、京都表象としての舞妓イメージは、その生成時から一体であった。

　一九〇七年（明治四〇）盛夏、『明星《みょうじょう》』の与謝野鉄幹《よさのてっかん》（一八七三〜一九三五）・北原白秋・吉井勇・木下杢太郎らは、平戸・長崎・天草・島原と原城址・キリシタン遺跡などにふれ、「「南蛮」に対する異国趣味」を見出し、その足で、九月七日、京都に着いた[6]。杢太郎は、ゲーテの『イタリア紀行』の影響をうけていたという。杢太郎は、新京極・先斗町をへて四条の大橋にたたずみ、「（河原の納涼《すずみ》）随分俗化して当年のしめやかさを幾分没了したにせよ、古い京の風俗の俤《おもかげ》は残っている。橋を渡って祇園に入った。舞姫は夢の女《おなご》である」と記述する。南蛮憧憬と、祇園の舞姫・舞妓の発見は、合わせ鏡であった[7]。

　この吉井勇らの九州・京都紀行を契機に、観念としての南蛮憧憬がブームとなり、一九〇九年（明治四二）には北原白秋『邪宗門』、木下杢太郎の戯曲『南蛮寺門前』が発表された[8]。白秋はうたう、「象徴詩は情緒の諧楽と感覚の印象を主とす」、「われは思ふ、末世の邪宗、切支丹でうすの魔法」「血の磔脊にし死すとも惜しからじ、願ふは極秘、かの奇しき紅《くれなゐ》の夢[9]」。

　いち早く南蛮ブームの影響をうけた竹久夢二は、一九一四年（大正三）に妻であった環《たまき》とはじめる港屋の芸者と黒船意匠の風呂敷、宣教師と遊女のタブー、背徳を扱う「切支丹波天連渡来之図」（大正中期）といった作品群を発表した。時代背景として、アレキサンドリアの隠修士の舞姫への禁断の恋を扱ったアナトール・フランス（Anatole France, 一八四四〜一九二四）の戯曲『舞姫タイス』[10]の大正

図２　竹久夢二「邪宗渡来」1918 年、竹久夢二郷土美術館

期日本での紹介があった。

一九一八年の竹久夢二「邪宗渡来」（図２）には、大正期のロマン主義の特徴である、南蛮という空間的な異域、大航海時代・江戸趣味という時間的な異界といった、時空を超えた憧憬に満ちている。ここでは、ロマン主義の属性である、歴史憧憬という時間の遡上がみてとれる。「邪宗渡来」では江戸期の遊女が登場し、夢二も盛んに浮世絵を研究するが、大正時代には江戸時代の浮世絵ブームとともに、安土桃山文化への憧憬が展開する。一九一〇年（明治四三）の日英博覧会で「桃山時代」の時代区分が登場し、一九一一年（明治四四）八月の歴史地理学会の大津での開催においては、後述するように、安土桃山時代がテーマとなる。

京都という場と芸術が交歓する大正期の位相を、さらにみてゆきたい。一九一六年（大正五）四月に大阪府立茨木中学校四年生の川端康成は、学校をサボって、京都の新京極から円山を彷徨《ほうこう》し、「都踊に憧憬」して安宿に泊まって、翌朝、鉄道で帰った。当時は、長田《ながた》幹彦《みきひこ》や谷崎潤一郎の「祇園もの」、「頽唐耽美《たいとうたんび》の文学」がはやっていた。川端康成の耽美的に日本文化を求める原点は、大正期の祇園体験にあった(11)。

奇しくも川端康成は茨木中学出身で、千提寺のキリシタン遺物を発見した藤波大超や奥野慶治《よしはる》とともに、三島郡域において時代の先端を切る歴史地理学者である天坊幸彦の教え子であった。明治前期の「皇国地誌」編纂のために、村々の歴史や地誌が記録された『三島郡町村誌』の原稿が、現在も茨木高校には残っている。東京帝国大学文科大学国史学科を卒業し、キリシタン遺物や古代の条里制を復元研究した天坊が、三島郡役所から借りてきたものだった。四年生の康成は、筆写の作業が「嫌々」ではあるが、「ペンを走らす」努力への快楽も感じていた。しかし基本的に、康成は天坊のような実証的な歴史学者とは合わなかった。天坊が、大正期の文芸について堕落文学とみなしたのに腹が立つと日記に記していた(12)。

さて京都絵画専門学校に日本画を学んだ第一世代の俊英たち土田麦僊《ばくせん》・村上華岳《かがく》・小野竹《ちっ》喬《きょう》・野長瀬晩花《ばんか》・榊原紫峰らが一九一八年（大正七）に、国画創作協会を結成した。彼らは桃山文化へと傾倒した。国画創作協会の鑑査顧問であった竹内栖鳳《せいほう》は、同年一一月の第一回国画創作協会展に出陳した麦僊の「湯女《ゆな》」（図3）

図3　土田麦僊「湯女」1918年（部分、東京国立近代美術館所蔵）

図４　竹久夢二「長崎十二景」（1920年）より「出島」（福田美術館所蔵）

を絶賛する。装飾的な松と藤の隙間から、三味線の音のなか、赤い長襦袢の胸をはだけた湯女がくつろぐ。栖鳳いわく、「足利期の作を思はせるやうな、又、桃山のやうなところを有つた、濃艶なものにして観者を牽《ひ》きつけて居る」と。もちろん湯女も売買春とかかわった。

また一九二三年（大正一二）の関東大震災を機に、柳宗悦は京都に移住し「民芸」概念を生み出し、谷崎潤一郎も関西で転居を重ね古典に材を取る作品を残し、同年一〇月から二年余りにわたって草土社を率いた岸田劉生も京都に滞在した。劉生は、滞在当初より、桃山から寛永期の美術にあこがれ、岩佐又兵衛風の初期浮世絵や骨董を求めた。しかし一九二四年一二月より、木村斯光《しこう》に誘われて茶屋に惑溺して、お気に入りの舞妓・花菊の肖像を描いた。まさに祇園の「デロリ」の趣と初期浮世絵に魅了されたのである。ここでも東京（江戸）を起点にみた場合、東京にはない桃山から江戸初期の文化という時間軸の歴史性と、祇園の舞妓に京都文化を見出す空間的な異郷性を見出したのである。[13] 南蛮・桃山文化や江戸初期の文化は、歴史の浅い帝都東京には存在せず、古都京都にしかないのである。

さらに一九二〇年（大正九）に竹久夢二は、「浦上天主堂」、「出島」（図4）、「十字架」などの画題の「長崎十二景」を描き、長崎滞在で世話になった長崎の南蛮文化・郷土史研究者である永見徳太郎（一八九〇〜一九五〇）に贈り、昭和期には川上澄生の南蛮主題の木版画へとつながってゆく。一九二〇年の茨木千提寺の上野マリヤ墓碑、ザビエル画像発見は、京都帝国大学のキリシタン研究を触発するが、文化状況においては、夢二における異国への憧憬と江戸趣味が共存する画題や、時空を超えたロマン主義の時代のなかでのできごとでもあった。

三　豊臣秀吉顕彰とキリシタン遺物の発見

日露戦後の帝国主義の時代には、日本人の海外活動が盛んで、安土桃山時代の顕彰と日本から南蛮への憧憬にみちた南蛮趣味が隆盛になった。それは豪壮で国際性に満ちた文化を生み出した豊臣秀吉の顕彰と表裏一体であった。織豊期の文化財や豊臣秀吉という偉人を顕彰する、「政治」である。一六世紀後半から徳川家康が征夷大将軍となる一六〇三年までの豊臣政権の安土桃山時代は、伴天連追放令はだされるが、キリシタンが活動する時代でもあった。奇しくも一六〇三年（慶長八）が、千提寺の上野マリヤ墓碑の年代である。

豊臣秀吉関係史跡の保存が本格化するのは、日韓併合後、一九一六年（大正五）四月の木内重四郎《きうちじゅうしろう》（一八六八〜一九二五）の京都府知事の就任を契機とする（京都府知事は一九一八年六月まで）。木内は、一九〇五年一二月に統監府農商工務総長から、一九一〇年一〇月に朝鮮総督府農商工部長官を歴任した。井上勝生が明らかにしたように、木内は、韓国統監伊藤博文以上の積極的な韓国併合論者であった(14)。木内は、「予は豊公の神霊を仰いで日本民族海外発展の守本尊《まもりほんぞん》と為さん」と、東アジアに広がる帝国日本における歴史上の偉人秀吉顕彰の意義を述べ、また木内は天智天皇陵や桓武天皇陵の修補を行った(15)。

一九一八年(大正七)二月九日、京都府知事木内重四郎は、仲小路廉農商務大臣宛の稟請においても「曩《さき》ニ韓国併合セラレ日本民族ノ漸次亜細亜大陸ニ発展スルニ従ヒ豊公ヲ追慕シテ其廟社ニ参スルモノ逐年増加セリ」とのべ、日韓併合の政治的契機と豊臣秀吉の顕彰の必要性を結びつけている(16)。

また一九一八年の京都府庁文書「社寺事務引継演説書」(17)には、以下のようにある。

一、史跡勝地保存ニ関スル件

一、豊国廟域拡張ノ件

ここでは、豊国廟の整備が京都府全体の史蹟勝地保存と均しく並べられている点が、重要である。さらに秀吉史跡の保護・顕彰は、一九一九年の史蹟名勝天然紀念物保存法の施行時に進展する。『京都府史蹟勝地調査会報告』第一冊には、聚楽第址、「慶長年間耶蘇教徒墓碑」、第二冊には御土居、聚楽第址、第五冊には豊国廟とあり、京都における重要な史跡として位置づけられた。

この『報告』第一冊は、先述のように一九一七年の京都市立美術工芸学校卒業生入江波光による上京区の延命寺や成願寺のキリシタン墓碑三基が報告され、これを端緒として一九一七年下半期から一九二二年までに、キリシタン墓碑(一六〇二〜一〇年記)合計九基が発見された。これが茨木山中の小学校教師・藤波大超を発憤させ、翌年の千提寺・上野マリヤ墓碑の発見につながるのである。

秀吉の朝鮮出兵にかかわり、植民地朝鮮において日韓併合前後から軍部による倭城《わじょう》の研究が始まった。伴三千雄「南鮮に於ける慶長文禄の築城」『歴史地理』（三六巻五・六、三七巻二〜六、一九二〇〜二二年）などに代表される、「出征諸将の戦略戦術の技倆を測定」すべく実態の報告がなされた。伴は、倭城は「独り豊太閤の雄図を物語るのみではなく、実に当時に於ける大和民族の発展飛躍を永遠に伝ふべき大記念物」と位置づけることによって、朝鮮総督府による史蹟保存を訴えた。朝鮮総督府は、一九三三年（昭和八）に朝鮮宝物古蹟名勝天然記念物保存令を制定し、その後、一九三五年（昭和一〇）に蔚山《うるさん》倭城《わじょう》、釜山子城台城の古蹟指定を嚆矢として、一九三九年（昭和一四）までに一一か所の倭城の古蹟指定を行った(18)。

さらに日本美術史においては、一九一〇年代以降において、織豊政権期や安土桃山時代が京都イメージに重ねられていった。一八九五年（明治二八）の平安遷都千百年紀念祭のときは、中国にはない「固有な」貴族文化、かな文字や、『源氏物語』、宇治・平等院などの「優美」さが京都イメージとして創り出された。そして日本が朝鮮を領有した一九一〇年代以降の「帝国」の時代になると、安土桃山時代がクローズアップされることとなった。一六世紀中葉以降には、大航海時代の中で南蛮人が日本に鉄砲やキリスト教をもたらし、日本人も東南アジアに日本人町を形成した。織田信長や豊臣秀吉は豪壮な金碧画で飾られた安土城や伏見城を造営した。そして豊臣秀吉は、文禄・慶長の役（壬辰倭乱、丁酉再乱）で、朝鮮へと侵略することになる。まさに二〇世紀の「帝国」の時代の「海外雄飛」と安土桃山時代は重なるイメージとなった。

一九一一年には、歴史地理学会が毎年の夏期講座を全国各地でもったが、滋賀県教育会主催で大津に開催した[19]。八月三日の「安土現地講話」では、京都帝国大学の内田銀蔵は、「織田豊臣二氏の時代」は、「中心点が京都又は其の附近に在つた時代の末期」とみた。また京都帝国大学文科大学哲学科を卒業したばかりの美術史の福井利吉郎は「桃山時代の美術」で、「然るに我が文芸復興期である桃山時代の絵画は何を以て新意を出したか。その精髄は「装飾的に帰る」事であると同時に、大和絵の復興であつたのではありますまいか」と桃山文化をルネサンスになぞる清新な議論を展開した[20]。

一方、帝国の時代において、大阪はアジアに開かれた工業都市として発展を遂げるが、一九二一年一二月に大阪中之島の豊国社は、一八八〇年（明治一三）に創建された京都の本社・豊国社から独立した。また昭和天皇の即位奉祝事業は、一九三一年（昭和六）一一月に周辺公園の整備とともに大阪城復興となり、大大阪のシンボルとなった[21]。

四　キリシタン遺物の発見をめぐる人々

一九〇五年三月、東京帝国大学文科大学宗教学講座の開設に、のちにキリシタン研究に打ちこむこととなる初代主任教授姉崎正治《あねさきまさはる》（一八七三～一九四九）が就任した。姉崎正治の父正盛は、桂宮家に仕え仏光寺の絵所の姉崎家に養子となり、一八八一年（明治一四）一〇月の桂宮淑子《かつらのみやすみこ》（一八二九～一八八二）の神式葬儀を勤めた直後に死去している。姉崎正治は、京都の仏光寺の敬虔な信仰の生い立ちの中で、宗教学への関心を深めていったのだろう[22]。

一九〇六年（明治三九）に後発の京都帝国大学文科大学が設置され、考古学の浜田耕作（一八八一

〜一九三八）や国語学の新村出、東洋史の桑原隲蔵《くわばらじつぞう》、西洋史坂口昂《さかぐちたかし》などの東京の帝国大学出身の俊英たちが、文学部陳列館の空間配置や雑誌『史林』にみられるような歴史学・地理学・考古学など学際性に富んだ研究を進めてゆくこととなる。一九一六年九月には、京都帝国大学文科大学に考古学講座が日本ではじめて設置された。考古学講座が文科大学に置かれたことが京大の特色であり、同年三月、浜田青陵（耕作）初代主任教授となり、初期スタッフに梅原末治（一九一五年文科大学教務嘱託、一九一三年助教授）、島田貞彦（一九一三年助手）がおり、彼らがキリシタン遺物研究を担うこととなる。

さて一九二〇年（大正九）二月一七日に、三島郡石河村安元の教誓寺住職で忍頂寺小学校教諭であった藤波大超が、清渓村千提寺の東藤次郎《ひがしとうじろう》の案内により千提寺の寺山で、キリシタン墓碑（上野マリヤ）の歴史的な発見を行った。この発見には、茨木中学校の恩師である天坊幸彦の教示や、親戚で仏教学者である橋川正《ただす》（一八九四〜一九三一）の協力が大きい。いわば一九二〇年段階の学知がもたらす必然といえる。これを契機にして、清渓村地域の隠れキリシタンとして千提寺の東藤次郎・アチヤ（廃絶）・中谷儀右衛門・中谷要助・中谷源二郎・中谷藤太郎（廃絶）・中谷源之助などの七戸の存在が明らかになってゆく。

そして同年九月二六日に、藤波大超と兄藤波大圓と、その姻戚で京都帝国大学国史科依託生・橋川正によって、千提寺の東藤次郎宅で、天井裏の「あけずの櫃」から「聖フランシスコ・ザビエル像」と「マリア十五玄義図」、舶載品の木彫キリスト磔刑像、八個のメダイなどが発見された（以上、第三章・図2〜6・12参照）。そして国史学講座初代教授・三浦周行に教えを受けていた橋川正によって、京都帝国大学にその報がもたらされることとなる。

はやくも五日後の一〇月一日に、京都大学附属図書館長新村出から東藤次郎に宛てて、「今般御珍蔵ニ係ル耶蘇教徒古写本壱冊学術研究資料トシテ橋川正氏ヲ経テ御貸付ニ預リ深謝奉リ候」との礼状が出されている。(23) この「古写本」とは、「吉利支丹抄物」(キリシタン布教用のノート。第三章・図14参照)をさしている。

ここで地元の茨木においてキリシタン遺物の発見に関わった四人のプロフィールを確認したい。

藤波大超は、一八九四年(明治二七)に安元の教誓寺に生まれ、戦後まで茨木キリシタン発見の語り部としての役割を果たし、一九九三年に長寿を全うした。一九一一年(明治四四)二月に忍頂寺尋常高等小学校を卒業、同年四月に旧制茨木中学校に入学し地歴科教員の天坊幸彦に教えを受けた。天坊の示唆を受け、のちに茨木山間部のキリシタン遺物を探索することとなった。一九一七年三月に茨木中学校の修了後、同年六月に安威《あい》尋常学校代用教員となった。一九二〇年二月に「上野マリヤ」キリシタン墓碑やザビエル画像を発見した当時は、二五歳の忍頂寺尋常高等小学校訓導であった。一九四九年七月に忍頂寺中学校長を退職し、以後、一九六〇年三月まで忍頂寺中学校講師をつとめた。(24) また茨木市文化財調査委員などをつとめ、一九八七年(昭和六二)九月に開館する茨木市立キリシタン遺物史料館(千提寺)の初代館長になっている。著作には、『摂津三島のキリシタン』(三島郡公立中学校教育研究会、一九五二年)があり、『茨木市文化財資料集　第九集、千提寺・下音羽のキリシタン遺跡』(茨木市教育委員会、一九六九年)は、大阪万国博覧会の前年に、*CHRISTIAN RELICS OF SENDAIJI AND SHIMO OTOWA*, Ibaraki City Cultural Properties Guide No.9 (Ibaraki City Education Committee, Osaka, 1969) として英訳された。この資料集は、一九九二年に、忍頂寺小学校・校長山崎豊の手により『茨木市文化財資料集』として、ルビを付けて小学校高学年用に復刻されている。

私は、とりわけ茨木キリシタン遺物発見の共同作業者であり、それに学術的な裏づけを与えた橋川正《ただす》を、復権したい。橋川は夭折ゆえに歴史のなかに埋没した。橋川は、一八九四年一月、京都・下京区の仏願寺に生まれ、一九一七年、入江波光が京都でキリシタン墓碑を発見した年に真宗大谷大学を卒業している。京都帝国大学国史科依託生として、三浦周行に師事し、その後、一九二〇年に真宗大谷大学教授となった。しかし欧米への在外留学より帰国直後、一九三一年四月に曽我《そが》量深《りょうじん》（一八七五〜一九七一）らの著作を異端とする大学当局に抗議する二一人の教授とともに辞職し、同年九月に喘息のために夭折した。橋川は、親戚である藤波大超にキリシタン遺物発見のアドバイスをし、京都帝国大学に学術研究をつないだ功労者である。橋川の著作には、『太秦広隆寺史』（京都太秦聖徳太子報徳会、一九二三年）、『日本仏教文化史の研究』（中外出版社、一九二四年）、『日本仏教と社会事業』（丙午出版社、一九二五年）、『鞍馬寺史』（鞍馬山開扉事務局出版部、一九二六年）、『概説日本仏教史』（文献書院、一九二九年）などがあり、その社会へのまなざしをもった仕事に対する史学史的究明が必要とされる。

さらに茨木・三島郡の歴史地理学やキリシタン研究における基盤を作った天坊幸彦《てんぼうさちひこ》（一八七一〜一九五五）の存在は、欠かすことができない。幕末京都において岩倉具視のもとで尊王運動に関わった父・磬平《かくへい》のもとに京都で育ち、進学した東京帝国大学国史学の一年先輩に黒板勝美・喜田貞吉がいた。一八九八年（明治三一）より二五年間、茨木中学校地歴科教師を勤めたのち、浪人をへて、浪速高等学校教授となった。茨木中学では、藤波大超・奥野慶治・川端康成らを教えた。

天坊の業績で特筆すべきは、歴史地理学的方法により今城塚古墳《いましろづか》（現高槻市郡家新町）が真の継体大王墓（日本書紀では五三一年没）であることを論証したことにある。これは茨木キリシタン遺物発見と並ぶ、二〇世紀の北摂地域史のみならず学術上の大事件であったので、詳しく述べたい。

天坊幸彦は、三島村中城《なかんじょう》の常称寺で新たに発見した文和元年（一三五二）の「摂津総持寺々領散在田畠目録」をもちいて条里制の復元を試みた。結果、八世紀初頭に引かれた島上・島下郡の境界は、現在の地図に落とすとほぼ高槻市と茨木市の市境に当たることがわかった。島上郡にあったと「延喜式」（一〇世紀）に明記される真の継体天皇陵は、宮内庁が治定する太田茶臼山古墳《おおだちゃうすやま》（旧島下郡で現茨木市）ではなく今城塚古墳（旧島上郡で現高槻市）であることが証明された。古代から今日まで、郡界は不変で、宮内庁の治定した継体天皇陵（太田茶臼山古墳）は島下郡にあり続けたので真陵ではない。一九八〇年代以降の埴輪編年研究の成果では、太田茶臼山古墳は、継体大王の没年より約一〇〇年早い五世紀の築造であることもわかってきている。

なお天坊は、三島郡の地域の史料を博捜しており、文化一三年（一八一六）に「摂津総持寺々領散在田畠目録」を写した田尻紋右衛門源重次は、中城《なかんじょう》村の代官であり、この当時、田尻家が現存することを確かめていた。また文書に出てくる字名《あざ》を逐一、当時の参謀本部二万分一図の地名に落としている。[25] 三島郡域の現地を歩き精査した成果であったのだ。この成果を天坊は、宮内省にも提出している。

この「摂津総持寺々領散在田畠目録」が、『歴史地理』（第四七巻五号、一九二六年一月）に掲載された同じ年の一九二六年（大正一五）一〇月二六日付『大阪朝日新聞』に、「継体帝陵は今城塚？ 現在の藍野陵は同帝妃の御陵、古い記録から確証を発見す、諸陵寮から実地調査に来る」との記事が掲載された。天坊幸彦のもとへ、東京帝国大学文学部国史学科出身で宮内省において考証に携わる若い和田軍一（一八九六～一九九八）が、同門の先輩を訪問したことが報じられた。和田は、二〇世紀の学知である天坊の学説を、宮内省内で陵墓考証に反映させようとした。しかし一八八九年（明治二二）に一二〇〇代を超える天皇陵が治定された後に、天坊の科学的な論証、和田の努力を持ってしても、真の継体天皇陵（今城塚古墳）に治定替えすることはなく、今日に至る。「万世一系」という記紀神話の天皇系譜をアプリオリに正統とする天皇制の神学の前には、天坊幸彦と和田軍一による学問的真理の追究も、蟷螂の斧であった。

その後、天坊は、一九一五年六月に大阪府史蹟調査委員会常任委員に就任し、三島郡を担当し、『大阪府史蹟名勝天然紀念物』第二冊（一九二八年）を上梓した。戦後には、『上代浪華の歴史地理的研究』（大八洲出版、一九四七年）として、茨木中学校時代以来の研究成果をまとめ、『三島郡の史蹟と名勝』（天坊武彦、一九六一年）も著している。天坊の地名・小字を実地で歩き精査する歴史地理学の方法論が、「クルス山」に着目せよとの藤波大超へのアドバイスにつながった。

最後は天坊の茨木中学校の教え子であり、茨木山間部の郷土史研究に重要な役割を果たした**奥野慶治**である。『綜合清渓村史』（清渓尋常高等小学校、一九三五年）で、一九二二年（大正一一）一月二四日に隠れキリシタンの中谷糸子（中谷イト。第三章・図52参照）の聞き取りをしている。深夜にオラショを唱え、ときに寺尾山の尾根で夕日に祈りを捧げた。糸子の父吉右衛門は、復活祭の前四旬節の断食を守り、行開きの日には、右手に御縄を持ってオラショを唱えながら何度も左肩を打ったという。糸子も含め千提寺の隠れキリシタンの家は、旦那寺が下音羽村の曹洞宗高雲寺である。奥野の『綜合清渓村史』は、堅実な史料調査と聞き取りに裏づけられ、天坊の学統を地域史研究に受け継ぐものであった。この隠れキリシタンの信仰を記録する奥野の聞き書きが、同時代におけるもっとも信頼できる資料として、『新修茨木市史』編纂事業（二〇〇三～一七年）をはじめ、今日でも活用されている。

五　一九二〇年の千提寺キリシタン遺物の発見

東《ひがし》家のキリシタン遺物発見からわずか五日後の一九二〇年一〇月一日付の『大阪毎日新聞』に、新聞報道としてスクープされている。この記事は、京都帝国大学と密接な関係にあった大阪毎日新聞記者、岩井武俊（一八八六～一九六五）の記事であろうと推測される。

先年京都市上京区北野神社附近の寺院より慶長年間耶蘇教信者のクリスチヤンネームを刻せる墓石数基を発見してより以来頗る学界の興味を惹起し、日本文化史上此種材料の蒐集に留意し来れるが、一両日前端《はし》なくも大阪府下三島郡高槻の北二里ばかりの山奥清渓村字千提寺小字寺山（クルス山）より此種の珍奇なる遺物を発見し、発見者京都大学文学部史学専攻の橋川正氏より京都大学に持参し新村［出］、内藤［湖南］両博士の鑑定を乞へるが、其遺物の一は字寺山に存在せし墓石標にして其面に「慶長八年［一六〇三］上野マリヤ」の墓なる旨を刻しあり、又一は同村東某氏方祖先伝来の一珍書にして両博士鑑定の結果、同書は四寸に三寸位形の本小洋綴にして数百頁、内容は仮名にて聖書の全文を写せるものにて、右墓標と同じく慶長頃のものと見るべく、尚同家には象牙彫のマリヤの像をも蔵せりと、その何れも慶長当時（今より三百数十年前）此山間の僻地迄基督教の弘通《ぐづう》せしことを証する貴重の史料として新村博士等は頗る興味を以て更に研究を重ぬべしといふ

この報道で留意すべきは、一九一七年の入江波光による京都西郊でのキリシタン墓碑発見に続く、三島郡の「慶長八年上野マリヤ」墓碑の発見者を、「京都大学文学部史学専攻の橋川正」であると間違ったことである。さらに国語学の新村出、東洋史の内藤湖南（一八六六～一九三四）によりキリシタン墓碑、慶長頃の聖書の写しの鑑定があったこと、またすでに『南蛮記』（東亜堂書房、一九一五年）を著していた新村の遺物への興味も報じられる。

そして学術的な最初の記録として、東家のキリシタン遺物発見の四か月後の一九二一年一月、橋川正「北摂より発見したる切支丹遺物」（『史林』第六巻一号）が世に出た。これは後年の回顧ではなくリアルタイムに真実を伝える論考である。学術雑誌刊行までの時間を考えると、橋川は、前年九月二六日のザビエル画像発見とともに『史林』掲載のこの論考を準備していたと考えられる。

この論考に紹介される、一九二〇年（大正九）一月、藤波大超が橋川を訪問した際に、橋川が藤波に「君が郷土に往時の切支丹遺物が残存」していないか、と質問したことが重要である。さらに「その後同君［藤波大超］はしきりに踏査され、それらしきもの二三を報道［告知］された。既に［大正九年］二月十八日附の書信の中に、今日訪ねんとする切支丹教徒の墓碑［上野マリヤ墓碑］の事は記されて居たのである」とする。

これは一九二〇年（大正九）発見の決定的な証言である。しかし藤波大超は、一九三一年（昭和六）

の橋川死後、上野マリヤ墓碑の発見は一九一九年（大正八）二月であると公言し、同年九月のザビエル画像ほかキリシタン遺物の発見も兄大圓、橋川正との協業であった事実も消してゆくが、一九一九年発見とは捏造である。それに対して、上野マリヤ墓碑の発見を、恩師である天坊幸彦は、一九二〇年と正確に記し続けるが、教え子である藤波の言動をどう感じていたことであろう。

さて橋川論文では、一九二〇年九月二六日の東家調査について、「一行はこの地の藤波君兄弟［大超・大圓］と予［橋川正］と合せて三人である。（中略）［東家の］老人父子は快く予等を迎へてくれた。野趣ゆたかな午餐を享けた後、予は切支丹に関する遺物の有無を質して見た。有るやうだとはかねて藤波君から聞いてゐたので、その機会を捉へやうと思つたからである。この家は現在臨済宗の門徒で仏壇には釈迦仏の木像が安置されてゐるが、段々話して居ると、昔から物置の隅に秘密のものが伝へられてゐることがわかつた。老人父子は予の請に応じてその秘密の品々を出して来られた」へと続く。

天坊幸彦の戦国期の歴史への広い知識・洞察、少壮の仏教史学徒である橋川正の教示により、千提寺で本格的にキリシタン遺物調査をはじめた藤波大超が東藤次郎の導きで一九二〇年（大正九）二月一七日に上野マリヤ墓碑を発見し、同年九月二六日にザビエル画像ほかキリシタン遺物を兄大圓・橋川正との協業で発見した。橋川正によると、あけずの櫃（第三章・図2参照）を出してくれるようにお願いしたのは橋川である。これが、一九二〇年の茨木キリシタン遺物発見の真相であろう。

藤波大超一人で茨木キリシタン遺物を発見したという「郷土の偉人」像は修正を迫られる。したがっていまだ二〇一六年においても茨木市による「大正八年（一九一九年）、キリシタン研究家の藤波大超が近くにある山林（通称寺山）でキリシタン墓碑を発見したことをきっかけに、付近の多くの家から隠れキリシタン遺物が発見されました」との公的説明は間違っている(26)。

その後、橋川・藤波の共同の踏査により、千提寺東藤次郎・中谷源之助所蔵「聖母マリア図」、中谷繁蔵蔵「聖母マリア図」、同蔵「聖人図」、下音羽大神《おおがみ》為《ため》次郎《じろう》蔵「耶蘇磔刑象牙彫像」、東藤次郎蔵「金蒔絵オスチヤ容器」、そのほか高雲寺の墓碑、「どちりいなきりしたん」「慶長四年版ぎやどぺかどる」写本（第三章・図22、23）など、続々と、千提寺・下音羽でキリシタン遺物が発見された。

さてこの一九二〇年頃には、前年の史蹟名勝天然紀念物保存法を受けて、東京帝国大学の黒板勝美の唱える文化財の「現地保存」の思想が広まりつつあった。ここにキリシタン遺物の現地保存をめぐる確執が生じることとなった。

橋川正を通じて茨木キリシタン遺物に最初に接触した京都帝国大学文科大学は、一九〇六年（明治三九）に開学した後発の帝国大学である。したがってなるべくキリシタン遺物の現物を、大学の所有にしたがった。茨木の地域からキリシタン遺物を持ち出そうとする京都帝国大学とそれを手伝う藤波大超と、茨木の現地にあってこそ文化財は意義があるとする黒板勝美や天坊幸彦との間に意見対立が生じた。

東家のキリシタン遺物の存在が明らかになった一九二〇年九月二六日から九日後の一〇月五日、所有者である東藤次郎に宛てて、天坊幸彦が書簡を認めている(27)。

拝啓、陳者石碑之件、旁越水〔勝雄〕、奥野〔慶治〕両氏も依頼いたし候事とて、藤波氏も賛成之事と存し候へとも、其後の経過如何と心配いたし候、貴下ニ於而ハ、断然御決心被下度候、自然交渉都合よく相すみ候ハヽ、御手数なから御一報被下度候、弥決定致候上ハ、小生之考ふる処ニよれは、右石碑ハ可成、現在之場所を離さゝるをよしと存候、就而ハ彼附近之樹木の下、仮令ハ山桃之樹の下へなりとも、立直し出来得るならハ屋根を作り置度、其傍へハ大阪府ニ申告して、史蹟地標石（現ニ茨木城址。芥川城址ニ立てあるものと同一のもの）を建たらはよろしからんと存し候、大正十年度右標石建設協議会之際ニハ、是非申出す積ニ御座候、右之次第ニつき是非〳〵小生希望之通、当地ニ残し置候様取斗はれ度、呉々も希望迄、敬具

ところがさらに三日後の同月八日付、東藤次郎宛書簡で、藤波大超は天坊らを批判している。

拝啓、過日来より度々御厄介を煩し候段、不悪御許被下度ひたすら御厚礼申上候、既に京都橋川〔正〕氏より送附されし写真御落手下され候事と存上候、先方〔京都帝国大学〕は大変の満足にて、今後何人たりとも閲覧お許し下されまじく様お願ひ申すとの意に候へば、何卒そのところ特に御了承よろしくお願い《ママ》申上候、尚小生は先日申上如く明後日上洛の予定に有之候へば、御安意被成下度候、何れ詳細は帰着後、御邪魔申上可申上、何卒万事に対しよろしくお願ひ申上候、実に先日天坊、越水、奥野三氏の抗議一理あるやに存じ候も余り勝手なる要求にて少々心痛いたし居候(28)

この東家に残された二通の書簡は、とても重要である。これらの書簡と関わって、後年一九五二年に刊行された三島郡公立中学校教育研究会編『摂津三島のキリシタン』の序において、天坊幸彦は、

上野マリヤの墓石が発見されて、「初め此発見が新聞紙［先述一九二〇年一〇月一日付の『大阪毎日新聞』報道］に出るや京都大学は逸早く其買収方を君［藤波大超］に交渉した」とある。

前者の一〇月五日付書翰では、天坊幸彦が大岩の越水勝雄《こしみずかつお》と奥野慶治とともに上野マリヤ墓碑は千提寺の寺山から京都帝国大学に移動させることなく、茨木城址や芥川城址と同じく史蹟として一九二一年度に現地保存し、史蹟標石を設置することを提案している。それに対し後者の八日付書翰では、橋川正が京都帝国大学に示したキリシタン遺物関係の写真に、先方は「大変の満足」であるとして、「天坊、越水、奥野三氏の抗議一理ある」としながらも「余り勝手なる要求」と藤波は憤慨している。

さらに後年、一九二三年四月一八日の東伍作宛《ひがしごさく》の藤波大超書翰では、「新に別人参り候節は固く御断り下され度」と、キリシタン遺物の専有化とともとれる意向をしめしている。(29)

一九二〇年には、黒板勝美とその影響にある天坊幸彦の現地保存主義と、京都帝国大学の意を受けた藤波大超によるキリシタン遺物を持ち出そうとする、両者が対立していたことが明らかである。

ここで、二〇世紀初頭のドイツのハイマートシュッツ（郷土保護）の学知を日本に紹介した黒板勝美の学問に触れておきたい。黒板は、一九一九年の史蹟名勝天然紀念物法にかかわる文化財保護制度や、同時代の朝鮮総督府の平壌・京城・慶州・扶余《プヨ》・釜山などの地方ごとの博物館設置の形で、現地保存の思想を具体化しようとした。

一九〇八年（明治四一）二月、黒板勝美は欧州留学に赴き、一九一〇年までまる二年、「各地美術館博物館における陳列古画器物保護法取調べ」の命を受け、ドイツ・イギリス・フランスなどに学んだ。

黒板勝美は帰国後の一九一七年二月に、「史蹟遺物保存の実行機関と保存思想の養成」(30)において、「遺物の中央集権が廃れて、地方々々に遺物を保存するのが、遺物保存上最もよい」とし、「史蹟に在つてこそ遺物の価値は最も多く発揮せらるゝ」とのべ、ギリシャのアクロポリス・オリンピア・デルフィほかの都市国家の場ごとに博物館が設置され、固有な遺跡が保存されていることを見聞に基づき紹介した。そして、今日につながる重要な提起として、高野山霊宝館のほかにも、法隆寺、醍醐三宝院、東寺、仁和寺、宮島などにも、「四辺の風気と時代とを現はす設備」としての宝物館の設置を説いた。

東京以外にも全国でも八、九か所の博物館を設置し、「地方の品を陳列」するのが望ましいが、そこまでいかない府県においては、中学校、師範学校の標本室で「その地方から出た発掘品や遺物等を蒐集」することを提起した。そして第一次世界大戦中のその政治思想の眼目は、史蹟遺物の（現地）保存が「国民の公徳心を養成し、国土を愛し、家郷を愛」することにつながるとの構想である。しかし一九二〇年代に、帝室博物館の増設はなかなか内地では難しく、黒板の現地保存構想は、植民地朝鮮において実現することとなった。

さて一九二三年（大正一二）七月、『京都帝国大学文学部考古学研究報告』第七冊、特集「吉利支丹遺物の研究」へと進みたい。報告書は、新村出「摂津高槻在東氏所蔵の吉利支丹遺物」、新村出・浜田耕作「京都及其附近発見の切支丹墓碑」、浜田耕作・梅原末治「切支丹教名合字入鞍及南蛮人絵鞍に就いて」からなる。

浜田耕作の「序言」では、

足利季世［末世］西教我国に渡来してより、徳川初期に至る伝播弘布の情勢頗る顕著なるものあり、其の国民生活に及ぼせる各般の影響蓋し想察に難からず。而も其後苛酷なる迫害と厳重なる禁遏に会して、当時西教の遺物多くは、破壊湮滅に帰し、之を今日に残存するもの洵《まこと》に鮮し。たゞ主として欧洲教士学者の記する所によりて、其の一般を攷《かんが》ふ可きのみ。

序言ではさらに、新村出の「西教徒の遺物」を蒐集する営みが、近年京都市中・付近で発見されたことで結実し、大多数が考古学研究室の所蔵になっていることを紹介する。そして「近時の発見」である、東藤次郎の「西教徒」の遺物である「画像、教義書をはじめの各種」は、豊富で価値のある遺物とする。まさに一九一七年から一九二〇年へとつながれるキリシタン遺物の学術的な発見を、総体として記録し公開するものとなった。さらに浜田は、新村の協力による「基督教考古学に関する研究」であると、この報告書を位置づけている。

浜田耕作は、『京都帝国大学文学部考古学研究報告』を刊行し続けるが、アカデミズムにおける「考古学研究報告」を創始した。口絵には図版のザビエル画像のほか、マリア十五玄義図、「銅版天使讃仰図」（第三章・図10参照）、「耶蘇磔刑木像」、「銅製メダル類」、「吉利支丹抄物」などや、京都延命寺、成願寺、等持院道、西寺址附近、廃浄光寺、椿寺、そして茨木の清渓村において、この間に発見された墓碑が網羅的に写真に記録された。

新村は、「摂津高槻在東氏所蔵の吉利支丹遺物」の緒言において、千提寺での発見の経緯を述べているが、これは正確な経緯であろう。

大阪府三嶋郡清渓村大字千提寺の旧家なる東藤次郎氏所蔵の吉利支丹遺品の発見せられたるは大正九年［一九二〇］九月二十六日なりき。今其由来を尋ぬるに、同年二月頃より当時京都帝国大学に攷学中なりし今の大谷大学教授橋川正が、同村の近隣なる忍頂寺の小学校に奉職中の藤波大超氏と共に同地方の吉利支丹遺物に意を注がれ、二月中既に先づ墓石の発見となり、越えて九月に入り両君外一氏が採訪の結果遂にこの稀有の史料を見出すに至りしなりといふ。やがて十月一日の大阪毎日新聞紙上に於て、遺品の大要は報道せられ江湖の弘く知る所となりしが、橋川氏は翌大正十年一月『史林』第六巻第一号に於て更に之を学界に報告し、発見の始末と共に遺物の簡単なる解説を発表せり。尋で本学考古学教室に於ても該発見物の調査に着手し。橋川氏を介して抄物の借用を得、嶋田助手・鈴木嘱托を派して写真を撮らしむる等研究上種々の便益を受けたりしが、遂に親しく実蹟を踏査し、遺品を調査するの必要を見、［一九二一年］四月二十四日浜田教授と予と両人相携へて千提寺の東氏を訪問し、同家の好意によりて、現品を調査し、又多少参考となるべき来歴談をも聴取り、以てこの貴重なる吉利支丹史料の攷究に歩を進むるを得たり。

傍線部の、一九二〇年二月、九月の上野マリヤ墓碑、ザビエル画像といった一連の千提寺の発見が、橋川正・藤波大超が「共《とも》に同地方の吉利支丹遺物に意を注」いだことが重要である。橋川が京都帝国大学の学知を背景に、地元の藤波大超とともに積極的に東家に働きかけた成果と言えよう。

ところが戦後、一九八四年制作のドキュメント「クルス山の夕映え」（茨木ロータリークラブ創立二五周年記念事業映画）において、六五年前のその日のことを鮮やかにおぼえているというナレーションに続いて、九〇歳を過ぎた藤波大超は、新村出の広辞苑を机上に置きながら熱弁をふるっている。これが、一世紀近く流通した、茨木キリシタン発見譚であった。

中学校の歴史の先生、天坊先生という先生が郷土史の話をしていて、藤波君、君の近くに昔、キリシタンがあったということがあった、調査する必要があるということを中学校のときに聞いておって。（中略、卒業後小学校の教師になって）千提寺の人たちに尋ねまわったところ、そんなことといっこう知らんでといわれておもしろくないと思っておったところ、京都大学が西京辺で吉利支丹の墓標を見つけていたと言うことを、新聞で発表した。大正の七八年ごろ。墓碑かなんかを見つければ動かない事実になると、それから千提寺の墓の調査をやる。だれか良い案内者はいないかと考えておったところ、当時、千提寺に遊んでいるお祖父さんがおる。お祖父さんは、頭から吉利支丹などは知らない、じゃまくさいと相手してくれなかった。東藤次郎。何回も頼んだところ、しまいに負けてしまって、よっしゃほんなら調べるのやったら案内してやろう。大正八年の二月の中頃、雪のえらい降る日の日曜日に、そのお祖父さんと一緒に、陸地参謀地図の千提寺の墓地を全部調べたけれど、なんにもなかった。ところが最後に、お祖父さんはうちの山に変わった石の墓があると言いだした。これは臭いと思って喜んでお祖父さんの尻からついていったところが、お祖父さんは山のなかで積もった雪をかきわけて、言うておる石はこれやと示してくれたので、その石を裏返したところが、石十字に上野と入った、横に慶長八年と……（聞き取りにくいところは意訳)。

[東藤次郎はいう]こんどから来たかてなにがあったっても見せへんど(中略)とうとう負けた、息子に蔵行って出してこい、息子に命令すると、息子が蔵からあけずの櫃をみせた。

ナレーションは言う、「今も歴史の教科書に掲載されるこのザビエル像は、大正九年九月、藤波さんの努力によってはじめて歴史の舞台に登場したのである」。

しかしこの藤波の語りは、一九三一年の橋川正の夭折後、一九三二年八月二〇〜二三日に連載された「ある話を中心に、切支丹遺跡の夕」『大阪朝日新聞』の関係者による座談会で、藤波大超が、「大正八年[一九一九]二月の雪の日、東老人の案内で同老人所有の寺山を踏査しました」という、発見を一年くりあげた作為にはじまる。ここに藤波大超一人によるキリシタン遺物の発見という「郷土史」の神話が創りだされたのである。

以上、論じてきたように一九二〇年の茨木キリシタン遺物(上野マリヤ墓碑・ザビエル画像など)の発見は、大正期の南蛮・キリシタン憧憬の渦の中で、京都帝国大学を中心とする「基督教考古学」や「安土桃山時代」への歴史学・美術史の関心といった、時代潮流のなせるものであった。茨木の千提寺におけるキリシタン美術の優品が見つかり、オラショを唱えるキリシタン信仰が一九二〇年にメディアを通じて報道されたことにより、その後のキリシタン・南蛮美術のさらなる発見を促し、学術の進展を巻き起こす大きな契機となった。南蛮ブームは二〇世紀帝国日本の「海外雄飛」の現実を大航海時代・安土桃山時代の過去に投影する物語でもあり、一方で異端であったキリスト教を大衆社会の市民にとっても身近な文化であるとの感覚をもたらすなど、大きな影響を与えることとなった。

註

(1)西川長夫「ロマン主義を考える三つの視点」『ロマン主義の比較研究』有斐閣、一九八九年。
(2)高階秀爾『日本近代の美意識』青土社、一九七八年。
(3)『京都府史蹟勝地調査会報告』第一冊、京都府、一九一九年。
(4)原田平作他『国画創作協会の全貌』光村推古書院、一九九六年。
(5)高階秀爾「竹久夢二——喪失感と夢」注(2)所収。
(6)五人づれ『五足の靴』岩波文庫、二〇〇七年。木下杢太郎「明治末年の南蛮文学」初出一九四二年、『木下杢太郎全集 第一八巻』岩波書店、一九八三年。野田宇太郎『日本耽美派文学の誕生』河出書房、一九七五年。
(7)細川光洋「吉井勇と京都——「夢の女」の発見 異国憧憬のまなざしと祇園」高木博志編『近代京都と文化——「伝統」の再構築』思文閣出版、二〇二三年。
(8)高木博志『近代天皇制と古都』岩波書店、二〇〇六年。
(9)北原白秋「邪宗門秘曲」『邪宗門』易風社、一九〇九年。
(10)アナトール・フランス『舞姫タイス』原作一八九〇年、白水社、二〇〇三年。
(11)高木博志「茨木時代の川端康成」『茨高一二〇年誌』大阪府立茨木高等学校、二〇一六年。
(12)「日記」『川端康成全集』補巻一、新潮社、一九八四年。
(13)『劉生日記』五、岩波書店、一九八四年、『劉生と京都』京都市美術館、二〇〇四年。
(14)井上勝生『明治日本の植民地支配——北海道から朝鮮へ』岩波書店、二〇一三年。

（15）馬場恒吾『木内重四郎伝』ヘラルド社、一九三七年。
（16）『大正十三年　豊国廟関係調査綴二』京都府社寺課、京都府庁文書。
（17）『大正七年五月、事務引継書（木内知事）』京都府庁文書。
（18）太田秀春『近代の古蹟空間と日朝関係――倭城・顕彰・地域社会』清文堂出版、二〇〇六年。
（19）『歴史地理』一八巻三号、一九一一年。
（20）『歴史地理』一八巻三号、一九一一年。日本歴史地理学会編『安土桃山時代史論』一九一五年、日本図書センター、一九八六年復刻。
（21）北川央「大阪城天守閣」『歴史科学』一五七、一九九九年、大阪城天守閣『特別展、大阪城の近代史』二〇〇四年。
（22）金子奈央・曽部珠世「『姉崎家譜』について」『東京大学宗教学年報』一九号、二〇〇二年。
（23）東利之文書一九‐二、『新修茨木市史　年報』一五号、二〇一七年。
（24）藤波大超「履歴書」教誓寺所蔵、旧新修茨木市史編纂室写真版。
（25）高木博志『近代天皇制と古都』岩波書店、二〇〇六年。
（26）「隠れキリシタンの里を訪ねて」『茨木市生涯学習だより』二〇一六年八月。
（27）東利之家文書二三、『新修茨木市史　年報』一五号。
（28）東利之家文書三一、『新修茨木市史　年報』一五号。
（29）東利之家文書三二、『新修茨木市史　年報』一五号。
（30）『虚心文集』第四、吉川弘文館、一九四〇年。

本章は、拙稿「茨木キリシタン遺物の発見」『新修茨木市史年報』第四号（二〇〇五年）および「近代日本と豊臣秀吉」（鄭杜熙他編『壬辰戦争――一六世紀日・朝・中の国際戦争』明石書店、二〇〇八年）をもとに再構成をしたものである。

付録　マラン・プレシの五通の書簡（一八八〇年一月〜一八八二年一〇月）

マルタン・ノゲラ・ラモス（解題・注）／坂口周輔（訳）

マラン・プレシは、パリ本部宛の書簡で、自らの活動や、同僚の宣教師たちとの波乱に満ちた関係についてしばしば長々と書いている。

本書の付録として、一八八〇年一月から一八八二年一〇月にかけてパリ外国宣教会本部の評議会員に向けて書かれた五通の書簡の日本語訳を掲載することにした。現在、Institut de recherche France-Asie（以下ＩＲＦＡ）管下のパリ外国宣教会の史料館に保管されているこれらの書簡では、千提寺村の古キリシタンとの関係（書簡1と3）、一八七九年二月の村の発見に関わった教理伝道士のうちの一人（書簡2）、そしてプレシの高知への転任（書簡4と5）が取り上げられている。最後に挙げた転任は、「大阪の北の山間部」にいた村人たちとパリ外国宣教会との関係を四〇年以上断つことになるエピソードである。

最初の書簡は間違いなく付録の中心をなすものである。一八八〇年一月、つまり千提寺村の発見から一一か月後に書かれたこの書簡の中で、プレシは発見までの過程を語り、村人たちの宗教的慣習のいくつかを紹介し、彼の活動を制限してしまいかねない予算上の困難について報告している。さらに、キリシタン大名高山右近の旧領地に古キリシタンの別のコミュニティはないかと探索したことや、関西に存在するさまざまなキリスト教の分派（カトリック、プロテスタント、正教会）の間の「魂の征服」をめぐる競争についても書いている。

書簡2と3はどちらもおそらく一八八一年三月頃に書かれ、同じ封筒に入れられてパリに送られている。プレシが書簡3の中で、*Les Missions Catholiques* 誌の一八八一年一月七日号に掲載された千提寺村発見に関する記事に言及しており、当時パリから大阪に手紙を送るのには二か月弱かかったことを考えると、この二通の書簡が書かれたおおよその日付を特定することができる。

書簡2で興味を引くのは、千提寺村を発見した二人の教理伝道士のうちの一人（洗礼名はドゥニDenys）への言及である。この「青年」は、英語に堪能で、西洋のことや日本の近代化に関するさまざまなテーマで演説を行うなど、一定のレベルの教育を受けていた。書簡3は、書簡1と並んで、プレシと千提寺村の村人たちとの関係について最も多くの情報を与えてくれる資料である。この中でプレシは、特に村人の一人がカトリックに興味を持ったこと、そしてその彼の行動が彼の家族に不信感を抱かせたことについて述べている。

書簡4と5は、一八八二年一〇月にプレシが高知に赴任したことに関するものである。これらの書簡は、この赴任がおそらく南日本代牧区の上層部との微妙な関係に起因するものであったことを示している。またここでは、プレシの恨み深く、極端に走る性格と、日本で採られていた布教方法についての彼の見解が明るみに出ている。

書簡1：一八八〇年一月二〇日付（ただし一月二四日に擱筆）
Archives des Missions étrangères[1] de Paris (AMEP), vol. 570, fol. 1888-1892

一八八〇年一月二〇日 大阪

親愛なる同僚へ[2]

一一月一二日付のお手紙が二日前に私のもとに届

きました。随分とご無沙汰してしまいました。あなたがお話になっている一一二のミサについてはすでにお知らせくださっています。しかし、それらが死者のため(3)であることを私に言うのをお忘れになったようです。私のことを記憶に留めておいてくださいまして大変感謝しております。これらのミサの意向(4)は喜んで受け取らせていただきましたし、この受諾の件と感謝をあなたにお伝えしたかったのですが、事情があって遅れてしまったのです。私は大変長いあいだ、日本の南で何か異常なことが起こっているのを目にしてきました。いくつかのことが大いに私を驚かせました。とりわけ、ミリオフィト司教［プティジャン司教］が［長崎に］帰られたあとに絶えず生じている、プティジャン司教とロケーニュ司教(5)のあいだの意見の相違です(6)。これらのことを公然と知らされたのは、プティジャン司教が長崎に出発するときでした。何もはっきりとしたことがわからないので、誰とも長いあいだ連絡を取らないようにしました。何かに巻き込まれるのは嫌ですし、自分の手紙が偏って解釈されるのも望まないからです。……

皆のためのなんという教訓でしょう(7)！

あなたは、大阪近辺にいまだ残っている古参のキリスト教徒について話しておられます。親愛なる神父よ、この発見の日は私にとって大きな慰めの日でした。それ以来、数え切れないほどの十字架の苦難が私に降りかかってきてこう告げたのです。この人生は苦しみへと運命づけられているのであり、この地上での魂にとっての幸せとは、受難のイエスに従うこと以外にないのだと。神の御業は、かかる代償があって初めて成就するのです。

一八七九年二月一四日金曜日、日本の殉教祭八日目の翌日(8)、私たちは神の恩寵により、大阪から八里離れた北の山中にある村、千提寺で古参のキリスト教徒を発見しました。私は以前から、日本の偉大な教会が残したこれら素晴らしき者たちに関する興味深い情報を集めていました。ロシア正教の神父から洗礼を受けたあるキリスト教徒が、最も正確な情報を教えてくれたのです。

この良き男性[9]＊は特に、大阪の北の山間部にある村々に古参のキリスト教徒が残っていることを教えてくれました。徳川が滅びるまで、この憐れな人々は絶え間ないアラタメ[10]［改め］に服従させられていました。しかも七代目、八代目までは[11]、人が死ぬたびに、大阪から京都に向かう道中の六里のところにある高槻のトノ［殿］の役人のもとに申告しに来させられていたのです。役人らは死者の出た家に赴き、遺体を目の前で埋めさせ、墓に杭を打つのですが、これは、この執拗な迫害者たちの考えでは、キリスト教徒が復活するのを阻止するためであったのでしょう。ですが、神の摂理の秘密を見てください。神の敵の意志さえも含むすべてが神の計画に従っているのです。過去の殉教者の子孫の墓に打たれたこの侮蔑の印は、主張されているように彼らの復活を妨げるのではなく、神が望むときに彼らをまさに認識させる印であったのです。そして、私は、この印によってやがて彼らが、恩寵を受けた生、永遠に生きるイエス・キリストの生に立ち返るのを望んでいるのです。日本の役人たちはこの状況を利用して、迫害を受ける憐れなキリスト教徒から金をゆすり取っていたのであり、この迫害は死者、そして墓にまで及んだのです。

私は、キリスト教徒を発見した村［千提寺］の隣にある村の名前を［この良き男性に］教えてもらいました。私は二人の教理伝道士を派遣して[12]、多くの殉教者の貴重な聖遺物のあかしとするため神様が日本のあちこちに残された親愛なる魂を探し出すことにしました。知らない山々を四里も旅してきたこの二人の教理伝道士は、最近信者になったばかりということで自分には勇気が欠けてはいまいかと心配しておりました。彼らは、皆の良き母であるマリア様が助けに来てくださるようにとロザリオの祈りを唱え始めました。そして、ようやく彼らは指示された村に到着しました。誰も知り合いがいないところで不安を覚えた彼らは、最初に出会った人と話すときに、古参のキリスト教徒を見つけるという目的を果たすどころか自分たちはすべてを無駄にしてしまうのではないかと心配しました。彼らは再び偉大なる聖処女に加護を求めました。そして、歩き疲れた体を休め、煙管で一服するという口実のもと、ある家に入ったのです。ところがその家の主人が高槻出身で、ちょうど教理伝道士の一人も高槻出身でしたので、すぐに知り合いになることができたのです。高槻では、それぞれの家族の住む家が隣同士だったので、二人は、野生動物しかいないと思っていたこの山中で相見えた友人同士だったのです。

彼らは死者の埋葬の仕方について話し始めたのですが、そのとき彼らは、隣の村の千提寺で、大阪で私たちが聞いたような事実があり、一二年前の徳川幕府終焉の時もまだ実際に続いていたことを知ったのです。若い者たちはすぐに再出発しました。千提寺に着き、ある家に入ったのですが、そこには四〇歳くらいの女性が一人病気で寝込んでいました。(13) その女性は起き上がり、大変丁重に彼らを迎え入れたので、彼らは最初驚きました。女性は、旅人が普段来ることのないこの山奥で何をするつもりなのかと尋ねました。教理伝道士の一人が「かつて多くの苦しみを経験し、今も過去の迫害に怯えているはずの気の毒な人々を慰めるために、この山に来ることにしたのです」と言いました。彼らはこの女性に、天主の宗教だけが唯一良いものであり、日本の政府は迫害を止めたとも話しました。(14) 女はそれを遮って、デウスの宗教は確かに人間のどんな愛情にもふさわしいものであり、すべての人間がそれに従うべきであると言ったのです。そこで教理伝道士が女性にこの宗教のことを知っているのかと尋ねました。彼女は、この宗教について教えてくれる人は誰もいなかったので自分はほとんど何も知らなかったけれど、昔は千提寺周辺の村も千提寺自体もみんなキリスト教を信じていたのだと答えたのです。そして、実際、キリスト教徒が亡くなったとき、どのように役人たちが墓に杭を打ちにやってきたのかを語り、自分の父親も何人かの知人もそうして葬られたのだと付け加えました。また、いくつかの家庭は、家にブツダン[仏壇]を持つこともなく、異教の混ざっていない純粋なキリスト教徒であったとも言いました。[15]教理伝道士の質問に対して彼女は、祈りに関してはアヴェ・マリアしか知らないと言いました。彼女にこの立派な祈りを暗唱させたところ、あらゆる点で長崎の古参のキリスト教徒たちによる形式のものと同じであったのです。もっとも教理伝道士はそのことに気づきませんでした。というのも、長崎のキリスト教徒が発見されてから、祈りの最中に三、四回繰り返される「さま」という言葉が我ら［フランス人宣教師］により削除されてしまったためです。

さて、この女性は、「ガラサ ミチ ミチ タモウ マリアサマ オン ミ ニ オン レイ ヲ モチ タテマツル、オン アルジ サマ オン ミ ト トモニ マシマス、ニョニン ノ ナカ ニ オイテ ワケテ ゴクワホウ イメジキナリ、マタ ゴ タイナイ ハ タットキ ニテ マシマス etc etc」と古式に従って暗唱し、最後に「アメン サンタ マリア サマ」と言ったのでした。[16]教理伝道士たちもその女性も涙を流しておりました。何世紀もの流浪の後に、新しい世代が古い世代に加わって神の栄光を共に歌うという崇高な出会いであり、これはマリア様を通して起きたことなのです。栄光と愛がイエス様とマリア様に永遠にありますように。いつも私たちの母として、私たちの慰め主として、私たちをイエスに導くための守り手としておられるマリア様に。私たちを救いたいと望まれ、御母とともに、御母を通してその栄光を称えられたいと願うイエス様に。この日本の教会は、まさに殉教者の女王マリア様の栄光です。今まで二回、彼女を通して、それぞれが大変遠くに離れた日本の諸地域で、お互いには全く交流のない人々によって、キリスト教の伝統が守られてきたのです。[17]

この会話をしている間に、女性の夫が畑から帰ってきました。段々と暗くなってきました。この大変見事な場面に夜が不意に訪れたのでした。夫は言いました。確かに彼ら［千提寺の村人たち］は昔はキリスト教徒だったけれども、今やもうすべて忘れてしまったと。しかし、奥さんが言うには、村人たちは四〇日間の断食の習慣は今も守っていたのです。[18]

断食の時期がわからなかったので、彼らはそれを春に始めておりました。朝食べた後には一日中何も食べなかったのです。異教徒を欺くためにベントー［弁当］を畑に持って行ったのですが、それを食べることはしませんでした。

二人の教理伝道士は、主から与えられたばかりの並外れた恩寵に幸せを感じ、もはやそれを抑えることができませんでした。泊まっていきなさいと誘われたのに彼らはそれを断ってしまったのです。これが神の許しが引き起こした我々の不幸でありました。彼らは何が起こったのかをすぐに私に伝えに行かなければならないと思ったのです。飲むことも食べることも、そして夜の闇のことも忘れ、見知らぬ山のなかに迷い込んだ彼らは恐怖を覚えることもなかったのでした。

そのとき、私は池田(19)に行っておりました。つまり、ヨーロッパ列強がやみくもに結んだ条約が許す範囲内で一番遠くに行ったのです。私自身は、教理伝道士が迎えに来てくれることを期待して、山のなかを四里歩きました。そもそも古参のキリスト教徒の誰も怖がらせたくなかったので、教理伝道士を事前に送り出していたのです。あの険しい山を越えるとき、私の心が強く揺さぶられたことを白状いたします。これらの地域にはキリスト教徒がかつて本当に住んでいたのだと心の奥底で何かが語りかけてきたのです。これほど平穏な地域は見たことがありませんでした。しかし、そこには不安にさせるものは何もなく、すべてが穏やかな孤独を吸い込んでいるのです。この地域は、迫害から逃れ、隠れ場や逃げ場を森の動物たちと奪い合わなければならなかった憐れなキリスト教徒たちのために作られたのです。その上、この地域は魅力に満ちていて、木が生い茂る二つの山のあいだでは川が勢いよく流れ、日本では冬でも花や青々とした葉叢が、他の国、とりわけフランスで落葉が生み出す寂しさや悲しみを消してくれるのです。唯一私に同伴したロザリオをずっとつまぐりながら、私は地上の楽園にいるような気がしていました。行きの四里も、帰りの四里も何も退屈することなく踏破し、渓流のほとりに静かに位置していた二つの村を見つけましたが、そこに仏教寺院はありませんでした。私が話しかけた人たちはとても良い人に見えましたが、私が知りたいことに何も答えてくれなかったので、彼らはキリスト教徒ではないのだと判断しました。翌日までは教理伝道士と再会できないと思いながら、池田に戻り一夜を明かしました。戻ったのは夜の七時三〇分、冬でしたので真っ暗でした。山の夜に襲われた私は泊まる家に帰るまで遅くなってしまったことに気がつきませんでした。私は少し前から池田に出向き我ら聖教の教えを説き始めていたことをあなたに申し上げなければいけません[20]。その結果、主がすべてをうまく導いてくださいました。私たちが集会を開いていた家では、もちろん自費でですが、私と教理伝道士は宿泊と食事をすることができたのです。

夜中に教理伝道士たちが息を切らして到着したときは、どんなに驚いたことでしょう。すぐに彼らは神の恩寵に居合わせたのだと話してくれました。恩寵はまるで手を取るかのように彼らを導いたのです。このような心の高ぶりを日本では見たことがありませんでした。彼らは食事もとらずに一二里も歩いたので、疲れ果てていましたが、喜んでもおりました。私は、彼ら二人の幸せそうな姿を見るのが、彼らの話を聞くのと同じくらい嬉しかったのでした。私はこの二人の真のキリスト教徒のなかに、心から神に帰依した二人の魂を見ました。もしこれが自分の死ぬときでしたら、私の虚しい存在を、そして私なしですべてがうまくいくことを信じて、いささかの悔いもなくヌンク・ディミティス[21]を歌ったことでしょう。そもそも喜びを感じてはおらず、罪びとである私に、主がこのような恩寵を与えてくださったことに驚きを覚えたのです。このことには今日でも驚かされており、その後に起きたことには全く驚いておりません。ただし、そのときにすでに私は、教理伝道士の人たちがこんなに早く戻ってきてはいけないと叱りました。彼らはあそこで泊まればよかったのです。しかし、そのことを彼らが理解したのは後のことでした。実際、彼らは何度か千提寺に戻りました。この［村の］憐れな人たちは村長を怖がり、それ以上話すことをやめ、大阪に来たがらなかったのです。しかしながら、私に課せられた十字架の苦難とは、このような良き人たちを発見した時点で、私たちの手当は一年分で固定されており、これらの旅にかかる費用を補填するものを得ることが不可能だったということです。うんざりするほどにお金に困っているのです。それでも三、四回と試みようとしたのですが、何か月分ものお金を前借りする必要がありました。このように私は極貧で首が回らない状態です。それに、それぞれの場所にキリスト教徒がたくさんいるとは思えません(22)。彼らは方々に散り散りになっています。これは、大阪周辺の田舎を改宗させるために神の摂理が取っておいてくださった一つの手段だと私は思っています。というのも、今後世論は日ごとに私たちに好意的になっていくでしょうし、やがて、この古参のキリスト教徒たちによって、私たちは豊かな収穫を得ることができるでしょうから。しかも、彼らは私が思っているよりもっとたくさん存在しているかもしれません。これまではお金がなくて真剣に取り組むことは不可能でした。もし、あなたが私に援助の手を差し伸べてくださるのなら、あなたは私たちに大いに貢献してくださることになるでしょう。そのあいだ、私のために祈ってください。そして、時々、報酬のよいミサの意向をお知らせください。いつも同じ感謝の気持ちで受け取ります。

あなたの忠実な同僚より

M・プレシ

［余白に記された文章1］

私たちがお金に関して大変当惑している原因の一つに、［関西にいる］修道女への手当の問題があります。横浜や江戸の修道女ほどに手当が出ないのは、本当にとても残念なことです。ここ大阪、神戸、京都は、仏教と神道の中心地ですから、私たちの活動は非常に重要なものであると断言します。このことを然るべき人に思い起こさせてください。さらに、プロテスタントやロシア正教徒は私たちを追い抜いています。今や修道女たちは私たちの援助を受けるべき人たちです。彼女たちはとてもよくやっています。

［余白に記された文章2］

＊ロシア正教の神父によって改宗したキリスト教徒は自らの教義のなかでまことに誠実であり、私は神様がいつか彼を照らしてくださることを望んでおります。彼のおかげで発見することのできたキリスト教徒たちが［カトリック教会へ］復帰したら、彼らはすぐにこの人のために祈るでしょうし、それは私が彼らに最初に勧めることの一つになるでしょう。この魂とキリスト教の伝統を忠実に守ってきた善良な人々のためにお祈りください。その後、私は大阪で古参のキリスト教徒の二つの家族を見つけました。そのうちの一つは、十字架を小さな美しい小箱に入れてとても大切に保管しています。この二つの家族のためにも、神様が彼らを彼らの先祖がなした宗教の寛大な実践に引き戻してくださるようお祈りください。そのうちの一方の家の曾祖父は、［信仰？］のために死刑にされたのです。(23)

［余白に記された文章3］

一八八〇年一月二四日―私の心痛をあなたに伝えるほどの勇気が私にはありません。今、評議会［南日本代牧区］が終わったところですが、去年と比べて予算は少しも増えていません。同僚たちのために自分の権利をすべて犠牲にしなければならなかったのです。ここで私は何とも言えない戸惑いを感じています。なぜなら、私たち一人一人が最も差し迫った仕事を持っていると信じているからであり、誰も私たち［大阪地方の］憐れなキリスト教徒のために犠牲を払おうとはしなかったからです。私はどんな援助もあきらめなければなりませんでした。もし、あなたが私を助けることができるのなら、私に援助の手を差し伸べてください。特に私のためにたくさん祈ってください。神が私に援助の手を差し伸べてくださるように。これが、今後私が持ちたいと願う唯一にして最もすぐれた望みです。ロケーニュ司教が戻ってこないので、プティジャン司教の許可のもと、アポロニー司教［ロケーニュ司教］抜きで評議会を行わなければなりませんでした。すべてがなんと悲しく思われることか。私たちは、可能な限りぎりぎりまで待ったのです。

［余白に記された文章4］

千提寺周辺の至るところには、高槻のトノ［殿］として有名なジュスト高山右近の伝統が今も生き残っています。千提寺から一里行ったところに高山という村があり、私はそこに行きました。昔は小さな城があり、ジュスト右近が時々来ていました。城は迫害のあった時代に壊されてしまいました。現在では六〇世帯しか残っていませんが、そのうちのいくつかは自分たちがキリスト教徒の子孫であることを認めています。いつになったら［教理を］学習することに同意してもらえるのでしょうか？　彼らのもとに教理書を残しておきました。

［余白に記された文章5］

［ピエール＝フランソワ＝グザビエ・ド・］シャルルボワと［ジャン・］クラッセ(24)の日本に関する著作の完本を私のために手に入れてはくださいませんでしょうか。日本政府は後者の方を翻訳させました。ただ高価なため、残念ながらほとんど売れていないようです。にもかかわらず、このような行動をとった政府は賞賛に値します。この本を読んだ人は皆良い印象をもったようで、いくつかの場所で、ちょうど寛大なジュストウコンドノ［右近殿］の失墜という話のところで感嘆の涙が流されるのを目にしました。右近殿の伝統はまだこんなにも生き生きと残っており、さらに彼のかつての土地にはキリスト教徒がまだいるのです。もし可能であれば、これらの著作の代金をあなたから送っていただくミサの報酬で

払いますので、よろしくお願いできればと思います。

書簡2：日付なし（一八八一年二〜三月頃か）の書簡 A
AMEP, Dossier de Marin Plessis (n. 951/01)（未分類）

敬愛する神父様(25)

先日も申し上げましたように、非常に困難だと思われる買い物をあなたが引き受けてくだされば、大変ありがたく思います。それは英語に精通している青年(26)のことです。彼は演説を行うのに十分な知識を持っていると申し上げました。彼は大阪と京都で演説を行い、演壇の周りに三〇〇人か四〇〇人を集め、賞賛されました。残念なことに、これらはすべて空しく消えてしまうものであり、天国に上るには何の価値もありません。彼が英語で読んだものはすべて、自由や、誇り高き理性の光による人々の文明化についての近代的な考えしか語っておりません。政府、政治、貿易、法律などこれらすべての問題は、素晴らしい才能に恵まれたこの若き知性を本当に夢中にさせてしまったのです。

しかし、彼の学問への情熱は、神が彼を改宗させるために用いた手段でした。二年半前の一〇月、この青年は、好奇心から、また新たな考えを得るために、私たちの教理を聞きに来ました。彼は純粋な理性だけを信じていました。彼の心は汚れていませんでした。学びが彼を悪から守っていたのです、いや、むしろ神の摂理がこのような手段を用いたのです。一か月間の講話と議論の後、彼は改宗し、教理を学び、クリスマスに洗礼を受けました。それ以来、彼はよく持ちこたえました。残念ながら、私は英語の本を持っておりません。中国語の本しかありません(27)。それが彼を退屈にさせています。この若者は、ひとたび育成されれば私たちにとって計り知れないほどの役に立てるでしょう。誰も彼を理解していません。ですが、神は彼を守っておられるようです。ですから、どうか私に援助の手を差しのべてください。ちなみに彼は、神が大阪付近に残る古参のキリスト教徒の者たちを発見するために使われた二人のうちの一人です。彼のためにお祈りくださるよう切にお願い申し上げます。私は、彼が洗礼を受けたときドゥニと名付けました。彼が彼の国にとってのもう一人の聖ドゥニになるようにです[28]。私たちの親愛なる［パリ外国宣教会］神学校で、また最も熱心な修道会で、その聖性の匂いのなかで[29]、彼のために祈らせてくださるようお願いします。先日、親愛なる［アンリ・］ムセから[30]、私のために一〇〇フラン[31]を神学校のあなたに送ってくれたとの手紙を受け取りました。これを利用して、同封のリストにある英語の本を買ってくださいますでしょうか。私はこの非常に難しい購入をあなたに引き受けていただきたいのです。というのも、購入の担当者がその重要性を理解せず、時々起こるように、購入を中途半端にするのではないかと恐れるからです。私のお金では足りないでしょうからなおさらです。ですからどうか、親愛なるそして敬愛する神父様、慈愛に満ちた方から、お願いした本と、あなた自身がこの青年にふさわしいと思われる他の本を買うための追加の援助をいただけるようお願いします。ああ！　同様に、もし許されるなら、私が古参のキリスト教徒のところに行けるよう、そして彼らをここに連れてきて、（大阪の）教理伝道士を利用し、彼らに教理を教えることができるよう、幾らかの援助をお願いしたいのです。私の資金はすべて大阪の街で行っている慈善活動に吸収されてしまい、たまにではあるのだけれども、希望に満ちたやりとりをしているあの実直な人々［古参のキリスト教徒］が住んでいる田舎や山間部[32]のためには何も残っていないのです。このことは別の手紙であなたにお話ししましたので、ここで繰り返す必要はないと思われます。その後、私はこの実直な山の者のひとりに再会しました。彼は近々教理を学びに来ることを約束してくれました。

どうか彼らのために、そして私たちのために祈ってください。主がこの立派な人々の改宗を早めてくださいますように。

我が主イエズス・キリストのきわめて献身的な子、

M・プレシ

使徒たる宣教師

追伸：私はあえて、扱う領域も考え方も異なる二つの本のリスト[33]をあなたにお送りします。私はこの英語書籍の内容を非常に慎重に選びましたが、もしあなたがもっと高く評価されている著作をご存知でしたら、敬愛する神父様よ、恐れずに追加してください。あなたからそれらを受け取る私は幸せです。この若者にとって、読むべきカトリックの本が、常に優れているとは言わないまでも、少なくとも普段から、彼が読んだプロテスタントの本と比較に耐えるだけのものであるように見えることが非常に重要であると私には思われるのです[34]。内容については当然ですが、私は形式のことを言いたいのです。同じ著者のなかにこれら二つとも見出せることはなかなかないのですが、この点は私の考える目的にとって極めて重要なのです。なぜなら、［どちらかが欠けると］私が神の御慈悲から期待しているのとは正反対の効果がこの青年に容易にもたらされてしまうからです。

書簡3：日付なし（一八八一年二～三月頃か）の書簡B

AMEP, Dossier de Marin Plessis (n. 951/01)（未分類）

哀れな日本よ！　神様はこの国を見捨てることはないでしょう。

最近、*Les Missions Catholiques* 誌のなかで、大阪の近辺で古参のキリスト教徒が発見されたという報告を見ました[35]。神様が私たちを助けに来てくださりますように。この公表は私にとって大変有難いものでした。［南日本代牧区］宣教評議会はこれに関してまだ何もしようとはしていませんが、なんらかの成果が出れば対応はすると約束してくれました。

昨年の夏、古参のキリスト教徒との連絡を担当していた教理伝道士が日射病にかかり急死しました。一か月後、同じ家で、その良き教理伝道士の父親も亡くなりました。(36)私の心を揺り動かした二人の犠牲です。二人とも実直な人で、善良なキリスト教徒であり、この地方のなかで生まれ始めたあのキリスト教共同体の希望でした。しかし神は、彼らが天において古参のキリスト教徒と私たちのための保護者となることを望まれたのです。というのも、今年の一月、これら古参のキリスト教徒たちのうちの善良な一人が、亡くなった者たちの家にいた私――その家の者全員がキリスト教徒なのです――に相談しに来たのです。なんと素晴らしい神の摂理でしょう！

この男は三日間大阪に滞在し、教理を学び始めました。彼が家に帰ると、家族の者たちは彼の意欲を削ごうとあらゆる嫌がらせをしましたが、彼は屈しませんでした。この前の金曜日、彼は父親、兄、義理の姉［あるいは妹］、いとこを私のところに連れて来ました。彼らは皆、何か厄介な事が起こることを恐れて、(37)この始まった交流を終わらせるつもりで来たのです。二回にわたって皆で長い話し合いをした後、彼らは考えを改め、教理を学び始めた実直な男に自由にそれを続けさせることにしたのです。彼らは物事の整理のために家に戻りましたが、あの男は近いうちに戻ってくるはずです。私はうまく行くことを願っています。ところで、このような哀れな人々が［カトリック教会の導く先へ］動き出せるよう神様が私に救いの手を差し伸べてくださることをどんなに望んでいることでしょう。教理伝道士を養成し、いくつかの集会所を維持するための資金が必要になるでしょう。他方で、私はかの高名なドン・オーギュスタン［小西行長］(38)の家族の者たちと連絡を取り合っていますが、同様に資金不足のせいで成果を上げられておりません。それでも、あの人たち［プレシの同僚］は私の立場を理解しながらも、信じ難いことに助けようとはしてくれません。私は神の御心のしるしがそこにあるのを確信しています。私は、今の状況で何もなされないのを神様がお望みでないことを強く信じています。新しい夜明けはもうすぐやって来るでしょう。

[追伸][39]

あなたの抱く心痛にもかかわらず、あなたがパリ外国宣教会総長として選ばれたことが私にどれほどの喜びを与えてくれたことか。手紙を書き始めようとするたびに、あなたに手紙を書くという慰めを犠牲にしなければならないと思っていたのです。もしあの後起こったことを知っていたら、もっと頻繁にあなたに手紙を書いていたでしょう。私が恐れていたほど、私のものの見方は間違っていなかったのだと、今なら分かるからです。これまでのことについてお許しください。将来その埋め合わせをいたします。

書簡４：一八八二年八月二四日付
AMEP, vol. 570, fol. 2593-2594

親愛なる方へ[40]

予感はしておりましたが、大阪の舞台からは姿を消すことになります。ただ将来のことが少々気がかりです。ロケーニュ司教とクザン神父[41]は、あなたがご存知の古川橋[42]にある自分たちのみじめな施設ですべてを独占するために、すべてをひとつにまとめようとしています。教会がそこにある以上、キリスト教徒は皆そこに行かなければならないとされているのですが、ここでは考え方が大変に厳格なのです。彼らはそこに十分な大きさの信者グループを形成することができず、二つの持ち場を吸収して両方を瓦解させようとしています。ですが、日本ですでに四、五回繰り返された試みがひどい形で非を示している[43]この愚かな手口を私は防ぐことができませんでした。このことを話題にする日本人にとって、私たちは確実に悪政と無能とで有名になっています。函館、江戸、そして今は大阪や神戸でも教会に来る人はほとんどいなくなりました。[44] このことが証明しているのは、あの者らが重んじる人たちや気質のために［日本人の］魂を犠牲にすることですべてが台無しにされているということです。とはいえ、私には関係のないことです。将来を待つしかないでしょう。

目下、私はクザン神父への引き継ぎのために全力を尽くしています。すでに三人の教理伝道士に続いて、ある集団が、私たちの宗教には合意がないため坊主の宗教［仏教］より勝るものはないと言って教会に背を向けました。実は、私は、町でセッキョウバ［説教場］を始めて以来、自分の施設でミサを行うことを許されておりませんでした。私の聖職に対するこのような妨害の深刻さを理解した日本人が懇願してくれたにもかかわらず、私はいつも教会に行かなければなりませんでした。あなたは、教会のある、町から完全に外れた恐ろしい地区をご存知でしょう。しかし、私たちの同胞は、真にキリスト教徒である者にとっては場所や距離はほとんど問題ではないと考えているのです。この考えは奇妙です。改宗がどのように始まるかを知っている、つまり、どうやって人々を見つけ、どのように彼らにあらゆる偏見や疑念を断たせるのかを知っている者として、私はそうではないと思うのです。我らがキリスト教徒のすべて、あるいはほとんどすべての人たちが、民衆の最下層に属しており、他の［階層の］者たちは［キリスト教徒として］持ちこたえることができません。[45] これらの哀れな人たちは、洗礼を受け、告解し、聖体拝領を受けるための確実に必要なことを学ぶのに大変苦労しているのです。最初から魂の行く道をたどり、それがどこに辿り着いたのかを見ている者は、魂を辛抱させることができるのです。しかし、ある他の者は奇妙な考えを思いつき、このような人たちの信念はまったくもって確固たるものであり、神学生のために作られた規則に従うことができるので、もう面倒を見る必要はないと信じており、そのせいで本来の仕事が最初からことごとく台無しになってしまうのです。このことを分かっている私ですが、自分が押しつぶされているようです。それについては何も言いませんが。とにかく、私は派遣先の土佐に向けて出発します。たとえ私の首が、あなたも耳にしたことのあるあの無鉄砲な奴らに折られることになろうとも。彼らはこの国で最も誇り高く、信心深くない民族のひとつです。彼らは国の誇り以外は何も信じていません。最終的に、そこで働いた後に誰かがやってきて、私がしたことを破壊してしまうでしょう。ヴィリヨン神父はロケーニュ司教様にいくらかの影響力を持っているので、うまくいくだろうと考えているのです[46]。私にとって、あのちっぽけな司教ほど[47]、自分が関わるものすべてを己の手で台無しにし、自分だけが正しい道を歩んでいると頑なに信じている無能は見たことがありません。私が腹立たしいのは、私たちが後退していく一方で、新しい施設［古川橋の教会］が傍目からすると大したものに見えていくだろうということです。教理伝道士が私たちのもとから次々と去り、神学生も同じくらい去りましたが、キリスト教徒も同様です[48]。日本人は、皆に開かれた家のある居留地に建てられた宣教師たちの施設を気にとめていません。キリスト教徒も異教徒も、そこで行われていることをすべて見ていますが、改宗しようという気にはなりません。こんなにも形式を重んじるこれら日本人にとっては、あらゆるだらしなさが恐ろしいのです。ああ、なんと多くのことが苦しみを生み、それを改善することもできないことか。そして彼らはそこ［居留地］にすべてを集中させようとするのです。そもそも彼らは皆、居留地以外のところに行くのに臆病です。しかし、少なくとも遠く離れた地で仕事がしやすいことを知っているのは、私にとってまことの幸せだと断言できます。もし、後になって、大阪や神戸では修道女だけが教会に通っていると聞かされたら、居留地やその近くに建てられた教会が嵐や地震で流されればいいのにと願うでしょう。さもなければ、それらの教会は宣教の破滅の原因となることでしょう。これらの持ち場の人々は、まるでそのためにやって来たかのように、快適に過ごすことと、自分たちの部屋そのものを飾ることだけしか考えていないのです(49)。ロケーニュ司教が見ておらず、見ることのできないであろう、きわめて愚かな未来が準備されているのです。

最後に、［ジャン＝ジョゼフ・ルセイユ］総長に敬意を表し、私がここ［大阪］を去ることを彼にお伝えするようあなたにお願いします。重要なことですので。持ち場に着きましたら、また手紙を書きます。祈りを込めて。

あなたのきわめて献身的な同胞、M・プレシ

書簡5：一八八二年一〇月二四日付
AMEP, Dossier de Marin Plessis (n. 951/01)（未分類）

敬愛する神父(50)

八月一八日付のあなたからのお手紙は、私に大きな喜びを与えてくれました。特に、私の［パリ外国宣教会］の口座に入金されるとお知らせくださった一〇〇フランにつきましては感謝申し上げます。おかげで、目下必要なものを手に入れることができます。

私は大阪を離れ、四国の土佐に拠点を作ることになります。これは、外［の宣教師たち］に対する見せしめなのです。悲しいかな！　改宗させるのに大変苦労した哀れなキリスト教徒たちは落胆しています！　あの哀れでちっぽけな司教は、この仕事について何も理解しておらず、まったく何もできない人です。彼は、日本人が自ら改宗し、偉大な聖人のように偉大な改悛と苦行を行うことを望んでいるので

す。ところが彼の偉大さは、(51)ヨーロッパ居留地［西洋人居留地］にある宣教施設だけで十分に足りると考えているところにあります。残念ながら、私たちの極めてヨーロッパ的な生活様式と日本人の生活様式には大きな違いがあり、これが変わらない限り確かな結果を望むことは不可能です。宣教師だけがそれを認めたがらないのです。それは非常に残念なことです。私たちにとって有害な物事の順序を変えることができるのは神様だけです。いずれにせよ、彼らは日本人のなかにいる私に嫉妬し、私を追放するのです。私がいなくなれば、日本人はヨーロッパの習慣により馴染み、残っている宣教師たちにもっと近づきやすくなるだろうと期待しているのです。将来がこれについて何を考えるべきかを教えてくれるでしょう。私には、彼ら［日本人］全員をイエス・キリストのもとに引き込むためには、彼らに完全に合わせていくのが良いと思えるのです。とりあえず、私は目的地に向かいます。孤独が私の慰めになるでしょう。赴任の苦労は、神様の御慈悲によって短いあいだしか続かないでしょうし、そこでは日本人と一緒にいることでしょう。私にはそれで十分です。ですが、どうか私のために祈ってください、そして私のために祈らせてください。

私は今でもあなたのきわめて献身的な子です。

M・プレシ

南日本代牧区の使徒たる宣教師

一八八二年一〇月二四日、土佐に向かう船に乗る前、神戸の［パリ外国宣教会の］事務室にて

註

（1）原文翻刻は本書では省略したが、書簡1についてはは次の論文に収録されている。マルタン・ノゲラ・ラモス（書簡の邦訳　坂口周輔）「茨木・千提寺の隠れキリシタン初発見——一

八八〇年のマラン・プレシ神父の書簡（翻刻・邦訳・解題）」『人文学報』一二〇号、二〇二三年、二〇五～二二三頁。なお、今回の書簡1の訳は、『人文学報』版にいくらかの修正を施したものである。

（2）ＩＲＦＡの目録（volume 570, *Japon méridional*）によれば、このマラン・プレシの書簡の宛先は、当時パリ外国宣教会本部の評議会で（満州、朝鮮とともに）日本の代表を務めていたアンリ・アンブルステ（Henri Armbruster, 一八四二～一八九六）である。アンブルステは一八六六年から一八七四年まで日本で宣教師を務めており、プレシを直接知っていたことになる。この書簡や書簡4での「親愛なる」（« bien cher », « très cher »）という呼びかけの言葉は、二人の間に、ある程度の親密さ、あるいは少なくとも対等な関係があったことを示しているように思われる。

（3）プレシは特定の箇所、特に日本語の用語や地名に下線を引いている。翻訳の際もそのままにする。

（4）この「ミサの意向」(intention de messe) という表現は、カトリック教会において、特定の理由があるミサを指す。例えば、煉獄信仰がまだ根強かった一九世紀末のフランスでは、死者の魂を天国へ早く導くため、聖職者に死者のためのミサをあげてもらうのが普通だった。これらのミサを行うと報酬が出たため、宣教師たちはこれにより収入を増やすことができた。

（5）ベルナール・プティジャン（Bernard Petitjean, 一八二九～一八八四）とジョゼフ・ロケーニュ（Joseph Laucaigne, 一八三八～一八八五）はそれぞれ、この書簡が書かれた当時、南日本代牧区の司教と司教補佐であった。

（6）このプティジャンとロケーニュの対立の内実は特定できていないが、おそらく後者による長崎地方の運営に関係していると思われる。彼のやや厳格なやり方は、この地域に駐在していた何人かの宣教師や一部の日本人カトリック信徒の反感を買った。周囲との対立に疲れたロケーニュは一時日本を離れ、一八七九年一一月から一八八〇年一〇月にかけて香港のパリ外国宣教会のサナトリウムで療養した。
（7）この太字の箇所はプレシによるものではない。アンブルステが付け加えたのか、それともアーカイブの記録係が付け加えたのか、不明である。
（8）一五九七年長崎で処刑された二六人の殉教者を記念するカトリックの祝日。
（9）このアステリスクはプレシの原文にある。プレシは書簡の余白で、この日本人正教徒に改めて言及している。なお、書簡の中では、プレシは余白をたびたび使って、詳細を付け加えたり、自分と関係のある話題について論じたり、上司からの扱いについて不満を述べたりしている。資料読解の一助として、余白にある五つの文章を書簡の最後に載せる。
（10）前述したように、プレシは日本で宣教活動をしたことのあるアンリ・アンブルステに手紙を書いているので、手紙のなかで日本語の語彙を用いることができる。翻訳では、これらの日本語用語はカタカナで表記する。
（11）プレシがここで述べているのは、一六八〇年代に幕府が設けた、転びキリシタンとその子孫の監視制度（キリシタン類族改制度）のことだと思われる。この制度は、男性の場合は五代、女性の場合は三代にわたって、転びキリシタンの子孫の管理、特に死亡時の管理を強化するものであった。管見の限り、転びキリシタンの子孫の墓に杭を打ち込むことを定めた法的文書はない。このような習慣があったことは、日本の他所では確認されていない。
（12）プレシが一八七九年二月以降に派遣した教理伝道士については、本書収録のラモスの論文を参照されたい。フランス人宣教師よりも移動の自由があった日本人教理伝道士は、しばしば宣教師が到着する前に、地元住民と最初に接触することによって、布教活動の準備をする任務を担っていた。
（13）この女性については、本書所収の桑野梓による論文を参照されたい。それによれば、この女性は、「第二の千提寺発見」時にまだアヴェ・マリアを知っていた三人の老女（中谷イト、中谷ミワ、東イマ）のうちの一人ではなかったかもしれない。

(14) プレシは、教理伝道士と千提寺村の古キリシタンとの間で「キリスト教」の表現に違いがあったことを示唆しているようだ。前者は religion du maître du ciel（「天主の宗教」の意か）という表現をとるのに対して、後者は「デウス」*religion de Dieu* である。したがって、後者は「デウス」という言葉を使用したと仮定し、「デウスの宗教」と訳すことにした。

(15) これは可能性が低い。当時の日本人は皆、菩提寺と結びついており、家に仏壇があった。古キリシタンも同様だった。

(16) この女性は、一六〇〇年頃に伝わったアヴェ・マリアの定形の文句を知っていたようだが、「サマ」はその公式版には出てこない。イエズス会が一六〇〇年に発行した『おらしょの翻訳』はカトリックの主要な祈りとカトリックの教義の初歩が記されている小冊子であるが、そこにこの祈りの文句の完全なヴァージョンが掲載されている。「がらさみちみち給ふまりやに御礼をなし奉る。御あるじは御身とともにまします。女人の中にをひてわきて御くはほういみしきなり。又御たいないの御身にてましますぜずは。たつとくまします。デウスの御はは さんたまりや。いまも我等がさいごにも。われら悪人のためにたのみたまへ。あめん。」

(17) プレシがここで指しているのは、一八六五年三月一七日長崎の大浦天主堂での、浦上古キリシタンとベルナール・プティジャンとの最初の出会いであろう。「信徒発見」と呼ばれている出来事である。指摘すべきは当時の古キリシタンの信仰には聖母崇拝が重要な位置を占めていたことである。大浦天主堂にあった聖母子像は、浦上の村人たちにとってフランス人宣教師とキリシタン時代の「伴天連」を結びつける重要な要素だった。

(18) 四旬節の断食のことである。

(19) 現在の大阪府池田市。公的な許可がなければ、外国人は、大阪の池田や箕面より北に行くことはできなかった。大阪外国人遊歩規程図はオンラインで見ることができる。『大阪外國人遊歩規程圖 *Plan of Osaka treaty limits*』大阪府、一八八五年五月、国立国会図書館デジタルコレクション https://dl.ndl.go.jp/pid/765432（参照二〇二四年一〇月二三日）。

(20) ここでは、カトリックを教授するための「説教場」が示唆されている。このことは、プレシが大阪の北に定期的に移動する宣教師であったことを意味する。日本各地に存在した説教場については、ほとんど知られていない。宣教師たちの書簡によれば、洗礼志願者が洗礼を受ける準備をしたり、関心を持つ人々がカトリックについて学んだりするのは、しばしばこの説教場であった。

(21) シメオンの讃歌のラテン語による最初の言葉。この短い聖歌は、感謝と希望を表現したものである。

(22) 一九二〇年代に行われた調査によれば、千提寺と下音羽には、古キリシタンとのつながりを持つ家は一〇軒もなかったという。したがって古キリシタンの数は限られているというプレシの最初の直観は間違いなかったようだ。

(23) プレシがここで何の話をしているのかは定かではない。昔に起きた京阪キリシタン一件のことかもしれない。これは、文政（一八一八〜一八三〇）の終わりに、特に稲荷信仰と結びついた占いと、一七世紀初期のイエズス会の中国語版印刷物から引用したキリスト教の文言の断片を混ぜ合わせたカリスマ的な人物が出現し、その彼に導かれていると主張する少数の信徒たちが逮捕され、大坂町奉行によって処刑されたという事件である。しかし、プレシが耳にしたであろう「切支丹」という言葉は、江戸末期から明治初期の日本では複数の意味を含んでおり、当局によって異端的とみなされた慣習や信仰を指すこともあったが、実際にはキリスト教とは何の関係もなかった時もあったことに注意すべきである。

(24) このフランス一七〜一八世紀の作家二人は本書所収のラモスの論文で紹介している。彼らの著作は、日本にいたイエズス会士から送られた年報に基づいて書かれたものであり、それらは、パリ外国宣教会によって、古キリシタンのコミュニティや、単にキリシタンの時代を記憶した場所（例えば、カトリック信徒が処刑されたとされる場所など）を特定するために使用された。

(25) パリ外国宣教会の中心的人物であったジャン＝ジョゼフ・ルセイユ（Jean-Joseph Rousseille, 一八三二～一九〇〇）のことである。一八五六年から一八六〇年の間、在香港・パリ外国宣教会館長の補佐を務め、その後いくつかの要職を歴任。パリでは一八六〇年から一八七二年までパリ外国宣教会の神学校の校長を、バチカンでは一八七二年から一八八〇年まで在バチカン・パリ外国宣教会館長を務めた。この書簡が書かれた当時、彼はパリの神学校校長に再任されたばかりだった。一八八三年、彼はアジアに戻り、世紀の終わりをそこで過ごし、一八九九年にフランスに戻った。翌年に逝去。

(26) この「青年」については、ドゥニという洗礼名、英語の知識、西洋由来の新しい知識への貪欲さをのぞいて、ほとんど何も知られていない。彼は千提寺村を発見した二人の教理伝道士のうちの一人であった。

(27) プレシは書簡の中でしばしば中国語の本に言及している。少なくとも大陸にいるパリ外国宣教会の同僚の中国語出版物を読むことはできたようで、漢字の知識は十分にあったことがうかがえる。

(28) 聖ドゥニは、三世紀半ば頃にキリスト教布教のためにパリにやってきたイタリア出身の人物である。言い伝えによれば、彼はパリで最初の司教であった。当時、ローマ帝国ではキリスト教は禁じられており、ローマ当局に逮捕されたドゥニは、モンマルトルで斬首されたと言われている。四世紀の聖人であるトゥールの聖マルタンと同様、ドゥニはフランスにキリスト教を定着させた福音伝道者と見なされている。洗礼名ドゥニをもつ青年に大きな期待を寄せていたプレシは、彼が日本でカトリックを広める手助けをしてくれることを切に願っていたのであろう。

(29) フランス語の「聖性の匂いのなかで」(en odeur de sainteté) という表現は今でもよく使われる。もともとこの表現は、人の遺体から発せられる良い匂いは、その人の聖性を予感させる徴候の一つであるという考えから来ている。プレシは、一級の修道会、すなわち、完ぺきな信心深さを持つ修道会のことを言い表すためにこの表現を使っている。

(30) アンリ・ムセ (Henri Moussé, 一八四三～一九二〇) はトゥール地方の司祭で、この地方の中心的な知識人であった。ムセはプレシの書簡に頻繁に登場する。この書簡にあるように、ムセはプレシの布教活動に多額の寄付をして援助した。プレシはフランスに帰国後、主任司祭としてムセが管轄していた、トゥール近郊の教区サント＝ラデゴンドに数年間隠棲した。

(31) 一八八〇年頃、一〇〇フランはフランスの工場で働く労働者の月給にほぼ等しかった。したがって、比較的多額の寄付ということになる。

(32) プレシは書簡の中で、一般的にこの言葉を千提寺村の古キリシタンが住んでいた地域を指すのに使っている。

(33) これら二つのリストはパリ外国宣教会のアーカイブには保管されていないようである。

(34) 当時、キリスト教宣教師たちは、日本の「魂」を征服しようと熾烈な競争を繰り広げていた。プレシはしばしば書簡の中で、敵対するプロテスタントの牧師や正教会の司祭について言及している。彼にとって、カトリック教会が日本人に最大限に良い印象を与えることが不可欠だった。

(35) これは、一八二二年にリヨンで設立された布教事業団 (Œuvre de la propagation de la foi) が発行していた週刊出版物のことである。この協会の目的は、カトリックの海外布教を支援するための寄付を集めることであった。プレシが言及する記事は次の通りである。« Découverte d'anciennes chrétientés dans le Japon méridional », *Les Missions Catholiques. Bulletin hebdomadaire illustré de l'Œuvre de la propagation de la Foi* (二〇五号、一八八一年一月七月、八～一一頁)。オンラインでの参照が可能である：https://gallica.bnf.fr/ark:/12148/bpt6k105621g/f4.image. 四ページにわたるこの記事は、プレシの一八八〇年一月の書簡をほぼ一字一句繰り返している（もちろん、上司への批判と金銭問題に関する箇所は除かれている）。

(36) このカトリック信徒の家族については、高槻から来たということ以外ほとんど何もわかっていない。ここで言及されている教理伝道士は、千提寺村を発見した二人のうちの一人である。

(37) ここのプレシによる言い回しは、村人たちが何を恐れていたのかを正確に理解するのに十分ではない。一七世紀に弾圧が始まった当初、信仰を隠すことは主にカトリック信徒（キリシタン）が自分たちの宗教を実践できるようにするためのものであったので、時が経つにつれて、この秘密主義は彼らの信心の一つの特徴となった。一部の古キリシタンは、先祖から受け継いだ信仰を見知らぬ人に明かすことは、自分たちに災いをもたらすのではないかと恐れた。これに関しては本書所収のラモスの論文を参照のこと。

(38) ここでプレシが言及しているのは、関ヶ原の戦いの後、西軍に味方したために一六〇〇年に死んだキリシタン大名、小西行長（一五五五～一六〇〇）の子孫であることは間違いない。キリシタン時代のポルトガルの資料では、彼はしばしばドン・アゴスチノと呼ばれている。

(39) 以下の追記をどのように読むべきかは難しい。プレシが何について書いているのか、文脈が不明である。

(40) IRFAの目録によれば、宛先はアンリ・アンブルステである。

(41) 当時、ジョゼフ・ロケーニュはまだ南日本代牧区の補佐司教であり、ジュール・クザン（Jules Cousin, 一八四二～一九一一）は同代牧区の司教総代理であった。つまり、カトリックのヒエラルキーでは、クザンは二人の司教（ロケーニュとベルナール・プティジャン）のすぐ下に位置する。

(42) 古川橋は、一八六八年一月に作られた大坂居留地の中の川口にある。ここに、大坂で最初のカトリック教会が建てられた（川口天主堂）。現在、この教会は残っていない。

(43) これが何を指しているのかはわからないが、一八七四年頃、プレシが当時赴任していた函館に二つ目の教会を設立しようとしていたことを注記しておきたい。この計画は実現しなかった。

(44) カトリック布教の成功とおのれの運命を結びつけるプレシの発言は、少々欺瞞的なところが確かにあるが、依然として興味深い。すなわち、この発言は、洗礼者数だけでなく、カトリック教会の儀礼への改宗者の実際の参加も考慮することが重要であることを言おうとしている。

(45) ここでプレシが誇張しているようには思われない。正教会やプロテスタントとは異なり、初期にカトリックへ改宗した都市部の日本人は、一般に恵まれない階層の人々であった。カトリックが、エリート層を対象とした学校を設立したおかげで、富裕層のなかで改宗者を獲得することができたのは、明治時代の終わり、特に大正と昭和初期になってからである。

(46) この一節の意味ははっきりしない。プレシと親しかった宣教師エメ・ヴィリヨン (Aimé Villion, 一八四三〜一九三二) は、当時京都に駐在していた。

(47) フランス語の「ちっぽけな司教」(petit évêque) という言い回しは非常に侮蔑的である。当時の写真を見ればわかるようにロケーニュは確かに小柄だったが、プレシはここで言葉遊びをして、上司の心の狭さを強調している。

(48) プレシによる誇張が見受けられるが、前述のように、彼は自分の運命を日本のカトリック共同体の運命に結びつけている。一八八二年以降のパリ外国宣教会の資料には、信徒の数の減少も、教理伝道士や神学生の離脱も記されていない。

(49) プレシは、フランス人宣教師には浪費癖があるとみなし、手紙の中で定期的に批判している。

(50) 「敬愛する神父」(Très Vénéré père) という敬称から、宛先はおそらくジャン＝ジョゼフ・ルセイユであることがわかる。

(51) プレシは数行の間で、ジョゼフ・ロケーニュに関して「ちっぽけな司教」(petit évêque) と「彼の偉大さ」(sa Grandeur) という相反する二つの表現を使っている。「彼の偉大さ」は英語で「殿下」(His highness) に相当する。もちろんここには辛辣な皮肉が込められている。

西暦	和暦	事項(茨木とその周辺関連)	事項(キリスト教関連)	主な事項
1873	明治6		キリシタン禁制の高札を撤廃	
1876	明治9		日本代牧区が南と北に区分される	
1879	明治12	プレシらによる千提寺の信徒発見		
1880	明治13	プレシがパリ本部に千提寺の信徒に関する報告送付		
1881	明治14	*Les Missions Catholiques*誌に千提寺発見についての記事が掲載される		
1882	明治15	プレシの高知への転属		
1884	明治17			教導職の廃止
1888	明治21		日本中部代牧区の設立	
1890	明治23	プレシの帰国		大日本帝国憲法施行
1894	明治27	パリ本部評議会によるプレシのパリ外国宣教会脱会決定		
1908	明治41	プレシ、フランスで歿する		
1920	大正9	千提寺の東家でキリシタン遺物発見		竹久夢二「長崎十二景」
1922	大正11	千提寺の中谷仙之助家・中谷源之助家・大神家で遺物発見		
1923	大正12	大阪川口教会主任司祭のジョゼフ・ビロー神父が下音羽・千提寺を訪れる		関東大震災
1925	大正14	ジャン＝バティスト・カスタニエ司教が千提寺に教会用の土地を購入		
1928	昭和3	千提寺教会設立認可		
1930	昭和5	下音羽でマリア十五玄義図の発見(原田家)。ジョゼフ・ビロー『ユスト・高山右近』刊行		
1935	昭和10	奥野慶治『綜合清渓村史』刊行		

西暦	和暦	事項(茨木とその周辺関連)	事項(キリスト教関連)	主な事項
1604	慶長9	宣教師が「摂津国の山地」のキリシタンを訪問		
1614	慶長19		徳川幕府による禁教の厳格化	大坂冬の陣
1615	慶長20/元和元	高山右近マニラで歿する。下音羽・高雲寺開創		大坂夏の陣
1616	元和2	宣教師フェレイラが「津ノ国の山間部」のキリシタンを世話		
1619	元和5		ザビエルが福者となる	
1622	元和8		イグナチオ・デ・ロヨラ、ザビエルが聖人となる。長崎で元和の大殉教	
1637	寛永14		島原・天草一揆	
1640	寛永17		宗門改役が設置される	
1641	寛永18		オランダ商館の長崎・出島への移転(鎖国の完成)	
1644	寛永21/正保元		最後の宣教師・小西マンショが処刑される	
1657	明暦3		大村藩での郡崩れ(信者の大規模な検挙事件)	
1658	明暦4/万治元	下音羽のキリシタンの存在が記録される(『契利斯督記』)		
1662	寛文2	このころ京都所司代・牧野親成が下音羽のキリシタンに関する書簡を発給する		
1790	寛政2		浦上一番崩れ	寛政の改革
1805	文化2		天草崩れ	
1830	文政13	永久寺記録に「切支丹異法改御仕置六人別記」とあり(『綜合清溪村史』)		
1853	嘉永6			ペリー艦隊の来航
1858	安政5			安政五カ国条約
1859	安政6		パリ外国宣教会による日本本土の再布教開始	
1865	元治2/慶応元		大浦天主堂での浦上信徒発見	
1867	慶応3	パリ外国宣教会宣教師マラン・プレシの来日	浦上四番崩れ	
1868	慶応4/明治元		切支丹邪宗門禁制の高札	戊辰戦争

付録　茨木キリシタン年表

西暦	和暦	事項(茨木とその周辺関連)	事項(キリスト教関連)	主な事項
1549	天文18		フランシスコ・ザビエルが鹿児島に上陸	
1563	永禄6	高山飛騨守の受洗		
1564	永禄7	高山右近の受洗。飛騨守、本拠地である高山荘で布教を進める		
1569	永禄12	織田信長が忍頂寺に朱印状を発給	信長がルイス・フロイスに京都布教を許可	
1573	元亀4/天正元	高山右近が高槻城主となる		室町幕府滅亡
1574	天正2	上音羽の磨崖仏(銘)		
1578	天正6	高山右近の知行地として、忍頂寺五ケ庄(千提寺・下音羽含む)が加増		
1579	天正7		巡察使ヴァリニャーノが日本に到着	
1581	天正9	高槻でヴァリニャーノを祭主とする復活祭		
1582	天正10	東能勢が加増	九州のキリシタン大名、天正遣欧少年使節を派遣	本能寺の変
1583	天正11	宣教師フォルラネッティらによる忍頂寺五ヶ庄、東能勢での集中伝道		
1585	天正13	高山右近、明石へ転封		
1586	天正14	茨木は豊臣秀吉直轄領となり安威了佐が代官として着任		
1587	天正15		秀吉が伴天連追放令を発布	
1590	天正18		天正遣欧少年使節が帰国	秀吉による天下統一
1591	天正19		キリシタン版『サントスの御作業の内抜書』が加津佐(長崎県)で刊行	
1595	文禄4	宣教師オルガンティノが「山間地」を訪ねる		
1597	慶長2		長崎で二十六聖人の殉教	
1598	慶長3			秀吉歿する
1600	慶長5			関ケ原の戦い
1603	慶長8	「上野マリヤ」キリシタン墓碑(銘)		徳川家康が征夷大将軍となる

執筆者一覧

編者

マルタン・ノゲラ・ラモス（Martin Nogueira Ramos）

フランス国立極東学院准教授。専門は日本キリスト教史（近世・近代）。パリ第七大学東洋学研究科東洋史学専攻博士後期課程修了。博士。フランス国立極東学院京都支部長、京都大学人文科学研究所客員准教授を経て現職。著書に *La foi des ancêtres. Chrétiens cachés et catholiques dans la société villageoise japonaise (XVIIe-XIXe siècles)*（CNRS éditions, 2019)、論文に「長崎地方におけるカトリック信徒・非カトリック信徒関係の諸相――『日本習俗に関するロケーニュ師の手記』(1880年頃)」(大橋幸泰編『近世日本のキリシタンと異文化交流』勉誠社、2023年）など。

平岡隆二（ひらおか・りゅうじ）

京都大学人文科学研究所准教授。専門は科学史・知識交流史。九州大学大学院比較社会文化学府博士後期課程単位取得退学。博士（比較社会文化)。長崎歴史文化博物館研究員、熊本県立大学准教授などを経て現職。著書に『南蛮系宇宙論の原典的研究』（花書院、2013年)、論文に「キリシタンと時計伝来」(大橋幸泰編『近世日本のキリシタンと異文化交流』勉誠社、2023年）など。

著者・訳者（五十音順）

桑野　梓（くわの・あずさ）

なら歴史芸術文化村学芸員。専門は日本彫刻史。関西大学大学院文学研究科博士課程後期課程修了。博士（文学)。茨木市立文化財資料館学芸員を経て現職。茨木市教育委員会発行『茨木のキリシタン遺物――信仰を捧げた人びと』(2018年）を執筆。論文に「キリシタン遺物から見る大阪・北摂地域のキリスト教受容」(『季刊民族学』174号、2020年)、「ザビエルは「はこ」に入るか――茨木市立キリシタン遺物史料館企画展の体験展示について」(『茨木市立文化財資料館館報』9号、2024年）など。

坂口周輔（さかぐち・しゅうすけ）

愛媛大学法文学部人文社会学科講師。専門はフランス文学・思想。ソルボンヌ大学博士課程修了。博士（文学)。論文に「二人の幽霊：マラルメ「エロディアード」とヴィリエ『イシス』をめぐって（前編)」(『愛媛大学法文学部論集人文学編』57号、2024年）など。翻訳にアラン・バディウ『思考する芸術――非美学への手引き』（水声社、2021年）など。

高木博志（たかぎ・ひろし）

京都大学人文科学研究所教授。専門は日本近代史。立命館大学大学院文学研究科博士課程後期単位取得退学。北海道大学文学部助教授をへて現職。元『新修茨木市史』編纂委員。著作に『近代天皇制と伝統文化――その再構築と創造』（岩波書店、2024年)、「1920年、茨木キリシタン遺物の発見」(『近代日本のヒストリオグラフィー』（山川出版社、2015年）など。

ISBN978-4-409-52096-3 C1021

関西の隠れキリシタン発見
——茨木山間部の信仰と遺物を追って

二〇二五年三月一〇日　初版第一刷印刷
二〇二五年三月一〇日　初版第一刷発行

編　著　マルタン・ノゲラ・ラモス
　　　　平岡隆二
発行者　渡辺博史
発行所　人文書院
〒六一二-八四四七
京都市伏見区竹田西内畑町九
電話〇七五（六〇三）一三四四
振替〇一〇〇〇-八-一一〇三

装幀　上野かおる
印刷・製本　モリモト印刷株式会社

乱丁・落丁本は送料小社負担にてお取替いたします。

http://www.jimbunshoin.co.jp/